잊혔거나 알려지지 않은
사찰 속 숨은 조연들

잊혔거나 알려지지 않은
사찰 속 숨은 조연들

노승대 지음

불광출판사

목차

책머리에

'한 방울의 물에도 천지의 은혜가 스며 있고 한 톨의 쌀알에도 만인의 노고가 담겨 있다'고 했습니다. 한 권의 책이 출간될 때에도 여러 인연의 고마움이 켜켜이 깃들어 있습니다.

저의 졸저 『사찰에는 도깨비도 살고 삼신할미도 산다』가 문광부 추천 우수도서인 세종도서에 선정되고, 한국불교출판문화상 대상을 수상하게 된 것도 광덕 큰스님과 조자용 박사님, 두 분 스승님의 가르침과 오랫동안 문화 기행을 함께해 온 도반들과의 인연 덕분입니다.

감사합니다. 고맙습니다.

이제 『사찰에는 도깨비도 살고 삼신할미도 산다』 후속편으로 『사찰 속 숨은 조연들』을 출간하게 되었으니 글을 쓰는 필자로서 이보다 더 큰 기쁨이 없을 것입니다.

저의 첫 번째 저서인 『바위로 배우는 우리문화』가 바위에 남아 있는 민족의 뿌리문화를 더듬어본 것이라면 『사찰에는 도깨비도 살고 삼신할미도 산다』는 불교가 들어온 이후 민간에서 유행하던 신앙이나 풍속이 어떻게 절집에 들어와 정착되었는지를 주로 살펴본 내용이라고 하겠습니다.

절집이 어떻게 용들의 천국이 되었는지, 다양한 수중생물들이 언제 법당 천장에 살게 되었는지, 민화가 왜 절집 벽화에 등장하게 되었는지 등을 고

찰해 본 것입니다.

이번 책에서는 절집에 조각상이나 그림으로 오랫동안 전승되어 와 무심히 지나칠 수 있는 여러 존재들의 연원을 차분히 탐구해 보았습니다.

문화 탐방을 좋아하는 동호인들과 함께 사찰 답사를 다니다보면 부처님상 외에 흔히 마주치는 조각상이나 도상에 대한 간단한 설명을 쉽게 찾아볼 수 있었습니다. 하지만 그것이 어디서 발생했고, 어떻게 변화했으며, 어떤 자리에 있게 되었는지는 잘 알 수가 없었지요.

예를 들어 큰 절 입구 금강문에 서 있는 두 금강역사의 연원을 살펴보면 멀리 인도에서 출발해 서역과 중국을 거쳐 한반도에 도착한 분들입니다. 처음에는 석가모니 부처님 곁을 지키는 한 명의 비밀 경호원으로 출발해, 중국에 와서는 둘로 분신하고, 종국에는 부처님 곁을 떠나 사찰의 외곽을 지키는 수호신장이 되었습니다. 그 사이 상호도 달라지고, 복장과 자세도 달라졌습니다. 사천왕도 이와 비슷한 경로를 밟아 지금은 절집 천왕문에 좌정하고 있습니다.

시왕에 대해서도 명부에서 망자들을 심판하는 열 명의 재판관이라고 간단히 설명되지만, 그중에는 인도 출신의 존재도 있고, 중국의 민속신앙이나 도교의 신관도 섞여 있습니다.

또한 망자를 위한 49일간의 천도재, 즉 사십구재의 구조를 볼 때 영가가 일주일에 한 번씩 일곱 번만 재판을 받으면 되는데 왜 열 명의 시왕이 필요했을지도 궁금해지는 대목입니다. 이는 불교와 유교의 장례의식이 융합되었기 때문인데, 이처럼 시왕이 출현하기까지는 오랜 기간에 걸친 문화적 융합이 있었습니다.

한편 절집의 명부전이나 나한전에 가 보면 알 듯 모를 듯한 여러 조각상들이 있습니다. 저승사자도 있고, 동자도, 제석천과 범천도 있습니다. 이러한 조각상들은 어떤 이유로 그 자리에 모셔지게 되었는지 그 연원을 정리해보았습니다.

그 외에도 우리 민족의 전래신앙인 북두칠성신앙이 어떻게 절집의 칠성각에 들어오게 되었는지, 민간에서 믿어지던 우물 신, 측신, 부뚜막 신, 방아 신 등 이 여러 신들이 언제, 어떻게 불교의 호법신중에 들어가게 되었는지도 한번 살펴보았습니다.

아울러 불보살상의 조연격인 협시보살과 협시존에 대해서도 어떤 연유로 형성되어 전래된 것인지 알아보았습니다.

저의 바람은 한 가지입니다. 이 책이 독자들로 하여금 우리의 전통문화와 불교문화를 이해하는 데 작은 밑거름이라도 되었으면 하는 것입니다. 우연히 사찰에 들른다 하더라도 그러한 문화재들 속에 감추어진 우리 역사와 문화를 조금이라도 이해하게 된다면 우리의 정신문화를 지켜가는 데 작은 보탬이 되리라 생각합니다.

　　이렇게 어려운 시기에 이 책이 나올 수 있도록 모든 정성을 기울여주신 불광출판사 담당 임직원 여러분께 다시 한 번 감사의 말씀을 전하고 싶습니다. 고맙습니다.

2022년 4월 노승대

I

명부전의 존상들

지장삼존 · 시왕 · 동자 · 명부의 관리들

지장삼존

지장보살, 중생을 위해 오시다

불교에서는 '누구나 수행을 통해 깨달음을 얻으면 부처가 될 수 있다'고 말한다. 모든 중생은 누구나 부처가 가지고 있는 청정한 본래의 마음을 다 가지고 있기 때문이다.

원래 "부처"는 "붓다(Buddha)"에서 온 말이다. 붓다가 중국에서 "불타(佛陀)"로 음역되고, 우리나라에서 "부처"로 변한 것이지만 그것의 본래 의미는 '깨달은 사람', '각자(覺者)'이다.

석가모니 부처님이 열반하신 후 불교는 개인의 수행과 교리적 해석에 치중하는 부파(部派)불교의 시대로 나아갔다. 석가모니 부처님이 생전에 걸어갔던 방향과는 다른 방향으로 전개된 것이다. 석가모니 부처님은 이 세상의 모든 중생을 위하여 오셨고, 다른 중생을 위하여 살다 가셨다. 깨달음만 중요한 것이 아니라 고해 중생을 깨달음의 길로 인도하는 삶을 귀하게 여기

●
제천 정방사 지장보살입상

셨다. 그래서 석가모니 부처님이 첫 번째로 모인 56명의 제자에게 말씀하던 전도선언(傳道宣言)에는 불교의 중심 가치가 담겨있다.

> "비구들이여, 나는 모든 속박에서 벗어났다. 그대들도 또한 모든 속
> 박에서 벗어났다. 중생의 이익을 위하여, 중생의 행복을 위하여 길
> 을 떠나라. 세상에 대한 자비심을 가지고, 존재하는 모든 것에 대한
> 자비심을 가지고 하늘과 인간의 이익과 행복을 위하여 떠나라."

석가모니 부처님 입멸 후 100여 년이 지나 생겨난 부파불교는 200~300여 년을 지나며 20여 개의 대·소 교단으로 갈라졌고, 대중은 이러한 교단으로부터 멀어져 있었다. 서서히 이러한 문제에 대해 자각하기 시작한 스님과 대중은 사부대중이 함께해야 한다는 불교부흥운동의 새로운 물줄기를 일으키며 하나의 대중사상을 탄생시키기에 이른다. 이것이 바로 대승불교운동이다.

　이들 대중은 인도 각지에 산재한 불탑(佛塔)을 중심으로 모이며 붓다를 찬양하고, 붓다가 전생 이야기에 자주 쓰던 "보살"이라는 칭호를 이상적인 인간상을 나타내는 용어로 정착시켰다. 곧 '위로는 깨달음을 구하고 아래로는 모든 중생을 교화한다'는 '상구보리 하화중생(上求菩提 下化衆生)'의 보살 정신을 대승불교의 핵심 가치로 받들었다.

　따라서 이러한 대승사상에 맞는 경전들도 다수 출현하게 되었으니『반야경』,『법화경』,『화엄경』,『아미타경』 등이 그러한 경전들이다. 그래서 부파불교를 '한정된 출가자를 위한 작은 수레'라 하여 "소승(小乘)불교"라 하고, 대중불교를 '모든 사람들을 구원하기 위한 큰 수레'라 하여 "대승(大乘)불교"라 하게 된 것이다.

대승경전의 보살들

대승불교의 경전에는 많은 보살들이 출현한다. 원래 "보살"의 어원은 "Bodhisattva"이다. 이를 음역하여 "보리살타(菩提薩埵)"라 하였고, 이 말을 줄여서 "보살"이라고 부르게 된 것이다.

보디사트바란 '깨달음을 구하는 사람'이라는 뜻으로 부처님 전생담에 수행하는 보살로 많이 나와 있기 때문에 이를 끌어다가 대승경전에서는 붓다에 버금가는 능력이 있는 존재로 등장시켰다.

이러한 보살들을 "보살마하살(菩薩摩訶薩)"이라 존칭하기도 하는데 이는 '위대한 보살'이라는 의미이다. 불교 의식에서 '관세음보살마하살', '대세지보살마하살'이라 부르는 호칭이 그 예가 되겠다.

보살들도 재가보살과 출가보살로 나뉜다. 재가(在家)보살은 속세의 모습을 띤 보살들이다. 관세음보살이나 대세지보살 같은 분들로 화려한 보관을 쓰고 천의(天衣)와 영락, 장신구를 갖춘 귀인의 모습을 하고 있다. 한편 출가(出家)보살은 출가 수행자로 대승불교의 보살이 된 존재들이다. 지장보살, 미륵보살이 대표적인 출가보살이다.

관음보살입상(2~3세기, 파키스탄,
미국 로스앤젤레스카운티박물관 소장)

금동관음보살좌상(고려시대)

사찰 속 숨은 조연들

금동미륵보살반가사유상(삼국시대, 국보)

지장보살의 탄생

지장보살은 여러 보살들 중에서도 비교적 늦게 나타난 보살이다. 그런데도 관세음보살과 함께 한국불교에서 가장 중요시되는 보살이다. 특히 조선시대에는 유교의 효사상이 중시되면서 명부전의 주존으로 자리 잡았다.

웬만한 규모의 절에 가 보면 관음전은 없어도 명부전은 꼭 있다. 이것만 보아도 조선시대에는 명부전과 지장보살이 얼마나 중요한 위치를 차지했는지 알 수 있다.

지장보살은 출가보살답게 삭발한 스님의 모습을 하고 있다. 육환장(六環杖)이라는 승려용 지팡이를 지닌 모습으로도 나타나니 스님으로서의 풍모가 더욱 두드러진다.

법당에 모셔질 경우 좌우에 협시(脇侍)를 둔 지장삼존으로 모셔지는데, 무독귀왕(無毒鬼王)과 도명존자(道明尊者)라는 특이한 존재를 협시로 두고 있어 다른 보살들과 차별화된다. 무엇보다 대승의 보살이 삼존을 갖춘 경우는

고창 선운사 참당암 석조지장보살삼존상(조선시대, 전북 유형문화재)

사찰 속 숨은 조연들

지장보살이 유일하다.

　원래 인도의 고대의 베다신화에는 하늘을 관장하는 브라흐마(Brahma)와 땅을 관장하는 프리티비(Prithivi)가 등장한다. 이 프리티비를 "지신(地神)", "지모신(地母神)"이라고도 하는데, 만물의 생육을 관장하고 망자(亡者)를 보호해 주는 신이다. 이 지모신을 산스크리트어로 "Ksitigarbha"라고 한다. 여기서 "크시티(Ksiti)"는 땅을, "가르바(Garbha)"는 모태, 함장(含藏)을 의미한다. 곧 대지가 무수한 종자를 품어 길러주고 있다고 하여 "지장(地藏)"이라 의역한다. 이처럼 고대 베다신화의 신 프리비티로 탄생하여 지금 우리에게 '지장보살'로 불리우는 이 보살님은 모든 생명을 이롭도록 도와주는 존재이다.

　그러나 지장보살은 인도 대승불교시대에 큰 주목을 받지 못했다. 학자들의 연구에 의하면 지장신앙은 대승불교가 서역의 호탄(Khotan), 카라카쉬(Kara-Kash) 지역으로 들어간 후 그곳에서 완성된 것으로 보고 있다. 지금의 중국 서부 신장 위구르 자치구 내의 호탄과 카스 지구이다.

　4세기경 북량(北凉, 397~439) 때 번역된『대방광십륜경(大方廣十輪經)』과 수(隨, 581~617) 시대에 보리등(菩提燈)이 593년경에 번역한『점찰선악업보경(占察善惡業報經)』이 지장보살에 대한 내용을 담고 있다. 당나라 때 현장 스님이『대방광십륜경』의 미흡한 부분을 보충하여 다시 번역한 경전인『대승대집지장십륜경(大乘大集地藏十輪經)』을 포함하여 이들 경전으로 인해 지장신앙이 중국에 전파되기 시작했다.

　당의 실차난타(實叉難陀, 652~710) 스님이 번역한『지장보살본원경(地藏菩薩本願經)』은 지장신앙을 대표하는 경전으로서 스님은 바로 호탄 지역에 있던 우전국(于闐國) 출신이다. 지장신앙이 서역에서 완성되었다고 보기 때문에 우전국 출신의 실차난타 스님이 서역에서 이루어진『지장보살본원경』을 가장 늦게 가져와 번역한 것으로 추정하고 있는 것이다. 실제로 산스크리트어로 된 지장 관련 경전은 발견된 바 없고 인도 내 지장보살의 조각이나 도상이 발견된 것도 많지 않다. 그래서 인도의 지모신신앙이 불교에 흡수되고, 서역에 들어와 고유의 지신신앙과 어울리면서 대승불교의 지장신앙이 완성되었다고 보고 있는 것이다.

'지옥이 비지 않으면 성불하지 않겠다'

『지장보살본원경』은 보통 『지장경』이라고 줄여서 부른다. 이 『지장경』에는 지장보살이 육도(六道, 지옥·아귀·축생·수라·인간·천상)에 윤회하고 있는 모든 중생을 구원하고자 하는 큰 원을 세우게 된 전생의 이야기가 여러 편 실려 있다.

① 먼 옛날 각화정자재왕여래(覺華定自在王如來)가 이 세상에 계실 때 한 바라문의 딸이 있었다. 그녀의 어머니는 삿된 것을 믿고 불교를 비방했기 때문에 딸은 어머니를 바른 믿음의 길로 인도하려고 애썼지만 그만 죽고 말았다. 어머니는 인과를 믿지 않았기에 지옥에

『지장보살본원경』(조선시대, 보물)

떨어졌고, 딸은 어머니를 위하여 재산을 팔아 탑과 절에 공양하며 간절히 기도하였다. 이 사실을 안 여래께서는 딸을 기도의 길로 인도하여 지옥으로 갈 수 있게 하였다.

바라문의 딸은 지옥의 무서움을 염불의 힘으로 벗어났는데 때마침 악한 마음이 없는 무독귀왕이 나타나 딸을 안내하게 되었다. 갖가지 지옥을 돌아본 뒤 '어머니의 이름이 열제리(悅帝利)'라고 하니 무독귀왕은 '효성스러운 딸이 어머니를 위하여 공양을 올리고 탑과 절에 보시한 공덕으로 어머니는 지옥을 벗어나 천상에 태어난 지 3일이 되었다'고 말하였다. 딸은 꿈에서 깬 듯 집으로 돌아와 이 일을 자세히 더듬어 보고는 다시 여래의 탑과 존상 앞에서 굳센 서원을 발하였다.

"맹세하옵나니 저는 미래겁이 다하도록 죄고에 빠진 중생이 있으면 마땅히 널리 방편을 베풀어서 반드시 해탈케 하오리다."

그때의 무독귀왕은 지금의 재수보살(財首菩薩)이며 바라문의 딸은

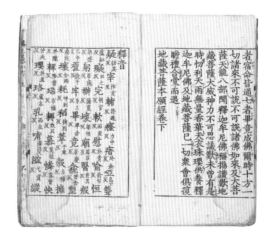

바로 지장보살이다.

② 먼 과거 청정연화목여래(淸淨蓮花目如來)가 이 세상에 계실 때 한 나한이 중생을 제도하고 있었다. 그때 광목(光目)이라는 이름의 여인이 있었는데 그 여인의 어머니는 살아생전 물고기와 자라의 새끼를 많이 잡아먹어 지옥에 떨어져 있었다. 나한은 효성스러운 광목을 기도와 수행의 길로 인도하였고, 그 공덕으로 그녀의 어머니는 자기 집 종의 아들로 태어났다. 그러나 그 아들은 죄업이 너무 두터워 13살이 되면 죽게 되어 있었다. 이를 알게 된 광목은 다시 하늘을 향하여 맹세하였다.

"저의 어머니가 삼악도를 영영 여의게 된다면 저는 일체 지옥과 삼악도에서 죄의 고통을 받는 중생이 모두 성불한 후에 성불하겠나이다."
그때의 나한이 지금의 무진의보살(無盡意菩薩)이며, 광목의 어머니는 해탈보살(解脫菩薩)이며, 광목이 바로 지장보살이다.

③ 아주 오래전, 이웃한 두 나라의 임금은 서로 좋은 벗이 되어 함께 십선(十善)을 닦으며 중생에게 이익을 베풀었다. 그러나 그 인근 나라의 백성들이 여러 가지 악업을 많이 지었으므로 두 왕은 서로 의논하여 이들을 제도하자고 마음먹었다. 한 왕은 '빨리 깨달음을 이루어 이들 무리를 남김없이 제도하리라'고 발원하였고, 다른 한 왕은 '만약 죄의 고통에 빠진 이들을 먼저 제도하여 이들로 하여금 안락을 얻고 깨달음을 이루지 못하게 한다면 나는 기필코 성불하기를 원치 않으리라'고 발원하였다.
두 왕 중 '빠른 깨달음을 구한 왕'이 지금의 일체지성취여래(一切智成

就如來)이며 '죄업중생을 제도하지 않으면 성불하지 않겠다'고 발원한 왕이 바로 지금의 지장보살이다.

『지장경』의 이런 내용을 보면 우선 효행이 중시되었음과 함께 모든 중생의 구제가 지장보살의 본래 발원임을 알 수 있다. '지옥의 중생이 모두 제도되어 지옥이 비워지지 않으면 맹세코 성불하지 않겠다'는 '지옥미공 서불성불(地獄未空 誓不成佛)'의 큰 원력이야말로 지장신앙의 핵심이다.

그렇다고 지장보살이 지옥의 중생만 구제한다는 뜻은 아니다. 죄업으로 인해 육도에 윤회하는 모든 중생을 제도한다는 의미이다. 다만 그 고통이 가장 극심한 곳이 지옥도이므로, 그곳에 떨어져 있는 중생을 위해 지옥에 가장 많이 출장 가시는 것뿐이다. 『지장경』의 말미에는 석가모니 부처님이 직접 지장보살의 이마를 만지시며 지장보살의 신통력 자비심, 지혜와 변재(辯才)를 찬탄하신 후 '모든 인계와 천상의 여러 중생을 구제할 것을 부촉하노라. 미래세에 털끝만큼이라도 착한 마음을 가진 사람이 있다면 너의 도력으로 이들을 옹호하여 해탈케 하라'고 간곡히 말씀하신다. 지장보살 또한 부처님에게 '반드시 그렇게 행하겠다'고 거듭 맹세한다.

결국 지장보살은 현세의 석가모니 부처님 열반 이후부터 미래세의 미륵 부처님이 이 세상에 나실 때까지 이른바 '무불(無佛)시대'에 모든 중생을 제

석조지장보살좌상(조선시대, 보물)

도하는 책임을 스스로 기쁘게 안고 대승보살의 길을 걸어간 분이다. 그래서 지장보살을 성불하지 못하는 보살이라고 하여 "천제보살(闡提菩薩)"이라 한다. '천제'는 "일천제(一闡提)"를 말하는 것으로 아무리 수행해도 깨달을 수 없는 사람을 가리킨다. 그러나 지장보살은 중생의 성불을 위해 자신의 성불을 미룬 보살이므로 "대비일천제(大悲一闡提)"라 부르기도 한다.

또 이러한 서원은 보살들의 서원 가운데서도 가장 거룩한 서원이라 하여 "대원(大願)"이라 하는데, 여기에 중생이 신앙하는 주체로 정한 스승이라는 뜻의 "본존(本尊)"을 붙여서 지장보살을 수식하는 말로 삼았다. 그래서 "대원본존(大願本尊) 지장보살"이라 칭명하게 된 것이다.

『지장경』의 내용을 크게 요약하면 효의 완성과 중생 구제라고 할 수 있다. 바라문의 딸이나 광목이라는 여인의 이야기가 효행의 길이라면 모든 중생이 다 제도될 때까지 성불하지 않겠다는 서원은 중생 구제의 길을 상징한다. 이러한 지장보살의 길을 담고 있는『지장경』과 여러 경전이 중국에 들어오며 지장신앙은 차츰 중국 사회에 정착하게 된다.

이전 중국에서는 상(商, 기원전 1600? ~기원전 1046?)나라 때부터 조상 숭배 관념이 자리 잡기 시작했다. 이러한 조상 숭배 관념은 점차 하나의 신앙으로 발전되어 갔다. 한편 주(周, 기원전 1046 ~기원전 256)나라가 상나라를 멸망시킨 후에도 상나라의 조상숭배신앙을 그대로 받아들여 발전시키면서 족보 문화가 체계화되었고, 이때부터 왕을 "천자(天子)"라고 높여 부르게 되었다. 이후 공자(孔子, 기원전 551~기원전 479)가 바로 이 주나라의 예법을 받아들여 유교를 정립하게 되는데, 그 유교의 근간이 되는 사상 중의 하나가 바로 효사상이어서 후대에 불교와 공존할 수 있는 바탕이 된다.

그러나 유교의 조상 숭배는 강력한 남성 중심 체계로 구성되어 있는 문

사찰 속 숨은 조연들

〈지장보살도〉(11세기, 중국 둔황, 미국 워싱턴프리어갤러리 소장)

〈지장보살도〉(고려시대, 미국 메트로폴리탄미술관 소장)

사찰 속 숨은 조연들

제점이 있다. 족보 체계에 의하면 여성이나 방계에 속한 이들은 결코 중요한 가족 구성원이 될 수 없다. 이는 조선의 유교사회에서 여성이나 서자가 푸대접을 받았던 사실을 보면 쉽게 알 수 있는 일이다. 하물며 신분사회에서 족보란 귀족층이나 사대부 가문에서나 중요한 것이었지 일반 평민이나 노비에게는 그리 중요한 가치를 지닌 게 아니었다.

불교의 입장은 이와 달랐다. 인도의 카스트제도는 석가모니 부처님에 의해 부정되었으며 사람은 누구나 평등하게 존귀하다고 인정되었다. 그러한 의미를 담고 있는 말씀이 바로 "천상천하 유아독존(天上天下 唯我獨尊)"이다. 하늘 위와 하늘 아래 모든 존재는 생명의 존엄성과 귀함을 평등하게 다 가지고 있다는 것이다. 그래서 카스트의 가장 비천한 계급인 수드라(Shudra) 출신의 우바리는 출가하여 부처님의 십대제자 중 한 명이 되었다. 특히 일곱 왕자가 출가하면서 먼저 출가한 이발사 우바리에게 절하기를 꺼리자 부처님께서 꾸짖었던 일화를 보면 이러한 불교의 입장을 확실히 알 수 있다.

『지장경』에서는 여성도 능히 조상을 구제할 수 있다는 효행을 선보였다. 이는 신분 고하에 상관없이 모든 사람은 평등하게 조상을 천도할 수 있다는 믿음으로 전개되었고, 불교가 전파됨에 따라 중국 사회에 천도재의 발달을 가져오게 되었다.

지장신앙이 들어오다

이러한 지장신앙은 삼국시대에 한반도에 상륙한다. 고구려에 대한 기록은 찾을 수 없으나 백제 성왕이 577년 10월에 일본으로 삼수승지장존입상(三殊勝地藏尊立像)을 보냈다는 내용이 일본의 「반구고사편람(班鳩古事便覽)」에 실려 있다. 또 호류지 금당에 있는 미륵과 지장·십일면관세음보살상은 백제에서 보낸 상이라는 기록도 있어 이를 통해서도 백제에 지장신앙이 있었음을 알 수 있다.

신라의 경우 지장보살이 경을 설하는 주인공으로 나오는『점찰선악업 보경』과 관련된 기록이『삼국유사』에 보인다. 세속오계를 지은 원광(圓光, 542~640) 법사가 지장신앙에 근거한 점찰법회의 운영 비용을 마련하기 위해 가서갑(嘉西岬)에 점찰보(占察寶)를 진평왕 35년(613)에 설치했다는 것이다. 여기에서 '가서갑'은 청도 운문사 부근의 가슬갑사(嘉瑟岬寺)로 원광 법사가 오래 머물던 사찰이고, '점찰보'는 계 조직과 유사한 모임이었다.

또 진평왕 대에 안흥사의 비구니 지혜 스님이 일체중생을 천도하기 위한 점찰법회를 일 년에 두 번씩 열었다는 기록도『삼국유사』「선도성모수희 불사(仙桃聖母隨喜佛事)」 조에 보인다. 점찰법회는 자신이 앞으로 받을 과보를 미리 점쳐 보고 현세의 참회수행으로 미래를 밝히려는 법회이기 때문에 일반 백성들도 동참할 수 있는 법회로 활성화되었던 것이다.

신라가 삼국을 통일한 이후에도 지장신앙은 여전히 유효하였다. 진표(眞表, 717?~780?) 율사가 부안 변산 아득한 절벽 위 부사의방(不思議房)에서 모진 수행 중 14일 만에 지장보살을 친견하고 계를 받았다는 기록이『삼국 유사』에 실려 있다(부사의방 터는 지금도 변산에 그대로 남아 있다). 진표 율사는 미륵보살에게서도『점찰경』2권과 점치는 간자(簡子) 189개를 얻은 후 금산 사에서 크게 법회를 일으켰으니 이 법회도 점찰법회였을 것이다. 왜냐하면 진표 율사의 제자 영심(永深) 스님이 간자 189개를 전해 받고 속리산에 법 주사를 세운 후 점찰법회를 열었기 때문이다. 또 신라 제41대 헌덕왕(재위 809~826)의 아들인 심지(心地) 대사는 법주사의 영심 스님에게서 간자를 전해 받고 832년 대구 동화사를 중창, 점찰법회를 열었다. 이로써 진표 율사가 계시던 금강산 발연사, 속리산 법주사, 팔공산 동화사가 3대 점찰법회 도량이 되었다. 곧 점찰법회는 한 지역에서만 유행한 것이 아니라 전국에서 행해진 참회 수행 법회였던 것이다.

고려시대에도 지장신앙은 유지되었을 뿐 아니라 왕실과도 연관 있었음을 알 수 있다. 고려 태조 왕건은 개성에 10대 사찰을 지었는데 그중 지장사(地藏寺)가 포함되어 있었기 때문이다. 국가에서 행하는 점찰법회도 지속적으로 실행되었는데 개인적 차원의 참회 수행이나 망자의 명복을 빌기보다는 왕실의 재난 소멸과 구복(求福)이 목적이었다. 또한 억울하게 죽은 사람들의 영혼도 위안하려는 목적도 추가되었다.

극락의 안내자, 지장

중국에서는 7세기 후반부터 지장신앙과 정토신앙이 결합하여 새로운 신앙 형태가 나타났다. 정토신앙이란 아미타불이 계시는 서방정토 극락세계에 가기 위하여 일심으로 염불 수행하는 것을 중요시하는 신앙이다. 다시 말해 '나무아미타불'을 지극정성으로 염송하면 아미타불이 반드시 나타나 서방정토에 가도록 인도한다는 것이다.

이러한 신앙, 즉 돌아가신 영가를 서방정토 극락세계로 천도하겠다는 중생의 바람과 지옥을 비롯한 모든 중생을 제도하겠다는 지장보살의 원력이 만나 지장신앙과 정토신앙이 하나로 묶이게 되었다. 이는 차츰 고려에도 영향을 미치게 되어 지장보살은 지금까지도 돌아가신 영가를 극락으로 천도하는 안내자로서 이미지가 굳어지게 된다.

불교에서는 돌아가신 분의 영혼을 "영가(靈駕)"라고 부른다. 이는 돌아가신 이의 영혼은 없어지지 않고 그대로 남아 생전에 지은 업에 따라 이 몸 저 몸

〈아미타·지장병립도〉(고려시대, 미국 메트로폴리탄미술관 소장)

사찰 속 숨은 조연들

으로 자리를 바꾸어 윤회하기 때문에 옮겨 다닌다는 의미의 '가마 가(駕)' 자를 쓴 것이다. 이 영가가 평온한 다음 세계로 가서 안전하게 정착하기를 바라는 마음에서 거행하는 의식이 천도재로서 우란분재, 사십구재, 수륙재, 영산재 등이 모두 이에 속한다.

서울 봉원사에서 이뤄진 영산재. 영산재는 국가무형문화재이자 유네스코 세계무형문화유산으로 등재되어 있다.

돌아가신 조상이나 인연 있는 사람들을 천도하는 우란분재(盂蘭盆齋)는 신라 때부터 행해졌고, 사십구재와 수륙재는 고려 때 시작되었다. 영산재는 석가모니 부처님이 영취산에서 설법하던 영산회상(靈山會上)을 상징화한 재로 조선시대에 활성화된 것으로 알려져 있다.

『고려사』에는 공민왕(재위 1351~1374)이 왕비인 노국대장공주가 난산으로 사망하자 7일마다 재를 지냈다는 기록이 있고, 『동문선(東文選)』에는 충경왕사(冲鏡王師, 1191~1271)를 위해 행해졌던 사십구재에 대한 기록이 있다. 같은 책에 실린 「김제학천처칠칠소(金堤學薦妻七七疏)」는 김제학이 죽은 아내의 영가를 천도하기 위해 사십구재를 올릴 때 쓴 추도문으로 이 시절에는 사십구재를 "칠칠재(七七齋)"로도 불렀음을 알 수 있다. 7일마다 한 번씩 일곱 번 재를 올린다는 뜻인데 지금도 절집에서는 사십구재를 "칠칠재"라 부르기도 한다(일곱 번째 마지막 재는 막재라고 부르기도 하지만 칠재(七齋)라 하기도 한다).

●
〈지장보살도〉(조선시대). 중앙의 지장보살을 중심으로 하단 양옆에
무독귀왕과 도명존자가 서 있고, 그 곁으로 시왕이 자리하고 있다.

　　고려시대에는 시왕신앙도 들어왔다. 원래 불교의 지옥 관념은 중국에 들
어와 도교와 섞이게 된다. 그리하여 지옥을 다스리는 열 명의 왕이 출현하게
되는데 이들을 "시왕(十王)"이라 부른다. 시왕은 지옥의 갖가지 부서를 관장
하는 책임과 죄인을 심판하는 재판관의 임무를 함께 맡는다. 이러한 내용을
담은 경전이 바로 『불설예수시왕생칠경(佛說預修十王生七經)』으로 당나라 후
반기에 중국에서 출현하였고, 고려에도 전해졌지만 지장신앙과는 서로 어울
리지 않았다. 고려 말까지 지장전과 시왕전은 별개로 존재하였기 때문이다.
　　그러나 조선시대에 들어와 통치 이념이 유교로 바뀌게 되고 효행이 중

　　　　　　　　　　　　　　　　　　　　　　　　　사찰 속 숨은 조연들

요한 덕목이 되면서 지장전과 시왕전이 하나로 합쳐져 명부전으로 탄생하게 된다. 그렇게 지장보살은 지옥 중생을 제도하는 대보살로서 명부전의 주존이 된다.

유교 사회라 하더라도 왕족이든 사대부이든 평민이든 모든 백성은 돌아가신 조상들이 좋은 곳으로 가시기를 바란다. 또 그런 행위가 바로 효행의 하나로 간주되었기 때문에 불교의 천도재는 효과적으로 명맥을 유지할 수 있었다.

지장보살의 도상

앞에서도 이야기했듯이 지장보살은 출가보살이다. 그렇기 때문에 삭발한 모습의 지장보살을 불상과 불화 등에서 흔히 볼 수 있다. 그런데 지장보살상을 자세히 살펴보면 삭발한 머리가 검은색이 아니라 아주 진한 녹색 계통으로 칠해져 있다. 여기엔 이유가 있다.

장아함경(長阿含經) 『대본경(大本經)』에는 석가모니 부처님이 지니고 있는 서른두 가지 신체적 특징이 실려 있다. 이를 보통 "32상(相)"이라고 부르는데, 그 가운데 '부처님 머리카락은 검푸른색으로 오른쪽으로 감아 돌아 위로 쏠려 있다[毛生右旋紺色仰靡]'라고 되어 있다. 머리카락 빛깔도 '검푸른 유리색[紺琉璃色]'이라 쓰여 있는데, 이는 부처님이 속한 아리안족의 전통에 따른 것으로 수염도 역시 머리카락 색깔과 같은 색으로 나타내고 있는 것으로 보고 있다.

사실 감색(紺色)은 검푸른색으로 진한 군청색과 비슷해서 검은색에 가까운 색이지만 바로 삭발한 스님들의 머리 색깔이 녹색 기운을 띠고 있기 때문에 어두운 녹색으로 표현된 것은 아닌가 추정하기도 한다.

그럼 경전에 나오는 지장보살은 언제 출가한 것일까? 사실 경전에는 그

김룡사 목조지장보살좌상(조선시대, 경북 유형문화재)

사찰 속 숨은 조연들

런 내용이 없지만 근거가 되는 경전은 있다. 바로 『지장십륜경』「서품(序品)」에 지장보살이 성문(聲聞)의 모습으로 부처님께 오는 모습이 나타나 있다. 성문은 부처님의 법문을 직접 들은 수행자를 말하기 때문에 삭발한 스님의 모습이라 말할 수 있다. 또한 같은 경전에서 지장보살을 "대사(大士)"라고 호칭한다. 부처님은 물론 대중도 지장보살을 "대사"라 부르는데, 이는 큰스님을 지칭하는 칭호이기 때문에 지장보살을 승려의 모습으로 그리게 된 것이다. 관련해 『지장경』「이익존망품」에도 지장보살을 "대사"라 호칭하는 구절이 나온다.

한국에 남아 있는 지장보살상은 대부분 삭발한 스님의 형상이 많지만 두건을 쓴 지장보살상도 자주 볼 수 있다. 대표적 지장 기도처인 고창 선운사 도솔암 지장보살상과 철원 심원사 지장보살상도 두건을 쓰고 계시는데 이를 "피건(被巾)지장", "피모(被帽)지장"이라고 부른다.

피건지장보살상은 당나라 때인 778년 양주 개원사의 도명(道明) 스님이 지옥을 다녀온 후 쓴 『환혼기』에 '두건을 쓰고, 구슬 장식을 했으며, 육환장을 짚고 있는 지장보살'이 묘사되어 있어 이를 근거로 피건지장보살상이 만들어진 것으로 보고 있다.

지장보살의 또 다른 상징물인 육환장(六環杖)은 스님들이 짚는 지팡이를 말한다. 이 지팡이에 달린 여섯 고리는 육바라밀(六波羅密)을 상징하는데, 지장보살은 육바라밀을 원만히 수행한 원력보살로 육환장으로 지옥의 문을 깨뜨릴

육환장

고창 선운사 참당암 석조지장보살좌상(여말선초, 보물).
두건을 두른 보살의 가슴에 영락 장식이 눈에 띈다.

고창 선운사 금동지장보살좌상(조선시대, 보물)

고창 선운사 도솔암 금동지장보살좌상(고려시대, 보물).
도솔암 지장보살상은 왼손에 법륜을 든 형상이다.

사찰 속 숨은 조연들

수 있다고 한다. 곧 지옥 중생 제도의 상징물이다. 또한 지옥뿐 아니라 육도에 윤회하는 모든 중생을 제도한다는 의미도 함께 갖고 있다.

한편 육환장을 "석장(錫杖)"이라고도 하는데 『득도제등석장경(得道梯橙錫杖經)』에 의하면 이 석장을 가지는 사람은 부처님 말씀대로 수행하며 모자라거나 줄어듦 없이 걸림 없는 지혜를 성취한다고 한다.

이 육환장은 과거 비구 스님이 가지고 다니는 열여덟 가지 필수품 중 하나였다고 한다. 과거 우리나라

봉화 청량사 목조지장보살삼존상 중 지장보살상 (조선시대, 보물). 이 지장보살상은 오른손에 육환장을, 왼손에 명주를 쥐고 있다.

는 물론 중국, 일본의 스님들이 사용하였는데, 길을 가며 땅을 짚을 때마다 고리가 서로 부딪치는 소리를 내어 모든 동물들이 미리 피할 수 있도록 알리는 역할을 한다. 또 뱀이나 큰 짐승이 나타났을 때는 자신을 방어하는 도구도 된다. 동물들은 인위적으로 만든 쇳소리에 특히 민감하기 때문에 수행자도 모르는 사이에 일어날 수 있는 살생을 피할 수 있고, 동물들도 미리 안전하게 피할 수 있다. 더불어 민가에서 공양을 구할 때에 육환장을 흔들어 사람들에게 미리 알릴 수도 있다.

한편 중국과 한국, 일본의 지장보살상에는 손에 밝은 구슬을 갖고 있는 모습도 많은데 보통 손바닥 위에 있는 구슬이라 해서 "장상명주(掌上明珠)"라고 부른다. 어두운 지옥에서 길을 밝혀주는 구슬이기도 하지만 지장보살에게는 아주 중요한 법구(法具)이다.

시왕 중 우두머리 격인 염라대왕은 망자의 과거를 모두 비추는 업경대(業鏡臺)를 통해 망자의 생전 악업을 심판한다. 그에 비해 지장보살의 구슬은 망자의 착한 인연을 다 비춘다. 곧 염라대왕의 업경대가 죄인을 벌주기 위해 지난 잘못을 다 밝혀내는 도구라면, 지장보살의 구슬은 조그마한 착한 행위라도 찾아내 지옥에서 구원하기 위한 도구인 것이다. 아주 작은 선행이라도 그것이 씨앗이 되어 지옥에서 벗어나는 계기가 되기 때문에 지장보살은 이 구슬을 항상 지니고 다니면서 지옥 중생의 선행을 찾아낼 수 있다.

지장보살과 김지장

이러한 지장보살의 화신(化身)이 실제로 당나라 때 중국에 나타났다. 바로 신라에서 건너간 김교각(金喬覺, 696~794) 스님이다. 중국에서는 보통 "김지장"이라 부르며 모든 보살 중에 으뜸가는 보살이라고 하여 "지장왕보살(地藏王菩薩)"이라는 존칭을 많이 쓴다. 고구려 출신으로 서역을 개척해 이름을 떨친 고선지(高仙芝) 장군은 몰라도 스님이 머물렀던 구화사나 지장왕보살이란 존칭은 누구나 안다고 할 정도로 널리 알려진 인물로서 현세에 살았던 사람으로 지장보살이 된 유일한 인물이다.

　　교각 스님은 신라의 왕자 출신이다. 스님의 출신을 두고 성덕왕(재위 702~737)의 맏아들 "김수충(金守忠)"이라는 설과 둘째 아들 "김중경(金重慶)"이라는 설이 있지만 어쨌든 왕실과 직접적인 관계가 있는 인물임은 틀림없다.

　　김수충, 김중경은 성덕왕이 왕위에 오르기 전에 태어난 인물들이다. 이 중 김중경은 태자로도 책봉되었었다. 그러나 친모 성정왕후(成貞王后)가 태자 책봉 1년 뒤에 폐위되어 출궁하게 되고, 새 왕비 소덕왕후(炤德王后)가 입궁하게 되면서 왕권을 소덕왕후 소생의 아들들이 이어받아 효성왕과 경덕왕으로 왕위에 오르게 된다.

이러한 복잡한 상황 속에서 왕권 다툼이나 왕실 내부 사정에 염증을 느끼고 출가한 왕자가 바로 교각 스님으로 추측되고 있다. 문장에도 능한 스님의 시 두 편이 지금까지 전해지고 있는데 그중 한 편에도 자신이 신라의 왕자임을 밝히는 문장이 들어 있다.

酬惠米	은혜의 쌀에 보답하며
棄却金鑾納布衣	비단 의복 삼베옷으로 갈아입고서
修身浮海到華西	수행 위해 바다 건너 구화산에 이르렀네.
原身自是酋王子	원래 이 몸은 신라의 왕자
慕道相逢吳用之	수행 길에서 오용지(吳用之)를 만났네.
未敢叩門求他語	문 두드려 다른 말은 하지도 못했는데
昨叨送米續晨炊	어제는 아침밥을 지을 쌀을 보냈네.
而今殘食黃精飯	이제 좋은 쌀로 밥을 지어먹으나
腹飽忘思前日飢	배부르다고 지난날의 굶주림 잊지 않으리.

교각 스님은 출가 후 여러 인연이 얽혀 있는 신라 땅보다 중국에서 수행하는 것이 수행자에게 더 적합하다고 판단, 24세에 삽살개 한 마리를 데리고 중국으로 건너왔다. 오대산을 거쳐 구화산에 이르렀고 수행적정처로 삼아 30여 년을 동굴이나 초암에서 피나는 수행을 계속했다. 또한 지장보살의 원력인 '지옥이 비지 않으면 성불하지 않겠다'는 서원을 그대로 실천하며 인근 백성들을 제도하는 데 온 정성을 다했다.

이에 감복한 구화산 주인 민양화(閔讓和)가 산 전체를 시주하였고, 자신

중국 구화산 화성사 육신보전 내 지장삼존

의 아들도 출가시켜 교각 스님의 제자가 되게 하였다. 이 스님이 바로 도명(道明) 스님이다.

교각 스님은 99세에 제자들을 모아 놓고 조용히 입적하였다. 스님의 유언대로 3년 후 시신을 모셨던 항아리를 열어보니 생전 그대로의 모습으로 앉아 계셨다. 교각 스님이 지장보살의 화현이었음을 새삼 실감한 스님들에 의해 교각 스님은 금을 입힌 등신불로 모셔졌으며, 구화산 육신보전에 그대로 봉안되어 있다. 지금도 구화산에는 교각 스님이 수행하시던 동굴과 발자국, 신도들이 처음 지어서 시주한 화성사(化城寺) 등 옛 자취가 그대로 남아 있다. 이로부터 구화산은 보현 도량 아미산, 문수 도량 오대산, 관음 도량 보타산과 함께 지장 도량으로서 중국의 불교 4대 성지 중 하나가 되었다.

중국의 지장보살이 차츰 교각 스님으로 굳어지면서 지금까지 지장왕보살로 호칭한다. 또 경전에 등장하였던 지장보살이 중국 땅에 화현으로 나타났다는 믿음에 따라 중국에서의 지장보살상은 자연히 교각 스님을 모델로 하게 되었다. 그래서 삭발한 스님상으로도 조성이 되지만 오지(五智)를 다 갖춘 보살로 인정되어 머리에 오지관(五智冠)을 쓴 모습으로도 많이 나타난다.

'오지'란 부처님이 갖춘 다섯 가지 지혜라 하여 밀교에서 나온 말이다. 원래 부처님은 네 가지 지혜인 사지(四智)를 다 갖추고 있다고 한다. 먼저 대원경지(大圓鏡智)는 크고 둥근 거울같이 삼라만상과 세상의 모든 만법을 있는 그대로 비추어 보는 지혜이며, 평등성지(平等性智)는 취사선택하는 마음 없이 모든 것을 평등하게 바라보는 지혜이다. 한편 묘관찰지(妙觀察智)는 모든 일을 능히 잘 관찰하여 어그러지지 않게 처리하는 지혜, 성소작지(成所作智)는 무슨 일을 하든 당면한 일에 어디에도 치우치지 않는 바른 지혜를 말한다. 이 네 가지 지혜는 부처님이 가지고 계신 지혜 공덕을 여러 가지로 분별한 것이지만 중생도 본래 이러한 지혜를 다 갖추고 있어서 수행을 통해 깨달음을 얻으면 누구나 다 내어 쓸 수 있다고 한다.

밀교에서는 이 사지에 모든 법의 본성이 되는 지혜인 법계체성지(法界體性智)를 더하여 오지를 주장하며 이에 다섯 부처님을 나누어 배치하였다. 물론 밀교에서 가장 중요한 부처님인 대일여래, 즉 비로자나불을 법계체성지에 배대(配對)하였다. 밀교에서는 대일여래가 근본 지혜를 모두 갖추고 있으면서 다른 부처님과 보살들의 모습으로 화현하여 나타난다고 보기 때문이다. 그래서 밀교에서는 대일여래가 오지를 상징하는 오지관을 쓴다.

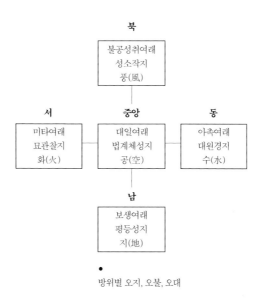

방위별 오지, 오불, 오대

오지관을 쓴 지장보살.
오지관에는 대일여래가 새겨져 있다.

그러나 현세에 이 오지를 갖춘 보살은 구화산의 자장왕보살이라고 하여 교각 스님만 유일하게 오지관을 쓴 모습으로 등장하게 된다. 중국의 지장왕보살상은 다섯 분의 부처님이 새겨져 있는 관을 쓴 형상이 많다. 정면에서 보면 연잎들이 둥글게 돌아가며 서 있는 듯한 관에 다섯 부처님이 앞의 연잎에 각각 조각되어 있다. 물론 정면 중앙의 부처님이 대일여래이며, 나머지는 방위별로 아촉여래(阿閦如來), 보생여래(寶生如來), 미타여래(彌陀如來), 불공성취여래(不空成就如來)이다. 그래서 오지관을 "오불관(五佛冠)"이라고도 부른다.

중국 구화산에 가 보면 지장왕보살의 성지로서 교각 스님의 수행 터와 당 황제가 절의 이름을 내려준 화성사, 모친 성정왕후가 아들을 찾아 이곳에 왔을 때 멀었던 눈을 뜨게 해 주었다는 명안천(明眼泉) 샘 등 여러 유적이 남

사찰 속 숨은 조연들

아 있다. 이곳은 중국의 불교도뿐 아니라 대만, 티베트의 신자까지 찾아오는 성지로서 삼보일배로 산 위 가파른 계단을 올라가는 신도들을 보면 경외심이 저절로 일어난다.

한편 스님이 데리고 간 삽살개 선청은 구화산의 수호신이 되어 지금도 이곳저곳에 조각상으로 남아 구화산을 지키고 있다.

현재 구화산에는 94곳의 사찰과 700여 명의 스님들이 대비대원을 실천하고 있다. 또한 교각 스님 등신불 이외에도 참배할 수 있는 등신불이 여러 사찰에 흩어져 있어 지장성지로서의 명성을 더욱 높이고 있다.

교각 스님의 이와 같은 행적은 스님이 입적하신 후 19년 뒤 이 지역 사람 비관경(費冠卿)이 쓴 「구화산화성사기(九華山化城寺記)」에 그 내용이 잘 기록되어 있다. 그 때문에 신라의 왕자로 태어나 출가하신 후 중국에서 지장왕보살이 되신 교각 스님은 중국불교사에 큰 족적을 남기고 있고 우리 민족에게도 큰 본보기를 보인 선각자가 되셨다.

중국 지장보살 성지인 안휘성
구화산과 입구에 세워진 99미터 지장보살상

지장삼존

지장신앙은 서역 지방에서 완성되어 중국으로 들어왔다고 알려져 있다. 그래서 지장보살상도 중국의 영향을 받은 한국과 일본에만 남아 있고, 동남아시아에서는 지장보살상을 만날 수 없다.

한편 본존인 지장보살과 두 협시가 함께하는 지장삼존상은 중국과 한국에서만 전승되어 있고, 일본의 경우는 지장보살상만 전해졌다. 다만 한중 간 지장삼존의 내용이 서로 다르다. 한국의 지장삼존은 경전상의 지장보살과 무독귀왕, 도명존자로 구성되어 있다.

지장삼존을 구성하는 무독귀왕은 (앞서서도 이야기했지만) 『지장경』에 나온 대로 지옥에 간 바라문의 딸을 안내하던 존재이다. 지옥에 근무하는 귀왕이지만 착한 마음을 내어 바라문의 딸을 따뜻하게 안내하고, 그녀의 어머니가 천상에서 태어났음을 알려준 공덕으로 지장보살의 협시가 되었다. 흔히 점잖은 관복을 입고 문관이나 왕의 모습으로 표현된다. 합장한 모습으로도 나타나지만 나무상자를 두 손으로 받쳐 든 자세로도 조성한다. 이 상자는 불교경전이 들어 있는 경전 상자로 부처님의 뜻을 받들어 모신다는 상징물이기도 하다.

진주 청곡사 목조지장보살삼존상 및 시왕상(조선시대, 보물) 중 무독귀왕(좌)과 도명존자상(우)

사찰 속 숨은 조연들

●
평창 월정사 남대 지장암 목조지장삼존불감(조선시대, 강원도 유형문화재)

도명존자는 당나라 때 개원사에 살았던 도명(道明) 스님이 모델이 되었다. 저승사자가 용흥사 도명 스님을 데리고 가야 하는데 개원사 도명 스님을 잘못 끌고 가는 바람에 얼결에 지옥을 돌아보게 된 스님은 지옥에서 사자를 데리고 있는 지장보살을 만났는데 머리에 두건을 쓰고, 몸에 영락을 걸친 채 육환장으로 땅을 짚고 있는 스님의 모습이었다. 지옥에 잘못 온 것이 판명되어 도명 스님은 다시 이 세상으로 돌아왔고 지옥에 다녀온 경험을 「환혼기(還魂記)」라는 글로 남겼다.

이 문서는 둔황 막고굴에 비장(祕藏)되어 있다가 영국의 탐험가 아우렐 스타인(Aurel Stein, 1862~1943)이 처음 발견해 영국으로 가져갔고, 일본의 둔황학자 마츠모토 에이치[松本榮一]가 확인하여 세상에 알려졌다. 두건을 쓴 지장보살상은 이 「환혼기」의 내용을 토대로 조성한 것으로 알려져 있으며, 지장삼존도에 등장하는 사자도 이 글을 참조한 것으로 보고 있다.

결국 지옥을 다녀오며 지장보살을 친견한 도명 스님은 지장보살의 협시가 되었고, 자연히 삭발한 스님 형상으로 조성되었다. 보통 합장을 하고 서 있거나 지장보살의 지물인 육환장을 들고 있는 모습으로 많이 나타난다.

하지만 중국의 지장삼존은 철저하게 구화산 지장왕보살 교각 스님을 모델로 만들어진다. 그래서 스님상으로도 조성되지만 오지관을 쓴 모습으로도 많이 나타난다. 입상일 때에는 가사를 걸치고 육환장을 짚은 스님 형상으로 하는 것이 기본이 된다. 나아가 무독귀왕도 구화산을 교각 스님에게 시주한 민양화로 간주한다. 민양화를 "민공(閔公)"이라 높여 부르기 때문에 무독귀왕이라고는 아예 부르지 않는다. 그저 "민공"일 뿐이다. 더불어 민양화가 교각 스님의 제자로 출가시킨 아들 도명도 지장왕보살의 협시가 되었다.

중국에서는 이렇듯 철저하게 구화산 교각 스님과 얽힌 기록을 바탕으로 지장삼존을 구성한 것이다. 곧 본존은 지장왕보살, 우협시는 민공, 좌협시

〈순천 송광사 광원암 지장보살도〉(조선시대)

는 도명 스님으로 정착되었고, 지금도 그대로 믿고 있다.

민간신앙이 된 일본의 지장신앙

지장신앙은 일본에도 전해져 사찰뿐만 아니라 민간신앙에도 깊이 스며들었
다. 일본은 12만 개 신사와 800만의 신이 있다고 할 정도로 다양한 신들의
천국인데 지장보살이 이러한 재래신들과 습합되어 관할 영역이 끝없이 넓어
졌다. 지옥에 떨어진 영가의 구원부터 병자를 치료하고, 농사를 보살피는 역
할을 맡는가 하면 전장의 승리까지도 책임지는 임무까지 맡겨졌다.

　　지금도 일본에 가면 마을이나 절, 계곡 어귀 등에 이끼 낀 지장보살을 흔
히 볼 수 있다. 일본인은 '오지조사마[お地蔵様]'라고 높여 부르는데 길의 신인
도조신(道祖神)과 합해지며 경계 신, 도로 신의 역할도 맡고 있는 것이다.

미즈코지조[水子地藏]도 빼놓을 수 없다. 일본 사찰에 가면 빨간 턱받이와 모자를 쓴 지장보살이 헤아릴 수 없이 눈에 띄는데 이를 "미즈코지조"라고 한다. 우리말로 풀면 사산아, 유산아, 낙태아를 보살펴주는 보살인 것이다.

일본 고대설화집에는 다음과 이야기가 있다.

일본의 옛 풍습에는 일찍 죽은 태아나 영아를 물에 띄워 보냈기 때문에 미즈코[水子], 즉 물에 띄워 보낸 아이라고 부른다. 이런 아이들은 저세상으로 건너가는 삼도천(三途川)을 건너가지 못해 부모님을 그리워하며 강가에 돌탑을 쌓는다. 그런데 밤이 되면 지옥의 나찰들이 나타나 하루종일 쌓아 올린 탑을 무너뜨려 버린다. 그래도 아이들은 매일 부모님을 위해 탑 쌓기를 반복하고 결국 울음을 터뜨린다. 이 울음소리를 듣고 지장보살이 나타나 '나를 어버이로 생각하라'며 따뜻하게 안아 보호해 준다. 아이들은 지장보살의 보호 속에서 무사히 강을 건너 저세상으로 건너가게 된다.

곧 빨간 턱받이를 한 지장보살들은 부모를 보지도 못하고 죽은 태아나 영아 들을 잘 보살펴 달라는 뜻으로 부모들이 공양한 것이다. 그래서 모자를 씌우고 옷을 입히기도 한다. 지장보살이 아이의 냄새를 기억해 잘 찾아 보살펴주기를 기원하는 것이다.

또 지장보살이 어린아이를 잘 보살핀다고 해서 "자안지장(子安地藏)"이라고도 부른다. 아이를 얻게 해 달라고도 빌고, 순산하게 해 달라고도 빌고, 잘 자라게 해 달라고도 빈다. 마치 어린아이를 전담하는 보살처럼 여겨져 아이를 안고 있는 지장보살상도 흔히 볼 수

지장보살입상
(13세기 일본, 도쿄국립박물관 소장)

사찰 속 숨은 조연들

있다. 곧 일본 사찰이나 민간에서 가장 많이 볼 수 있는 보살이 바로 지장보살이다.

일본의 마을이나 절, 계곡 어귀 등에는
지장보살상을 흔히 볼 수 있다.

석가모니 부처님 입멸 후 미륵 부처님이 이 세상에 오실 때까지 육도에서 윤회하는 중생을 제도하기 위해 성불도 뒤로 미룬 대비원력의 보살, 지장.

일본 도쿄 조조지[增上寺]의 미즈코지조

　중국에서는 신라 왕자 출신의 김교각 스님을 지장보살의 화현으로 받들었고, 스님이 수행했던 구화산은 지장성지가 되었다. 어찌되었든 김교각 스님의 원력과 자비 실천이 구화산에 스며 지금도 성지로서의 맥을 이어오듯, 지장보살의 원력도 지금까지 한결같다.

　"지옥의 중생이 다 없어질 때까지 저는 성불하지 않겠습니다."

일본의 지장보살상 가운데는 이렇듯
아이를 안고 있는 경우도 자주 볼 수 있다.

시
왕

지옥이 생겨나다

누구나 태어나면 죽는다. 동물이든 식물이든 생명이 있는 것은 죽는 것이 진리다.

불사약을 간절히 원했던 진시황도 결국 지하에 묻혔다. 착한 사람도 죽고, 악한 사람도 죽는다. 그럼 죽으면 모든 것이 끝인 것인가? 사람과 동물의 갈림길이 바로 이 지점이다. 인지(人智)가 발달한 사람은 죽음 뒤의 세계가 궁금하다. '죽음 뒤에 아무것도 없다'는 것이 너무나 허망하다. 그래서 사후세계가 있다고 믿는다.

인류문명 중 가장 먼저 발달했다는 이집트 고대왕조(BC 3200?~BC 332)에서도 죽음 뒤의 부활을 믿어 미이라를 만들었으니, 죽음은 끝이 아니라는 생각도 오랜 역사를 갖고 있다.

자연히 지구상에 나타난 모든 종교에는 사후세계가 존재한다. 불교에는 지옥과 극락이 있고, 기독교와 이슬람교에는 지옥과 천당이 있다. 도교에는 지옥과 신선 세계가, 유교에는 저승에 해당하는 황천(黃泉)이 있다.

그중에서도 불교의 지옥은 다양한 종류와 그에 대한 구체적인 내용이 많이 전래되고 있다. 이러한 불교의 지옥관은 인도의 고대종교인 브라만교의 시각을 받아들여 발전시킨 것으로 본다. 당연히 우리가 알고 있는 염라대왕도 인도신화에 등장한다.

가장 먼저 죽은 자 염라와 그가 개척한 지옥

염라(閻羅)는 산스크리트어 "Yama"의 음역으로 "염마(閻魔)"라고도 한다. 야마는 인도 고대의 태양신 비바스바트(Vivasvat)와 구름의 여신 사라뉴(Saranyu)의 아들로 여자인 야미(Yami)와 쌍둥이로 태어났다. 인도신화에서 최초의 인간이라고 여겨지는 마누(Manu)의 동생이다. 그러나 야마는 인류 가운데 가장 먼저 죽는 바람에 사후세계의 개척자가 되었다. 이 세계가 바로 야마가 다스리는 천상세계인 야마천(夜摩天)이다. 수미산 정상에 있는 도리천 바로 위 허공 중에 있는 천인(天人)들의 세계다.

기원 전후에 사람의 인지가 더 발달하면서 인도신화에도 큰 변화가 나타난다. 전생에 나쁜 짓을 한 죄업 중생과 천상세계에서 죄를 지은 존재들이 가야 할 지옥이 필요해진 것이다. 야마는 사후세계의 관장자로서 자연스럽게 죽은 자들을 심판하는 주재자가 되었다. 이러한 관념들이 불교에 수용되면서 야마는 천상세계인 야마천의 주인공이 되기도 하지만 지옥세계를 통솔하는 염라대왕의 역할도 맡게 되었다.

지옥이란 본래 산스크리트어로 "Naraka"를 지칭한 것으로 이를 음역하여 "나락가(那落迦)"라고 한다. 빛이 없는 어두운 세계를 의미하는데 BC 1000년경에 성립되었다는 『아타르바베다(Atharvaveda)』에도 등장할만큼 오랜 역사를 갖고 있다. 우리가 흔히 쓰는 말로 '나락에 떨어졌다'는 말이 바로 나락가, 즉 지옥에 떨어졌다는 의미이다.

서기 원년 전후의 인물인 인도 다르마트라타(Dharmatrata, 法救) 스님이 편찬한 『법구경(法句經)』에도 '악을 행한 사람은 지옥으로 들어가며 착한 일을 한 사람은 천상으로 올라간다'는 문구가 등장하고 있고, 장아함경 『세기경(世紀經)』「지옥품(地獄品)」에는 지옥의 위치와 종류, 명칭과 더불어 형벌의 고통에 대해서도 기록하고 있다. 이 경전에는 지옥이 팔대지옥(八大地獄)과

죽음의 신, 야마(9세기, 스리랑카, 미국 메트로폴리탄미술관 소장)

사찰 속 숨은 조연들

십육소지옥(十六小地獄)으로 이루어졌다고 말한다. 이후에도 지옥 관념은 더욱 발전해서 2세기 후반에 이르면 『십팔니리경(十八泥梨經)』과 같은 지옥에 관한 경전이 출현하여 지옥에 대한 체계와 질서를 갖추게 된다. 니리(泥梨)도 역시 지옥을 뜻하는 인도어 "Niraya"를 "니리야(泥梨耶)"나 "니리(泥梨)"로 음역한 것이다. 그럼 지옥은 어디에 있을까?

불교 우주관과 지옥

불교의 우주관에 의하면 이 세계는 깨달음의 세계인 오계(悟界)와 미혹의 세계인 미계(迷界)로 나누어진다. 오계는 네 성인(聖人), 즉 성문(聲聞), 연각(緣覺), 보살(菩薩), 그리고 부처[佛]의 세계로 수행의 공덕으로 깨달음을 이루어 윤회의 굴레에서 벗어난 세계다. 특히 네 성인들의 세계라고 하여 "사성(四聖)"이라고 부른다.

　　미계는 그 반대의 세계다. 미혹한 존재가 스스로 지은 업(業)에 따라 생사를 거듭하며 끝없이 윤회하는 세계이다. 지옥·아귀·축생·아수라·인간·천(天)의 여섯 세계가 있어 보통 "육도(六道)"라고 부른다. 중생이 윤회하는 여섯 가지 길이라는 뜻이다. 우리가 자주 들어본 "육도윤회(六道輪廻)"라는 말이 바로 그런 의미이다. 이러한 사성과 육도를 합치면 열 개의 세계가 되므로 이를 통틀어 "십계(十界)"라고 한다. 한편 육도 중에서 천(天)의 세계에는 또 28종의 하늘세계가 있어 이를 보통 "28천"이라고 부른다.

　　욕계(欲界)는 재물욕, 음욕, 식욕 등 탐욕이 있는 중생이 살아가는 세계로 지옥·아귀·축생·아수라·인간도와 천(天)의 28천 중 아래 여섯 곳 천상세계를 말한다. 여섯의 천상세계이지만 아직 욕심의 찌꺼기가 남아 있어 "욕계육천(欲界六天)"이라고 한다.

　　색계(色界)는 욕망은 벗어났으나 아직 물질적인 제약에서 자유롭지 못한 중생이 살아가는 세계로 천(天)의 열여덟 곳이 여기에 해당된다. 한편 무색계(無色界)는 욕망과 물질적인 제약은 벗어났지만 아직 윤회를 벗어나지 못한 중생이 살아가는 세계로 천(天)의 상위 네 곳의 세계가 여기에 포함된다.

이 욕계, 색계, 무색계를 통틀어 "삼계(三界)"라고 부르니 결국 모든 중생이 윤회하는 세계이다. 그래서 '삼계육도에 윤회하는 중생'이라는 표현을 쓰고 있는 것이다. 그중에서도 지옥·아귀·축생도는 가장 고통이 심한 세 가지 나쁜 길이라 하여 "삼악도(三惡道)"라고 부른다.

공간적으로 육도에 윤회하는 중생이 사는 곳을 거론한다면, 지옥은 당연히 우리가 사는 대지, 남섬부주의 깊은 땅속에 있다. 아귀와 축생은 인간이 살아가는 세계와 사는 곳이 겹친다. 그러나 아귀는 인간의 눈에 보이지 않는다. 아수라도 인간세계와 겹치지만 구체적인 장소는 심산유곡이란 의견도 있고, 바닷속이라는 주장도 있다. 천(天)은 허공 중에 건설된 세계다. 스물여

●
티베트불교에서 흔히 볼 수 있는 이 도상에는 야마가 수레바퀴를 물고 있는데, 그 안에는 육도가 묘사되어 있다.

덟 곳으로 나누어지는 천상세계 중 가장 아래쪽의 사천왕천은 수미산 중턱에 있고, 바로 위의 도리천은 수미산 정상부에 있다. 곧 이 두 곳의 천상 세계는 땅 위에 있는 셈이다. 땅 위에 있는 하늘세계라 해서 이 두 곳을 "지거천(地居天)"이라 부르고 나머지 스물여섯 곳의 세계는 허공 중에 있다고 해서 "공거천(空居天)"이라고 부른다(책 201쪽 도표 참조).

시왕이 나타나다

인도에서 나타난 불교의 지옥 관념은 시대가 내려올수록 점점 발전하면서 『대비바사론』, 『구사론』, 『대지도론』 등에 나타난다. 그리고 앞서 말한 『십팔니리경』에 이르면 지옥이 열여덟 개로 세분화된다. 이 『십팔니리경』은 후한(後漢, 25~220)시대 서역 안식국(安息國, BC 247~AD 226)의 왕자 출신인 안세고(安世高) 스님이 148년에서 170년 사이에 번역한 경전이다. 안식국은 지금의 이란 북부와 투르크메니스탄 지역에 세워졌던 파르티아왕국으로 유럽과 중국을 잇는 중개무역으로 번성하던 나라였다.

　　『지장보살본원경』 역시 서역의 우전국 출신의 실차난타 스님이 당나라 때 번역한 경전이기 때문에 불교의 지옥은 서역을 거치며 더욱 많은 정보를 담아낸 것으로 믿어지고 있다. 왜냐하면 『십팔니리경』의 열여덟 개 지옥이 『지장보살본원경』 「지옥명호품(地獄名號品)」에 이르면 스물네 곳의 대지옥으로 늘어나고, 그 대지옥 속에 작은 소지옥이 수도 없이 많다고 쓰여 있기 때문이다. 그러나 『지장보살본원경』에도 '중생들이 업에 따라 그 과보를 받는다'고만 말하고 그 이상의 언급은 없다.

중국 산동성 태산 대묘(岱廟) 송천황전(宋天皇殿). 대묘의 중심 전각으로 '동악태산지신'이 자리하고 있다.

선악의 심판

중국은 고대부터 세계의 선진국이었고 법치제도의 틀을 가지고 있는 나라였다. 당연히 죄가 있으면 경중을 따져 형벌을 주는 사법제도가 있었으니 사람이 죽어 저승에 가면 명부(冥府)에서 선악에 대한 심판을 받아야 한다는 관념이 있었을 것이다. 이러한 관념은 이미 중국의 민간신앙 속에 전해져 내려왔다.

산동성 태산(泰山)은 중국 오악(五岳) 중의 하나인 동악(東岳)으로 역대 천자가 하늘에 제사를 올리는 봉선(封禪)의식을 행하는 산이기도 하지만 혼령이 머무는 곳으로도 알려져 있다. 이 산에는 인간의 수명을 관장하는 태산부군(泰山府君)이 머물고 있어 망자의 영혼은 여기로 돌아와 생전 행위의 선과 악을 재판받는다고 믿어져 왔다. 태산부군이 머물고 있는 관청이 태산부(泰山府)이며, 태산부군을 "동악대제(東岳大帝)"라고도 불렀다. 삶과 죽음을 주관하고 사람의 혼백을 부르며 저승을 통괄하고 있기 때문에 민간신령 중에서도 중요하게 받들어졌다. 중국의 곳곳에 있는 동악묘(東岳廟)가 바로 이 동악대제를 모신 사당이다. 신의 계보도에서도 옥황상제의 손자로 나타나기 때문에 신격도 높다.

한편 도교 서적으로 갈홍(葛洪, 283~343?)이 저술한 『포박자(抱朴子)』에는 사람의 몸에 깃들어 사는 세 명의 귀신인 삼시(三尸)에 관한 이야기가 있다. 이 삼시는 사람을 일찍 죽게 하려고 애를 쓰는데 그 사람이 죽어야만 자유로운 귀신이 되어 제사음식을 마음껏 먹을 수 있기 때문이다.

이 삼시는 매 경신일(庚申日)이 돌아오면 자신들이 깃들어 사는 사람이 잠들었을 때 하늘로 올라가 그 사람의 허물을 고자질해서 수명을 단축시킨다. 허물의 경중에 따라서 수명이 300일 줄기도 하고, 3일 줄기도 한다. 그리하여 조선시대에는 경신일이 돌아오면 밤을 지새우는 풍습이 있었다. 심지어 궁궐에서도 경신일에 잔치를 열고 밤을 지새우며 즐겼다는 기록이 있다.

중국 베이징에 위치한 동악묘 입구

●
중국 산둥성 태산. 중국 오악 중 하나이다.

사찰 속 숨은 조연들

사람이 잠을 자지 않으면 삼시가 하늘에 고자질하러 갈 수 없기 때문이었다.

　　이처럼 선악을 심판하고 길흉화복을 정한다는 믿음은 불교의 지옥 관념이 들어오기 이전에도 이미 자리 잡고 있었다.

시왕의 탄생

유교에도 저승을 상징하는 "황천"이 있다. 글자 그대로 지하세계에 흐르는 누런 샘물로『춘추좌씨전(春秋左氏傳)』에 나오는 망자의 세계다. 우리가 일상에서 사용하는 "황천길"이란 표현의 황천이 바로 그곳이다.

　　한편 유교에서는 사람이 죽으면 혼백(魂魄)이 분리되어 백(魄)은 신체와 함께 분묘에 묻히어 사라지고, 혼(魂)은 없어지지 않는다고 믿었기 때문에 사당에 모신다. 그러나 혼도 일정한 기간이 지나면 서서히 흩어지게 된다. 그 기간이 4대(代)쯤 내려가면 혼도 없어진다고 보아 4대 조상까지만 제사를 모시는 규범이 만들어졌다. 조선시대에도 사당에서 조상의 제사를 지낼 때 4대 조상까지만 지내고, 5대 조상의 위패는 본인의 묘에 묻음으로써 사당에는 항상 4대 조상까지만 모시게 되어 있다. 다만 시조신(始祖神)이나 국가 또는 역사에 공적이 높은 조상신은 시간이 지나도 혼이 소멸되지 않는다 해서 영구히 모시게 된다. 이런 혼령들은 사당에 모신 신주(神主)를 다른 곳으로 옮기지 않기 때문에 "불천위(不遷位)"라 부르며 존경한다. 따라서 불천위가 몇 명인가에 따라 그 가문의 명성이 달라진다.

　　어쨌든 유교에서도 사람이 죽은 다음에 일정 기간 혼이 흩어지지 않는 사후세계가 존재한다는 것을 인정하고 있고, "황천"이라는 저승이 있다는 것도 이야기해 왔다.

　　이러한 중국의 여러 가지 전통적 사후세계관과 불교의 지옥 관념이 섞이면서 지옥에서 망자들의 죄를 심판하는 열 명의 왕이 탄생한다. 열 명의 왕이라 해서 "십왕(十王)"이지만 발음의 편의상 보통 "시왕"이라고 부른다.

　　시왕의 내용을 담은 경전이 바로 당나라 말기 대자은사 장천(藏天) 스님이 찬술한 『예수시왕생칠경(預修十王生七經)』이다. 이 경전은 인도에서 온 것도 아니고, 서역에서 건너온 것도 아니다. 100퍼센트 중국에서 만들어진 경전이지만 이후 사십구재, 천도재, 예수재 등 불교의 천도의식에 큰 영향을 미쳤다. 『예수시왕생칠경』은 그 책의 제목에서 알 수 있듯이 살아생전 미리 시왕에게 지극정성으로 참회하여 사십구재를 지내면 그 기록이 염라대왕의 업경대에 남아 죽은 뒤에 염라대왕에게 심판받을 때 대왕이 환희심을 내어 죄를 면해주고, 좋은 곳에 태어나게 해 준다는 내용이다.

　　또 일곱 번의 생칠재를 지내면서 한 번이라도 빠뜨리면 빠진 시기의 왕에게 억류되어 100일이나 1년, 3년을 지체하게 된다고도 하고, 시왕에게 열 번에 걸쳐 심판받는 내용도 나타나 있다. 각 시왕과 망자 재판 시기를 정리하면 다음과 같다.

1	진광대왕	사후 7 일째의 재판	초재
2	초강대왕	사후 2×7 일째의 재판	2재
3	송제대왕	사후 3×7 일째의 재판	3재
4	오관대왕	사후 4×7 일째의 재판	4재
5	염라대왕	사후 5×7 일째의 재판	5재
6	변성대왕	사후 6×7 일째의 재판	6재
7	태산대왕	사후 7×7 일째의 재판	사십구재(막재)
8	평등대왕	사후 100 일째의 재판	100일재(백재)
9	도시대왕	사후 1년째의 재판	소상
10	오도전륜대왕	사후 3년(만 2년)째의 재판	대상

서울 조계사에서 열린 생전예수재

그럼 시왕 중의 우두머리는 누구일까? 당연히 염라대왕이 그 우두머리가 된다. 인도에서 건너올 때부터 지옥을 다스리는 왕은 염라대왕이었기 때문이다. 그러나 염라대왕이 시왕의 우두머리라면 왜 다섯 번째 왕이 되었을까? 사실 우두머리는 가운데에 앉아 다른 왕들의 보필을 받아야만 한다. 그렇지만 시왕은 짝수로 구성되어 있어서 가운데 자리는 5번이나 6번이 될 수밖에 없다. 당시의 중국문화에서는 짝수가 홀수보다 하열한 숫자였기 때문에 염라대왕은 다섯 번째 자리를 차지한 것이다. 고대 중국문화에서는 한국과 같이 홀수가 겹친 날은 다 명절로 정해졌고, 현재 중국사회의 짝수 사랑은 후대에 형성된 것으로 알려져 있다.

사후세계를 관장하는 중국의 태산부군도 역시 시왕에 들어와 일곱 번째 왕으로 좌정하게 된다. 결국 불교와 도교의 사후세계가 섞이면서 중국의 도교나 민간신앙에서 믿어지던 심판관과 불교의 염라대왕이 함께 시왕을 구성하게 된 것이다. 그래서 불교의 지옥에도 시왕이 있고, 도교의 지옥에도 시왕이 있다. 그러나 부르는 명칭도 서로 다르고 심판하는 죄목도 서로 다르다.

불교의 시왕이 등장하면서 지옥세계가 어떻게 구성되고 각 시왕은 어떤 죄를 심판하며 죄인들은 어떤 형벌을 받는가에 대해서도 구체적인 내용을 담은 경전이 출현하게 된다. 바로 『불설지장보살발심인연시왕경』이다. 이 경전도 또한 당나라 장천 스님이 찬술한 것으로 사람이 죽어서 명부로 간 다음 시왕으로부터 받는 재판 과정을 차례대로 기술하고 있다.

다만 『예수시왕생칠경』은 물론 『불설지장보살발심인연시왕경』(이 두 경전을 합쳐 『시왕경』이라 하기도 한다) 어느 것에도 시왕이 어떤 지옥을 맡고 있는가에 대해서는 구체적으로 실려 있지 않다. 그 이전 인도에서 성립된 『대비바사론』에는 뜨거운 고통을 받는 여덟 개의 팔열지옥(八熱地獄)과 각 지옥마다 사방에 각각 네 개의 작은 지옥이 달려 있다고만 할 뿐인데다(곧 하나의 지

제1진광대왕

제2초강대왕

제3송제대왕

제4오관대왕

〈양산 통도사 시왕도〉(조선시대, 경남 유형문화재)

　　　　　　　　　　　　　　　　사찰 속 숨은 조연들

제5염라대왕

제6변성대왕

제7태산대왕

제8평등대왕

명부전의 존상들

제9도시대왕

제10오도전륜대왕

사찰 속 숨은 조연들

옥에 16군데 소지옥이 있으니 모두 128곳이다),『대지도론』에서도 추운 고통을 받는 여덟 개의 팔한지옥(八寒地獄)이 있다고 기술되어 있기 때문이다. 더욱이 이러한 경전보다 늦게 나타난 당나라 말기의 경전들에도 각 시왕이 담당한 지옥에 대해서는 딱 부러진 언급이 없다.

현재 알려져 있는 각 시왕의 지옥에 관한 내용은 고려시대에 시왕신앙이 유행하면서 설정된 것으로 추정되고 있다. 특히 고려 말 나옹(1320~1376) 스님이 불교의 진리를 대중에게 쉽게 전달하기 위해 지은 불교 가사에서 처음 나타난 것으로 알려져 있는데, 스님이 지은「토굴가(土窟歌)」,「서왕가(西往歌)」,「회심가(回心歌)」 등은 구전으로 전해지다가「서왕가」의 경우 숙종 30년(1704)에 판각된『보권염불문(普勸念佛文)』에 처음 실렸다.

이『보권염불문』에는 시왕과 각자가 담당한 지옥이 나타나 있어 나옹 스님 이후 차츰 일반화된 것으로 믿어진다. 말하자면 시왕과 담당 지옥을 설정한 것은 경전에 근거한 것이 아니라 후대에 이 땅에서 짝지어진 것이라 볼 수 있다는 것이다. 그래서 실제 시왕의 심판 업무와 해당 지옥이 서로 일치하지 않는 경우도 있고, 시왕을 그린 탱화의 내용상 심판 내용과 담당 지옥이 서로 다른 경우도 많음을 알 수 있다.

그럼 망자는 왜 시왕에게 열 번의 심판을 받게 되었을까?

불교에서는 사람이 죽어 다음 세상의 몸을 받을 때까지 존재하는 영혼을 중음신(中陰身)이라고 하고, 이 중음신은 49일 안에 다른 몸을 받는다고 한다. 그래서 일주일에 한 번씩 망자를 위한 재를 올리고 모두 일곱 번을 치르면서 사십구재가 되었다. 물론 선행공덕을 많이 쌓은 망자는 49일 전에 좋은 세

서울 수국사 목조아미타여래좌상 복장 유물 중
『예수시왕생칠재의찬요』

•
구례 천은사 명부전

•
창녕 관룡사 명부전

•
서울 흥천사 명부전(조선시대, 서울 유형문화재)

　　　　　　　　　　　　　　　　　　　　　사찰 속 숨은 조연들

상으로 가서 태어나기도 하지만 늦어도 49일까지는 몸을 바꾸게 되어 있다. 그런데 이런 내용을 비추어 생각해보면 심판관은 일곱이면 충분하다.

그럼에도 열 명의 심판관을 둔 것은 유교의 상례의식까지 포함하려는 배려가 있었기 때문이다. 유교의 대표적 경전인 『논어』에서부터 장례는 삼년상이 마땅하다고 언급되어 있다. 공자는 제자인 재아(宰我)와의 문답을 통해 '어진 사람이라면 당연히 삼년상을 치러야 한다'고 주장한다. 왜냐하면 부모가 아이를 낳았을 때 지극정성으로 보살펴 3년(만 2년)이 되어야만 부모의 품을 떠날 수 있기 때문이라는 것이다.

영아 사망율이 높았던 옛 시대에는 100일을 채 살지 못하고 죽는 갓난아이가 많았다. 따라서 영아가 100일이 되면 부모도 한숨을 돌리고 잔치를 벌이게 되었고, 첫 돌이 되면 앞으로 잘 성장할 것이라고 기뻐하며 돌잔치를 했다. 또 만 2살이 되어야만 비로소 젖을 떼고 어린아이로 성장해 부모의 품을 떠나 제대로 걸어 다닐 수 있게 된다. 곧 부모가 3년 동안 품에서 내려놓지 않아야만 아이가 잘 성장할 수 있다.

이를 바탕으로 부모가 돌아가시면 자식들은 당연히 3년 동안 품속에서 길러준 은혜를 생각해 100일 날과 돌날, 두 번째 생일날은 부모님을 기려야 한다고 말한다. 그래서 사십구재를 치른 다음 유교의 상례제도를 본받아 100일 날과 소상(小祥), 대상(大祥)에도 재를 올리게 되었다. 그때마다 망자를 심판할 왕도 필요해지니 세 명의 왕이 더해져 시왕이 되었다. 결국 시왕은 불교와 유교, 도교의 문화가 융합되어 탄생하게 된 것이다.

자, 그럼 명부에 들어선 망자들은 어떤 행로를 거치며 어떤 시왕을 차례대로 만나게 될까? 여러 경전에 실린 내용을 참고해 망자들의 명부 일정을 구성해 보자.

시왕을 만나다

김룡사 명부전 시왕상 중
진광대왕상

1. 진광대왕(秦廣大王)

망자가 죽은 뒤 명부에 들어가 7일째 되는 날 처음 만나는 대왕이다.

　모든 중생이 목숨을 마치려고 할 때에 시왕들은 저승사자를 파견한다. 『불설예수시왕생칠경』에는 저승사자가 검은 옷을 걸쳐 입고 검은 깃발을 손에 든 채 검은 말을 타고 쏜살같이 달려와 망자의 넋을 얽어매어 저승으로 끌고 간다고 기록하고 있다. 망자의 혼령은 육신을 떠났을 때부터 향(香)으로서 음식을 대신한다. 그렇다고 살아 있을 때처럼 포만감을 느끼기 위해 먹는 것이 아니다. 정신을 잃지 않기 위해 향을 흡입하는 것이다. 더욱이 일곱 대왕에게 재판을 받는 49일 동안 계속 향을 마시면 허기가 지지 않는다고 한다. 장례를 치를 때 향불을 꺼뜨리지 않으려는 풍속도 여기에서 연유한 것으로 본다.

　저승사자는 망자를 문관수(門關樹) 아래로 끌고 간다. 명부의 첫 번째 관문이 있는 이 나무는 창끝같이 예리한 가시들이 빽빽하게 나 있는데 두 마리 새가 살며 이 나무를 관장한다. 한 마리는 무상조(無常鳥), 즉 뻐꾸기이며, 다른 하나는 발목조(拔目鳥), 즉 까마귀이다. 뻐꾹새는 봄마다 뒷동산에서 울어 무상한 세월을 알려 주었고, 시체의 눈을 쪼아먹는 까마귀는 곧 죽음이 닥치리라는 것을 미리 예고해 주었다. 머지않아 삶이 끝나고 죽음이 가까운데 왜 선행을 쌓지 않고, 수행도 하지 않으며, 악업을 지어 명부에 왔느냐고 꾸짖는

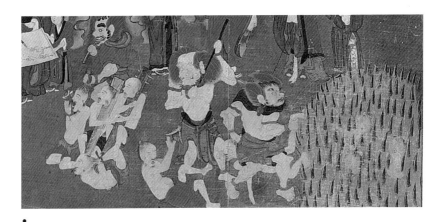

●
〈양산 통도사 시왕도〉 중 제6변상대왕도 부분. 시왕을 그린 탱화의 내용상 담당 지옥이 서로 다르게
묘사된 경우가 있다. 이 불화에는 도산지옥이 묘사되어 있다.

것이다.

　　망자는 이제 나무로 된 관문을 지나 사출산(死出山)을 걸어 넘어가야만
한다. 그 산의 이름에서 알 수 있듯이 죽어야만 벗어날 수 있는 산이다. 삶과
죽음의 경계에 있는 산이라고 하겠다. 산길에는 옷도 없고, 음식도 없어 배고
픔과 추위를 견디고 넘어가야 한다. 사출산 남쪽에도 관문이 하나 있어서 망
자는 누구나 이 문을 지나가야 하는데, 착한 일을 한 사람은 별 탈 없이 지나
갈 수 있지만 악한 일을 한 사람은 문에 끼어 살이 터지고 뼈가 부러지는 고
통을 당한다. 어렵게 남쪽 문을 빠져나오면 이제 진광대왕을 대면하게 된다.

　　진(秦)은 '밝힌다'는 뜻이며 광(廣)은 '넓다'는 뜻이듯이 진광대왕은 망자
의 선악 행위를 크게 나누어 심판한다. 착한 사람은 천상세계로 보내고 악한
사람은 다음 시왕에게 보낸다. 일단 죗값을 치러야 다음 생을 받을 수 있기
때문이다. 곧 진광대왕은 망자라면 누구나 만나게 되는 심판관이다. 특히 살
생의 죄를 심판해서 유죄, 무죄를 가린다.

진광대왕이 맡고 있는 지옥은 도산(刀山)지옥이다. 보통 "칼산지옥"이라고 부르는데, 이름 그대로 깎아지른 듯 험준하게 솟아오른 산에 칼날 같은 바위들이 서 있다. 망자는 이 산을 기어오르다 손과 발이 사정없이 찢어지고 몸이 잘려 굴러떨어지면 사나운 옥졸들이 가차 없이 쇠몽둥이로 후려친다. 그러나 산산조각이 난 망자의 몸은 곧 회복되어 다시 칼산을 기어오르는 고통을 반복해야만 한다.

●
김룡사 명부전 시왕상 중
초강대왕상

2. 초강대왕(初江大王)

진광대왕에게서 죗값을 치른 다음 다시 걸어서 산을 넘어가면 커다란 강이 나타난다. 나하(奈河)나루다. '나락카의 나루'라는 뜻으로 한 번 건너가면 되돌아올 수 없는 저승의 강이다. 건너가면 본격적인 심판이 펼쳐진다. 저승에 갔다가 다시 살아온 사람은 이 강을 건너기 전에 되돌아와야만 한다. 살아생전 지은 복덕에 따라 건너는 곳이 세 곳으로 나누어짐으로 "삼도천(三途川)"이라고도 부른다. 또 명부에서 처음 만나는 강이기 때문에 두 번째 대왕의 이름이 "초강(初江)"이 되었다.

상류에는 유교도(有橋渡)가 있다. '다리를 통해 강을 건너간다'는 뜻이지만 죄인이 건너가는 다리이므로 편하게 건너갈 순 없다. 낡고 부서져 있으며 출렁거리기까지 한다. 생전 그나마 선행을 편 망자가 건너가는 다리이지만 조심조심 건너가야 한다.

중류에는 강심연(江深淵)이 있다. 겉보기에는 얕아 보여도 강 복판은 무

사찰 속 숨은 조연들

척 깊은 못이 숨어 있다. 수영해 건너려면 물귀신들이 물속으로 끌어들여 물을 먹인다. 여기에는 뱃사공이 있어 뱃삯을 내고 건너갈 수도 있다. 망자를 대신해 유족들이 뱃삯을 내면 망자는 배를 타고 건너간다. 중간 정도의 복덕이 있는 사람이 건너가는 곳이다.

하류에는 산수탄(山水灘)이 있다. '산더미 같은 물이 덮치는 여울'이란 뜻이다. 죄질이 가장 나쁜 망자가 건너가는 곳으로 이곳을 건너가다 보면 산채만 한 물이 덮쳐 망자를 산산이 부숴 버린다. 강변에서는 여울로 들어서지 못하고 달아나는 망자들을 옥졸들이 철퇴로 내리쳐 강물로 밀어 넣는다. 물결이 잠잠하다 싶으면 물속에서 커다란 뱀이 솟아올라 망자들을 사정없이 물어뜯는다.

겨우겨우 강을 건너면 커다란 나무가 한 그루 서 있다. 남녀 두 노인이 지키고 있는데 노인은 나무에 옷을 걸어 주는 현의옹(懸衣翁)이고, 노파는 망자들이 입고 있는 옷을 벗기는 탈의파(奪衣婆)다. 노파가 회초리를 들고 망자들이 걸치고 있던 옷을 매정하게 벗기면 노인은 그 옷을 나무에 건다. 이 나무는 옷을 받아 거는 나무, 즉 의령수(衣領樹)이다. 이때 벌거숭이가 된 망자들은 생전의 기억이 사라진다. 또 망자들의 죄업 무게에 따라 옷을 건 나무의 휘어짐이 다른데, 초강대왕은 그것을 보고 재판을 하게 된다.

경전에는 시왕의 명을 받는 명부의 옥졸로 우두나찰(牛頭羅刹), 마두나찰(馬頭羅刹)이 등장하는데 소 머리와 말 머리를 가진 옥졸을 말한다. 전생에 죽도록 소나 말을 부려 먹고, 그 고기를 먹은 죄인에게는 이 옥졸들이 인정사정없이 닦달한다. 사람을 위해 평생 희생한 소나 말을 가엽게 여기기는커녕 살생하고 그 고기를 먹은 죄 때문에 우두나찰과 마두나찰에게 큰 곤욕을 치르는 것이다.

초강대왕은 도둑질한 죄와 사기죄, 빚을 갚지 않은 죄 등을 심판하며 확

〈감로도〉(조선시대) 부분. 확탕지옥이 묘사되어 있다.

〈순천 송광사 광원암 지장보살도〉상단 양쪽에 자리한 마두나찰과 우두나찰

탕(鑊湯)지옥을 담당한다. 확탕지옥은 끓는 물에 죄 많은 망자들을 삶아내는 지옥이다. 옥졸들이 망자들을 줄줄이 꿰어 펄펄 끓는 물 속에 집어넣으면서 고통을 준다. 망자들이 고통 속에 기어 나오려 하면 옥졸들이 가차 없이 다시

밀어 넣는다. 고통 속에 죽은 망자는 금방 원래 몸으로 회복되어 또 가마솥으로 들어가야만 한다. 실제로 이 형벌은 "확팽(鑊烹)"이라 하여 중국이나 한국에도 있었던 형벌이었으나 우리나라의 경우 너무 잔인하다 해서 조선 초에 없어졌다. 대신 가마솥에 들어갔다 나오는 흉내만 내는 형벌로 바뀌었지만 명예 회복이 되지 않을 만큼 가혹한 형벌이었다. 고대국가에서 행해지던 형벌이 지옥의 형벌로 그대로 나타났음을 알 수 있다.

3. 송제대왕(宋帝大王)

김룡사 명부전 시왕상 중
송제대왕상

망자가 명부에서 세 번째 7일을 보내고 만나는 대왕이다. 곧 21일째에 대면하게 되는 대왕이다. "송제(宋帝)"가 송나라 황제를 뜻하는 것은 아니다. 송(宋)은 '순결하다'는 뜻이 있고, 제(帝)는 '다스린다'의 의미가 있기 때문에 정숙과 순결을 심판하는 대왕이다. 망자의 사음죄(邪淫罪), 남을 배신한 죄, 고통받는 사람을 위안하지 않는 죄 등을 심판하고 단죄한다. 그런데 이 대왕 앞에 가기 전 망자들은 "업관(業關)"이라는 관문을 통과해야 한다. 이 문을 지키는 험악한 도깨비는 머리에 뿔이 열여섯 개 솟아났고 눈은 열두 개나 된다. 눈을 움직이면 번개 같은 빛이 쏟아지고 입에서는 불꽃을 내뿜는다. 망자들은 이 무시무시한 도깨비를 보자마자 넋이 나가 버린다. 이 도깨비는 '이 관문에 오는 죄인은 사람을 죽이고 남의 물건을 빼앗은 자들이니 이 문을 통과하는 관세로 손발을 내놓으라'며 망자들의 손발을 싹둑싹둑 잘라 철판 위에 늘어놓는다. 이제부터는 손발도 없이 가던 길을 가야 한다. 이런 고통을 당한 뒤에야 송제대왕

〈양산 통도사 시왕도〉 중 제9도시대왕도 부분. 한빙지옥의 모습이 묘사되어 있다.

앞에 이르러 심판을 받게 된다.

송제대왕이 관할하는 지옥은 한빙(寒冰)지옥이다. 얼음 속에 가두어 추운 고통을 견디어야만 하는 지옥이다. 사나운 옥졸들이 죄지은 망자들을 얼음동굴에 밀어 넣으면 손발이 서로 달라붙은 채 얼어 버려 꼼짝 못하고 비명을 지른다. 조금이라도 몸을 움직이면 얼음에 살점이 붙어 떨어져 나가고 뼈가 드러나는데 천장에선 날카로운 고드름이 떨어져 몸에 꽂힌다. 망자들의 몸이 모두 얼어 버리면 옥졸들이 다가와 바늘로 찌른다. 그리고 온몸은 산산조각이 난다. 조각난 몸을 옥졸들이 짓밟아 얼음 구덩이에 넣으면 몸이 다시 회복되면서 또다시 어는 고통을 반복해야만 한다.

4. 오관대왕(五官大王)

송제대왕의 판결을 받고 난 후 네 번째 7일이 지나 만나게 되는 대왕으로 다섯 가지 형벌[五刑]을 주관한다. 원래 이 오관대왕은 도교의 인물로 지옥의 일을 맡아 보았는데 불교에 흡수되어 네 번째 대왕이 되었다고 한다. 수하에

사찰 속 숨은 조연들

김룡사 명부전 시왕상 중
오관대왕상

있는 오관(五官)은 수관(水官), 철관(鐵管), 화관(火官), 작관(作官), 토관(土官)으로 각각 살생, 도둑질, 사음, 망어(妄語), 음주 여부를 담당하는 관리들이다. 이 오관대왕 앞으로 가기 전에 망자들은 폭이 500리나 되는 업강(業江)을 건너가야 한다. 이 강은 물결은 잠잠하지만 열탕과 같이 뜨겁다. 망자가 강을 건너지 않으면 옥졸들이 방망이로 때리며 밀어 넣어 건너가지 않을 도리가 없다. 물속에는 쇠톱 같은 이빨을 가진 물고기들이 망자들을 물어뜯어 핏물이 온 강을 물들이고, 물속의 독충들이 달려들어 망자들의 피를 빨아먹는다.

일주일이 걸려 업강을 겨우 건너면 업칭(業稱)이 기다리고 있다. 생전 지은 죄의 무게를 달아보는 곳이다. 관청 하나가 세워져 있는데 큰 전각 좌우로 한 채씩의 집이 있다. 왼쪽에 있는 건물은 죄업의 양을 측량하는 칭량사(稱量舍)이고, 오른쪽 건물은 측량된 죄업을 기록하는 감록사(勘錄舍)이다.

죄업을 측량하는 저울은 모두 일곱 개가 있다. 몸으로 지은 죄인 살생·도둑질·사음의 죄와 입으로 지은 네 가지 죄인 망어·기어(綺語)·양설(兩舌)·악구(惡口)의 죄를 각각 측량하는 저울들이다.

마음속으로 지은 죄는 저울에 달지 않고 수정 거울에 비추어 보아 상, 중, 하로 나눈다. 탐(貪, 탐욕)·진(瞋, 성냄)·치(痴, 어리석음)가 치성하고 무거운 망자는 팔열지옥이나 팔한지옥으로 가는 죄목에 해당하며 중간쯤 되는 망자는 아귀도로 가는 죄목에 해당한다. 가장 가벼운 죄를 지은 망자는 축생도로 가는 죄목에 걸린다.

〈양산 통도사 시왕도〉 중 제9도시대왕도에 등장하는 업칭

〈양산 통도사 시왕도〉 중 제1진광대왕도 부분에 등장하는 선동자와 악동자.
녹사와 이야기를 나누는 모습으로 묘사되어 있다.

여기에서는 두 동자가 기록 업무를 담당하는데 선동자(善童子)는 아주
작은 선행이라도 빠짐없이 기록하고, 악동자(惡童子)는 사소한 악행이라도
누락 없이 기록하여 판관에게 전달한다. 오관대왕은 이 기록을 보고 망자들
의 죄를 심판하여 벌을 내린다. 또한 업칭으로 측량된 망자들의 모든 기록을
시왕의 우두머리인 염라대왕에게 이관한다.

사찰 속 숨은 조연들

송제대왕의 관할 지옥은 검수(劍樹)지옥이다. 검수지옥은 애욕이 매우 치성한 자들이 가는 지옥이다. "검수(劍樹)"는 글자 그대로 나뭇잎이 칼날로 되어 있는 나무다. 나무 꼭대기에는 마음에 쏙 드는 이성이 있어 물불 안 가리고 그 나무에 오르려 한다. 그러나 칼날 잎이 아래로 향하고 있어 오르려고 하면 온몸이 찔리고 베이고 떨어져 나간다. 그래도 그 고통을 참아가며 나무 꼭대기에 오르는 순간 아름다운 이성은 홀연히 나무 아래로 내려가 있다. 망자는 다시 이성을 찾아 허겁지겁 나무 아래로 내려오려 하지만 이제는 칼날 잎이 전부 위를 향해 솟아 있다. 망자는 죽을 힘을 다해 내려오면서 또 온갖 고통을 당한다. 망자는 애욕이 끊어질 때까지 이 나무를 오르내리는 형벌을 받아야만 한다.

5. 염라대왕(閻羅大王)

명부에서 다섯 번째 7일 간을 담당하고 있는 염라대왕은 시왕들을 통솔하는 총대장 격이다. 그래서 다른 시왕들이 신하가 들고 있는 홀(笏)을 들고 있는 경우 염라대왕은 홀을 들고 있지 않다. 시왕 중의 왕임을 상징하는 것이다.

또 머리에 쓰고 있는 관도 다른 시왕들과 다르다. 다른 시왕들은 문관들이 머리에 쓰는 양관(梁冠)이나 무관들이 쓰는 봉익관(鳳翼冠)을 쓰고 있으나 염라대왕은 제왕들이 쓰는 면류관(冕旒冠)을 쓰고 있다. 드라마나 영화에서 자주 보았듯이 관의 위에는 검은색의 긴 사각형 판이 있고 판의 앞에는 여러 색깔의 구슬로 된 발이 늘어져 있는 면류관은 제왕의 상징물이다. 다만 조각상이나 도상으로 나타낼 때는 면류관의 구슬발이 얼굴을 가리는 문제가 있어 생략하

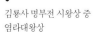

김룡사 명부전 시왕상 중
염라대왕상

는 경우가 많다.

그러나 이러한 기본 양식이 지켜지지 않은 명부전도 많다. 염라대왕이 여느 시왕들처럼 양관을 쓰고 있기도 하고 홀을 들고 있는 경우도 있기 때문이다.

다만 관 위에 경전 한 권을 얹고 있는 모습은 거의 같다. 이 경전은 바로 『금강경』으로 아예 경전 제목을 써 놓은 조각상도 있다. 항상 『금강경』을 지송하다가 죽은 후 염라대왕의 호의로 지옥을 벗어난 기록도 있는데, 결국 지옥을 벗어나는 상징물로 『금강경』이 염라대왕의 관 위에 얹히게 되었다.

염라대왕은 망자들이 과거에 지은 업을 비추어 볼 수 있는 거울을 가지고 있으니 그것이 바로 업경(業鏡)이다. 오관대왕의 업칭으로 측량된 모든 업의 경중을 적은 기록을 넘겨받은 염라대왕은 이것을 다시 검토하면서 망자의 지난 업을 살펴본다. 망자의 과거 생의 행위를 마치 CCTV로 녹화한 영상을 보듯 의심나는 장면도 재차 확인한다.

망자가 옥졸들에게 이끌려 염라대왕 앞에 오면 대왕은 '네가 여기에 온 것이 도대체 몇 번째냐. 생전에 착한 일을 하여 다시는 이곳에 와서는 안 된다고 매번 이야기했건만 그 보람도 없이 또 이곳에 왔느냐. 그러면서도 의심이 많고 이치에 맞지 않는 이야기만 하는구나' 하면서 크게 꾸짖는다.

그런 후에 망자의 조서를 읽고 난 후 송제대왕의 업관에서 잃어버렸던 손과 발을 다시 찾아 붙이면 옥졸들에게 이끌려 업경대 앞으로 서게 된다. 특히 선행과 악행에 대한 변명으로 판가름이 나지 않을 때는 옥졸들이 망자의 얼굴을 강제로 끌어다 거울 앞에 댄다. 그러면 망자의 거짓말이나 변명이 금방 드러나 가중처벌을 받게 된다. 업경대(業鏡臺)에 설치된 업경은 모두 아홉 개의 면으로 이루어진 거울인데 하나하나의 거울에 망자의 지난 한평생 동안의 모든 선악 행위가 남김없이 나타난다. 죄를 지은 망자가 변명을 해도 금

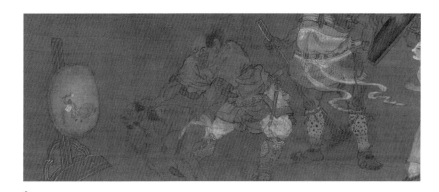

국립중앙박물관 소장의 〈시왕도〉 중 제5염라왕 부분. 옥졸이 망자를 업경에 비추자 생전의 죄업이 나타나고 있다.

〈양산 통도사 시왕도〉 중 제3송제대왕도 부분. 혀를 늘어뜨린 망자의 모습을 확인할 수 있다.

방 들통나게 되고 옥졸은 쇠방망이로 모질게 두들겨 패니 그 고통으로 소리
도 지르지 못한 채 숨이 끊어지고 몸은 티끌처럼 부서져 버린다.

　　염라대왕이 관장하는 지옥은 발설(拔舌)지옥이다. 입으로 지은 죄를 벌
주는 지옥으로 혀를 길게 뽑아 몽둥이로 짓이겨 넓게 부풀린 다음 그 위에서
소가 밭을 갈 듯 쟁기로 혀를 가는 고통을 준다. 그래서 "경설(耕舌)지옥", "경
전(耕田)지옥"이라고도 부른다. 거짓말, 겉과 속이 다른 말, 이간질하는 말, 거

칠거나 못된 욕을 한 망자를 벌주는 지옥이다.

김룡사 명부전 시왕상 중
변성대왕상

6. 변성대왕(變成大王)

앞의 다섯 대왕이 심판한 것을 기초로 빠진 죄는 없는지 다시 심판하는 대왕이다. 망자가 명부에 들어온 후 여섯 번째 7일간을 맡고 있다. 유족들이 망자를 위하여 좋은 공덕을 쌓으면 그 망자를 좀 더 좋은 세상으로 보내주는 역할도 담당한다. 대왕의 이름이 "변성(變成)"인데 '변할 변(變)' 자와 '이룰 성(成)' 자를 쓰는 이유가 여기에 있다. 망자의 유족들이 쌓은 공덕으로 망자의 죄업이 변하여 좋은 세계로 가는 것이 이루어지기 때문이다.

그러나 앞선 모든 대왕을 면접하러 가는 길에 고난의 일주일을 겪었듯이 변성대왕을 만나려면 철환소(鐵丸所)를 지나가야만 한다. 폭이 800리이며 쇠로 만든 집채만 한 공들이 서로 수없이 부딪치며 굴러다니는 길이다. 하늘에서는 번개가 치고 쇠공들이 부딪칠 때마다 굉음이 터지고 불꽃이 튄다. 망자들이 무서워서 가지 않으려고 하면 옥졸들이 뒤에서 몰아대므로 어쩔 수 없이 그 길에 뛰어들어 지나가야만 한다. 굴러다니는 쇠공에 온몸을 맞아 죽게 되면 곧 다시 살아나 가던 길을 가야만 한다. 그렇게 일주일 동안 이런 고통을 겪은 뒤에야 겨우 변성대왕의 어전에 나아가게 된다. 그리하여 진실을 숨긴 죄, 혼란을 야기한 죄, 사기죄, 횡재수만 바란 죄 등을 심판받는다.

이승의 재판은 무조건 법대로 처결하여 형벌을 주지만 저승의 재판은 조금이라도 뉘우치면 면책하고 재생의 기회를 준다. 그런데도 망자들은 오

국립중앙박물관 소장 〈감로도〉 부분. 독사지옥을 묘사했다. 독사지옥은 "대사(大蛇)지옥"이라 부르기도 한다.

랜 악습에 젖어 이 핑계 저 핑계를 대면서 뉘우치는 기색이 없어 혹독한 지옥
의 고통을 자초한다.

　　변성대왕의 관할지옥은 독사(毒蛇)지옥이다. 살인, 역적, 강도, 고문, 도
둑질을 한 망자들이 가는 지옥으로 굶주린 독사들이 우글거리는 어두운 감
옥이다. 크고 작은 독사들이 밤낮으로 달려들어 망자들의 팔, 다리, 목을 휘
감고 조이며 물어뜯는다. 입, 코, 귀 등 몸에 난 모든 구멍으로 뱀들이 뚫고 지
나가며 고통을 주고 망자는 공포와 뱀의 독으로 죽음에 이른다. 그러나 죽으
면 다시 살아나 또다시 독사들에게 시달림을 받아야 한다.

7. 태산대왕(泰山大王)

"동악대제"라고도 부르는 태산부군이 불교의 시왕에 들어와 일곱 번째 왕으
로 좌정하여 태산대왕이 되었다. 처음에는 염라대왕과 결합해 문서를 담당
하는 서기(書記) 역할을 하였지만 시왕신앙이 정착되면서 49일째의 마지막
심판자가 된 것이다.

김룡사 명부전 시왕상 중
태산대왕상

불교의 관점에서 보면 태산대왕의 심판을 끝으로 망자는 중음 기간을 끝내고 새로운 윤회의 길로 가야만 한다. 그러나 앞서 말했듯이 유교의 상례제도가 덧붙여져 세 왕의 심판을 더 받게 된다.

태산대왕에게 심판을 받으려면 망자들은 암철소(暗鐵所)라는 무시무시한 곳을 거쳐야만 한다. 암철소는 큰 철 공장처럼 무쇠로 된 톱니바퀴가 서로 맞물려서 연이어 돌아가는 곳이다. 옥졸들이 미끄럼틀 같은 곳에 망자들을 강제로 밀어 떨어뜨리면 망자들은 맞물린 거대한 톱니바퀴 사이로 말려 들어가 몸은 토막토막 끊어지고 뼈도 부숴져 버린다. 한 공정이 겨우 끝나면 망자의 몸은 이미 산산이 흩어진 상태이지만 옥졸들이 뜨거운 쇳물을 부으면 어느새 망자의 몸은 원래대로 회복된다. 그러나 기다리는 것은 처음의 그 미끄럼틀이다. 끝없이 망자의 몸은 해체되고 재생되기를 반복하다가 7일 밤낮이 지난 후에야 태산대왕 앞에 서게 된다. 태산대왕이 심판을 마친 후 망자들에게 말한다.

"저쪽에 여섯 개의 문이 있다. 바로 여섯 세계의 입구이니 여섯 세계란 지옥·아귀·축생·아수라·인간·천상세계다. 자, 어느 문이 어느 세계로 통하는지 나만 알고 있다. 어느 문을 택하든 그것은 네 마음대로다. 그러나 너는 네가 지난 세월에 쌓은 업대로 문을 택하게 될 것이니 그것이 바로 너의 내세가 될 것이다."

문은 화려한 문, 수수한 문, 커다란 문, 작은 문, 닫힌 문, 낡은 문 등 여섯 개의 문으로 되어 있지만 망자는 자신의 업대로 자동적으로 정하게 되어 있

〈양산 통도사 시왕도〉 중 제7태산대왕도 부분. 거해지옥이 등장한다.

다. 자, 어느 문을 택하는 게 좋을까?

이때가 49일의 마지막 날이므로 유족들도 망자를 위해 공덕을 쌓고 정성껏 마지막 재를 지낸다. 망자는 그 공덕의 힘으로 좋은 문을 선택하게 된다. 가산점을 받는 것이다. 따라서 유족들은 마지막 사십구재를 그 어떤 재보다도 성대하게 모시게 된다.

태산대왕이 주관하는 지옥은 거해(鉅解)지옥이다. 망자의 몸을 톱질해서 분해하는 지옥이다. 말이나 되를 속여서 판매한 자, 음식값을 바가지 씌운 자들이 이런 형벌을 받는다. 기둥과 기둥 사이에 죄지은 망자를 세워서 묶어 놓고 흥부가 박을 타듯 두 옥졸이 머리부터 톱질을 하여 몸을 두 동강이로 갈라놓는다. 망자는 고통 속에 죽어 가지만 또다시 살아나 처음부터 다시 형벌을 받아야 한다.

8. 평등대왕(平等大王)

평등대왕은 '죄와 복을 평등하게 다스린다'는 뜻에서 붙인 이름이다. 이 대왕은 망자가 죽은 지 100일째 되는 날 여덟 번째 심판을 한다.

앞에서 말한 대로 유족은 망자가 자손을 낳아 100일 동안 품에서 놓지 않고 길러준 은혜를 생각하며 이날을 택해 재를 올린다.

원래 유교의 '제(祭)'와 불교의 '재(齋)'는 발음이 유사하지만 뜻은 완전히 다르다. 우리가 집안에서 제사를 모실 때 고기를 많이 진설하는 것이 조상의 혼령이 와서 흠향하시기를 원하는 것이라면, 불교의 '재'는 목욕재계와 같이 몸과 마음을 바르게 한다는 의미이다. 곧 유교의 '제'가 조상에 대한 추모와 음식 공양에 중점을 둔다면, 불교의 '재'는 조상의 혼령을 정신적으로 승화시켜 좋은 길로 천도하는 것이 목적이다.

김룡사 명부전 시왕상 중
평등대왕상

한편 유교의 상례에서 상주들이 슬피 우는 곡(哭)을 멈추는 것을 "졸곡(卒哭)"이라 하는데 대개 조상들이 돌아가신 지 100일째 되는 날 행하는 경우가 많았다. 이 역시 아이가 태어난 지 100일째 되는 날과 연관된다.

이러한 생사의 관련성 때문에 시왕 중 여덟 번째 대왕은 망자 사후 100일째 되는 날 망자의 죄를 다시 점검한다.

망자들은 일곱 번째 태산대왕에게서 마지막 심판을 받고 육도로 흩어지게 된다. 그중 지은 죄업이 많아 스스로 지옥문을 열고 들어온 망자들은 이제 오랜 시간 고통과 싸워야 한다. 평등대왕에게 가는 길은 이전 시왕의 경우와 달리 51일이 걸리는데 그 길의 고통도 만만치 않다. 철빙산(鐵冰山)과 철빙강(鐵冰江)을 건너야 하기 때문이다. 쇠처럼 단단히 얼어붙은 산과 강이다. 산에는 찬바람이 매섭게 몰아치는데 걸을 때마다 칼날 바람에 살점이 떨어

사찰 속 숨은 조연들

져 나가고 뼈가 드러난다. 강 위를 걸어가면 강풍이 불어와 망자들이 하늘로 날아올랐다가 얼음판 위로 떨어지고, 그 충격에 살결이 찢어지고 피가 낭자하다. 또 얼음이 깨져 망자들이 강물 속에 빠지면 다시 결빙이 되니 얼음판은 살점과 핏자국으로 차마 보기 힘들다. 이런 모진 고통을 견디며 51일 동안 산과 강을 건너야 비로소 평등대왕 앞에 서게 된다.

평등대왕은 다시 지옥으로 들어온 망자들을 호되게 꾸짖는다.

"본래 아무것도 갖고 태어나지 않은 몸이고 아무것도 갖고 가지 못하는 몸이거늘 무슨 탐욕이 그리 많으냐? 사람은 누구나 평등하게 태어나는 것, 탐욕에 빠져 남을 괴롭힌 죄, 타인의 것을 빼앗기 위해 수단·방법을 가리지 않은 죄, 내 이익만을 위해 타인에게 손해를 입힌 죄, 공명정대하지 못한 죄 등은 모두 평등의 법을 어겼으므로 그 죄를 묻노라."

이렇게 나무라며 자신의 관할 지옥인 철상(鐵床)지옥으로 죄인들을 내려보낸다. 이 지옥에서는 쇠로 만든 넓은 상 위에 죄인을 묶어 놓고 옥졸들이 달려들어 큰 쇠못을 마구 박는다. 죄인이 괴로워하거나 울며불며 애원해도 아랑곳하지 않고 계속 끔찍한 고통을 준다. 또 쇠못이 촘촘히 박힌 쇠 침대에 죄인을 강제로 눕혀 고통을 받게 하기도 한다. 목숨이 끊어지면 곧 재생되어 다시 철상 위에 누워야 하니 살아도 산 게 아니다.

9. 도시대왕(都市大王)

김룡사 명부전 시왕상 중 도시대왕상

망자가 죽고 난 뒤 다른 몸을 받지 못하고 1년이 되는 날 다시 도시대왕의 심판을 받게 되니 유교의 소상이다. 아홉 번째 시왕의 이름이 "도시(都市)"라 해서 사람이 많이 모여 사는 도회지를 말하는 것은 아니다. '도(都)'는 '모두'라는 뜻이고 '시(市)'는 '구한다'라는 뜻도 있어서 모든 망자를 구하려는 대왕이라는 뜻이다. 열 번째 대왕에게로 넘어가면 윤회의 길로 갈 수밖에 없기 때문이다. 1년 동안 여러 대왕들의 심판을 받으며 온갖 고초를 겪고 도시대왕에게 왔지만 윤회의 길은 아직 정해지지 않았으니 망자들은 고통스럽고 불안하여 대왕에게 애원한다.

"지금까지 오는 중에 모든 괴로움을 참고 견디었지만 여기에 이르러 형벌도 다 끝나려ㄱ 하니 만약 죄업이 남아 있더라노 자비로서 놓아 주소서."

그러나 망자들이 우는소리를 한다고 그냥 놓아 주는 법은 없다. 다만 유족들이 죽은 망자를 위하여 경전을 제작하거나 불상을 조성하는 등 큰 공덕을 지으면 그 공덕으로 죄업을 덜고 좀 더 좋은 세상에 보내준다.

도시대왕은 망자가 작은 일에도 화를 내고, 폭언을 하며, 미워하고 질시하여 주위에 불안감을 조성하고, 종국에는 인간관계를 원수로 만든 죄를 심판한다. 또한 방화죄, 자살한 죄, 춘화를 그리거나 감상한 죄, 불륜을 저지른 죄 등을 재판한다.

도시대왕에게는 남은 죄의 무게를 측정하는 광명상자(光明箱子)가 있어 망자에게 그 상자를 열도록 한다. 만약 망자의 죄가 무거우면 그 상자에서 불길이 뿜어져 나와 망자를 불태워 버린다. 물론 앞선 경우처럼 몸은 다시 재생되고 도시대왕이 관장하는 풍도(風途)지옥에 떨어져 칼바람을 맞게 된다. 이 지옥의 칼바람은 이 세상 태풍 같은 바람이 아니다. 지옥의 바람이므로 망자의 살이 찢겨 나가고 온몸을 분해해 버린다. 끊임없이 부는 바람에 온몸이 다 찢겨 나가면 어느새 피부와 몸이 재생되어 다시 바람에 찢기는 무한 고통을 반복한다. 이 바람을 1년간 맞으며 고통을 받아 죄업이 덜어지면 드디어 마지막 오도전륜대왕을 만나게 된다.

김룡사 명부전 시왕상 중
오도전륜대왕상

10. 오도전륜대왕(五道轉輪大王)

오도전륜대왕은 3년상을 치르는 대상에 만나게 되는 대왕이다. 3년상이라고 말하지만 실제로는 망자가 죽은 지 만 2년이 되는 날에 심판을 받는 것으로 최종 심판의 날이다.

오도전륜대왕은 마지막 심판을 담당하는 엄격하고도 단호한 대왕이어서 다른 시왕과는 달리 무장들이 쓰는 봉익관(鳳翼冠)을 쓴 모습으로도 나타난다. 오도전륜대왕의 "오도"는 지옥도를 뺀 아귀·축생·아수라·인간·천상도를 말하고 "전륜"은 '윤회의 수레바퀴를 돌린다'는 뜻이다. 곧 망자들이 죽은 후 49일까지 일곱 번의 심판을 거친 후 다른 몸

〈오도전륜대왕도〉. 상단 중앙의 봉익관을 쓴 오도전륜대왕과 판관 등의 모습이 보이고, 하단에는 지옥과
지옥문이 묘사되어 있다. 하단 오른쪽에서부터 상단 오른쪽까지 이어지는 망자의 윤회 모습도 확인할 수 있다.

사찰 속 숨은 조연들

을 받아 육도윤회의 길로 흩어졌지만, 죄업이 남아 다시 지옥에 들어온 망자들은 온갖 고통 속에서 세 번의 심판을 더 받은 후 죄업을 덜고 다시 윤회의 길로 나아간다는 뜻이다. 당연히 이제까지 거쳐 온 지옥도의 길은 빠지게 되고 나머지 오도(五道) 윤회의 길로 가기 때문에 대왕에게 "오도전륜(五道轉輪)"이라는 이름이 붙은 것이다.

학자들에 따라서는 여기까지가 명계(冥界)의 저승길이고, 천상세계로 가는 망자들은 이미 떠났기 때문에 오도란 천상도를 뺀 지옥·아귀·축생·아수라·인간도라 말하기도 한다. 확정 판결을 받은 망자가 이제부터 본격적으로 지옥의 형벌을 받게 된다는 것이다.

참고로 명부나 지옥에서 고통받는 망자는 천상세계에 태어나는 망자처럼 화생(化生)으로 태어난다. 곧 부모에 의탁해서 태어나지 않기 때문에 육신이 없는 업식(業識)의 몸이다. 비록 육신은 없지만 몸이 고통받을 때의 아픔을 그대로 느끼는 영혼이란 뜻이다. 죽고 다시 살아나기를 반복하는 고통의 길이다.

오도전륜대왕이 관장하고 있는 지옥은 흑암(黑暗)지옥이다. 깜깜하고 아무 소리도 나지 않는 흑암지옥은 앞도 보이지 않고 들리는 소리도 없어 눈과 귀가 필요 없는 지옥이다. 부모나 스승의 물건을 훔친 죄, 진리를 왜곡시킨 죄, 지혜를 구하지 않은 죄 등을 지은 망자가 떨어지는, 빛과 소리를 앗아간 끔찍한 지옥이다.

이 마지막 심판에서 좋은 점수를 얻으려면 망자의 유족들이 정성껏 천도재를 봉행해 망자가 죄업을 소멸하고 악도를 벗어나 좋은 세계로 가도록 발원하여야만 한다. 선한 행위에 즐거운 과보가 따르고 악한 행위에 고통의 과보가 따르듯 망자가 좋은 생각을 일으켜 좋은 과보가 생기도록 유족들이 적극 나서서 공덕을 지어야 한다는 것이다.

불교의 윤회론도 불교 고유의 것은 아니다. 인도 고대종교인 바라문교에서 이미 업과 윤회가 전해지고 있었기 때문이다.

BC 1500년경 아리안족이 북인도로 들어와 원주민인 드라비다족을 정복한 후 지배를 더욱 공고히 하기 위해 카스트제도가 만들어졌다. 카스트는 제사장 계급인 브라만, 왕족이나 무사 계급인 크샤트리아, 농민·상인 계급인 바이샤, 천민 계급인 수드라로 이루어졌다. 또 수드라에도 들어가지 못하는 불가촉천민(不可觸賤民)도 있다. 접촉할 수 없는 천민이라는 뜻으로 "하리잔"이나 "달리트"라고도 부른다. 이 제도는 브라만교의 업과 윤회사상을 근거로 정당화되어 사람들은 타고난 신분 계급을 벗어날 수 없었다. 브라만교의 경전인 『우파니샤드』에는 '우주의 근본진리인 브라만(Brahman, 梵)과 개인의 본체인 아트만(Atman, 我)은 동일하다'는 범아일여(梵我一如)사상이 브라만교의 중요 사상으로 나타나 있다. 곧 개인의 아트만은 죽어도 없어지지 않고 생사 윤회하면서 그대로 존속하기 때문에 고정된 신분을 바꿀 수 없다는 것이다. 이러한 믿음은 카스트의 신분 차별 제도를 확고히 하는 데 큰 역할을 하였다.

그런데 BC 5세기경 카스트의 신분 차별을 부정하고, 윤회의 주체인 아트만이 없다는 주장을 펼치는 깨달은 자, 붓다가 나타났다. 바로 석가모니 부처님이다. 그는 고정불변의 아드만을 부정하고 인연에 의해 생멸하는 존재로서의 인간을 설파했다. 곧 모든 존재에는 고정불변하는 단독의 실체(아트만)라고 할만한 것이 없으며 서로서로 조건지어져 생멸변천하는 작용만 있다는 것이다. 그러한 작용의 근본 실체 또한 없으며 인연에 의한 생멸변천의 작용으로 인간의 몸을 받은 사람은 누구나 동등하다고 주장하였다. 따라서 카스트의 신분 차별은 자연스럽게 부정되었다.

석가모니 부처님의 관심은 '욕망의 강에 휩쓸려 괴로움 속에 살아가는 중생이 어떻게 하면 자신처럼 영원한 마음의 평안, 열반에 이를 수 있는가'에 집중되어 있었다. 돌아가실 때까지의 45년 설법이 결국은 '중생을 어떻게 인도하여 피안의 세계로 건너가게 할 것인가'에 대한 내용이었다.

　　'이 세상은 영원한가', '이 세상은 끝이 있는가', '여래는 끝이 있는가'라는 질문에 석가모니 부처님은 대답하지 않는다. 이러한 질문들은 해탈의 길로 나아가는 데 아무런 도움이 되지 않기 때문이다. 그러한 내용을 담고 있는 경전이 중아함경에 실린 『전유경(箭喩經)』이다. 보통 '화살의 비유'로 널리 알려져 있다. 부처님은 '독화살이 몸에 박혀 괴로워하면서 의사를 불러 빨리 치료를 하지 않고 '이 독화살은 누가 어디에서 쏘았으며 화살 종류는 무엇이며 무슨 독을 발랐는가'를 묻고 있다면 무슨 득이 있겠는가.'라고 비유로서 말씀하셨다. 탐욕의 화살을 맞고 지금 이 세상에서 번뇌 속에 살아가고 있으니 그 독화살부터 먼저 제거하라는 것이다. 공자도 마찬가지다. 『논어』에 나오는 공자와 제자 계로(季路)의 문답 중에 비슷한 내용이 있다. 계로가 공자에게 '귀신을 섬기는 것'에 대하여 묻자 공자는 '아직 살아 있는 사람을 섬기는 것에 대해서도 잘 알지 못하는데 어떻게 귀신을 섬길 수 있겠느냐'라고 반문한다. 또다시 계로가 '죽음이 무엇이냐'고 묻자 '아직 삶도 모르는데 어떻게 죽음을 알 수 있겠느냐'고 대답한다. 이는 지금 현재의 삶에 집중하고 있는 공자의 태도를 보여준다. 석가모니 부처님의 대답과 유사한 점이 있는 것이다.

　　그런데도 중생은 지옥이 진짜 있는 것인지 없는 것인지에 대해 궁금해한다. 그렇기 때문에 지옥에 다녀온 이야기가 등장하고 책으로도 엮인다.

　　사실 삼계육도는 시간적·공간적으로 실재하고 있는 세계가 아니라는 것이 학계의 정설이다. 삼계육도는 선업과 악업에 의한 생사윤회의 의식세계이지 생물이 존재하는 구체적인 세계는 아니라는 것이다. 석가모니 부처

〈감로도〉(조선시대). 감로도는 하단에 고통받는 중생의 모습을 묘사한다. 그중에는 지옥에 대한 묘사도 나타나지만,
전쟁, 호환(虎患) 등 인간세계에서의 현실에서 마주할 수 있는 고통의 상황도 묘사되어 있다.

사찰 속 숨은 조연들

님도 삼계를 말하기는 하였지만 실재하는 사실적 세계로 이야기하였다기보다 오히려 정신적인 세계를 의미한 것으로 해석한다.

쉽게 말하자면 삼계육도는 오직 인간의 매 순간 의식 속에 존재한다는 것이다. 우리가 한순간의 마음을 어떻게 가지느냐에 따라, 어떠한 마음을 쓰느냐에 따라 지옥·아귀·축생에서부터 천상세계까지 왔다 갔다 한다는 뜻이다. 마음의 경지는 복잡하고 다양해서 그 정신적 깊이와 수행의 정도에 따라 벌어진 세계가 바로 삼계육도라고 보는 것이다. 지옥이 지구 땅속에 있다거나 천상세계가 지구 밖의 우주에 존재한다고 믿는다면 독화살을 맞고도 치료하지 않는 자와 다를 바 없다.

지금 마음속에 분노가 들끓고 있으면 바로 지옥의 세계이며, 오직 본능만을 좇아 살고 있다면 축생의 세계다. 다툼을 일삼는다면 그것은 아수라의 세계이며, 희로애락이 수시로 교차하면 인간의 세계다. 항상 마음이 평온하면 천상세계에 거주하는 것이며, 모든 마음의 일렁임이 다 사라졌다면 열반의 세계. 지옥이라는 실재적 공간은 어디에도 존재하지 않는다.

그렇다고 지금 눈 앞에 펼쳐진 세계가 영원한 것도 아니다. 지금 실재하는 모든 것들은 생멸변천의 과정 속에서 결국 다 사라진다. 동물이든, 식물이든 영원히 실재하는 생명체는 없다. 마치 우리의 의식 속에 일어났던 수많은 생각들이 사라지듯 실재하는 세계든 가상 속의 세계든 사라져버린다는 점에서 동일하다. 단지 소멸되는 시간에 차이가 있을 뿐이다.

그래도 우리의 의식 속에 지옥의 고통이 존재하는 한 선행을 쌓고 악행을 멈추게 하는 데 도움이 된다. 결국 이 세상 사람들이 지옥의 과보를 두려워하며 악업을 짓지 못하도록 하고, 살아생전 공덕을 쌓고 마음을 닦아 평안의 세계, 열반의 세계로 이끌기 위한 방편으로 지옥세계가 다양하게 펼쳐진 것이다. 모든 종교에서 지옥을 설파하는 것은 이런 순기능이 있기 때문이다.

동
자

동심은 불심이다

모든 동물들은 어린 새끼일 때가 제일 귀엽다. 송아지, 망아지가 뛰어다니며
노는 모습은 상상만 해도 웃음이 절로 난다. 하다못해 우리가 더럽다고 여기
는 돼지들도 그 어린 새끼는 무척 앙증맞고 예쁘다.

사람도 마찬가지다. 누구나 어린아이를 귀여워한다. 맑은 눈과 티 없는
웃음, 천진한 몸짓에서 우리는 각자의 어린 시절을 되돌아보며 미소 짓게 된
다. 거기에는 거짓과 위선이 없다. 그래서 어느 문화권에서나 어린아이들은
세상을 맑히는 역할을 한다. 어린아이들이 핍박받으면 더 분노하게 되는 것
도 그들의 미래가 세상의 미래라고 생각되기 때문이다.

〈산신도〉(조선시대). 사찰의 산신각 등에 봉안된 산신도 가운데는
산신을 보필하는 동자가 나타나는 경우를 흔히 볼 수 있다.

평창 상원사 문수전 목조동자상(강원 유형문화재)

절집에서도 어린아이들을 "동자"라고 부르며 귀여워한다. 초파일 무렵에는 세간의 아이들이 일정 기간 동자승으로 출가하여 신도들에게 큰 사랑을 받는다. 올망졸망한 동자승들이 머리를 깎고, 승복을 입은 채 해맑은 모습으로 서로 장난치며 노는 풍경은 어른들에게 저절로 피어나는 웃음을 선사한다.

실제로 절집 속에는 동자들의 조각이나 그림이 여기저기에 나타나 있다. 다만 이들은 주연이라기보다 조연으로 등장하기 때문에 크게 주목받지 못했을 뿐이다. 금강문이 있는 큰 절에서는 코끼리를 탄 보현동자나 사자를 탄 문수동자를 만날 수 있고, 관음전에는 선재동자가 관세음보살을 친견하고 있다. 명부전에도 시왕을 보필하는 동사들이 있으니 제대로 갖춘 곳은 열 명의 동자가 있는 곳도 있다. 산신각이나 나한전 탱화에는 동자가 흔히 나타나지만 간혹 시봉하는 동자 조각상으로 등장하는 사찰도 있다.

절집에 남아 있는 동자상은 대개 나무로 만든 목조상(木造像)이거나 흙으로 만든 소조상(塑造像)으로 그 크기가 기껏해야 1미터를 넘는 법이 없다. 작게 만드는 데다 나무로 만들어 채색을 입힌 동자상은 가볍고 귀여워서 문

사찰 속 숨은 조연들

화재 도굴꾼들의 표적이 되었다. 시중에 많은 동자상들이 돌아다니게 된 것은 거의 절집에서 흘러나온 것이 많기 때문이다. 명부전의 동자상도 기본적으로 열 구를 만들지만 지금 열 구의 동자상을 모두 갖춘 곳은 손에 꼽을 정도로 드물다. 도굴꾼의 손길이 미친 탓이다.

동자상이 주는 감동은 아이들이 가진 순수함에 있다. 아이들의 순박한 모습을 보통 천진난만(天眞爛漫)하다거나 순진무구(純眞無垢)하다고 말한다. 아이들만이 가진 심성이지만 또한 모든 사람이 가진 본래의 심성, 즉 본성이기도 하다. 그래서 거짓 없는 어린이의 마음을 "동심(童心)"이라 하고, '동심이 참된 마음[眞心]이며, 참된 마음이 바로 부처님 마음[佛心]이라'고 말해 왔다. 동심이 곧 불심인 것이다.

마음의 최고 경지

어린아이 때에는 거짓과 위선의 마음이 아직 존재하지 않는다. 꾸며서 말하거나 속이는 행동이 없다. 모든 말과 행동이 있는 그대로 참되다. 참된 것이 바로 '진(眞)'이니 그와 반대되는 말이 거짓, 즉 '망(妄)'이다. 부처님의 가르침도 결국 '망'을 돌이켜 '진'으로 복귀하는 것 아닌가.

도연명(陶淵明, 365~427)은 그의 시 「권농(勸農)」에서 '아득한 상고시대 백성들 처음 생겨났을 때 걸림 없이 자족하여서 (심성은) 질박하고 진실하였네'라고 노래하였다. 인간의 본래 심성은 '포박함진(抱朴含眞, 질박하고 진실함)'하다는 것이다.

노자(老子)는 다들 아시다시피 춘추전국시대(BC 770?~BC 221)의 인물로 그의 가르침은 중국 도교의 초석이 되었다. 『도덕경』 28장에 '천하의 큰 골짜기를 이루면 (모든 골짜기의 물이 전부 모여들어) 변함없는 덕이 넉넉해져서 박(樸)에 돌아가게 된다'고 하였다. '박'은 '산에서 베어온 그대로 아직 손질하지 않은 통나무'를 지칭하는 것으로 도의 순수한 원형을 상징하는 말이다.

노자는 '박으로 돌아간다'는 "복귀어박(復歸於樸)" 외에도 "복귀어무극(復歸於無極)", "복귀어영아(復歸於嬰兒)"라는 문구를 같은 글에서 반복해 쓰고 있다. 물론 통나무, 무극(無極), 영아(嬰兒, 갓난 아이)는 모두 도의 근본 자리를 상징한다. 무극은 모든 것이 나뉘기 전의 상태를 말하고, 갓난아이 또한 인간의 지혜와 기교가 생겨나기 이전의 본성을 말한다.

장자(莊子, BC 369~BC 289?)는 유교의 예(禮)에 대하여 '예는 세상의 옷을 입는 것과 같다. 자신의 옷을 입는 것이 아니다. 그러므로 예는 세상의 움직임에 따라야 한다. 예에 묶여 사는 것은 마치 하늘에서 내린 형벌과 같다'고 주장하였다.

곧 도교에서 주장하는 진(眞)은 외부에서 부여되는 가치와 표준에 좌우되는 것이 아니다. 본래부터 가진 순수함이다. 있는 그대로 행동하고, 꾸밈도, 가식도 없다. 본래 가지고 있는 것 그대로를 드러낼 뿐이다. 그래서 세속의 가치에 구애받지 않고 하늘로부터 받은 참된 품성을 "천진(天眞)"이라고 한다. 도교에서 최고의 이상적인 인간을 "진인(眞人)"이라 부르는 이유가 여기에 있다.

도교의 수행자들은 지혜와 기교가 발달하지 않은 시대의 순수한 인간상을 동경하고, 사람이 성장하면서 가지게 된 예(禮)의 구속을 벗어나 순박한 어린아이의 경지로 돌아가려 했다. 동심을 회복하면 천진의 경지에 들어갈 수 있다고 확신한 것이다.

중국 선종의 임제(臨濟, ?~867) 스님이 도교의 진인(眞人)을 끌어와 무위진인(無位眞人)을 이야기한 것도 이 때문이다. '정해진 위치에 놓을 수 없는 사람, 세속의 가치와 기준으로 판단할 수 없는 참사람'이야말로 깨달음에 대한 비유로 적절하였기 때문이다. 어떠한 구속과 속박에도 얽매이지 않는 경지, 그것이 무위진인의 본래 뜻일 것이다.

니체(1844~1900)는 그의 책 『짜라투스라트라는 이렇게 말했다』에서 인간 정신의 발달 단계를 세 단계로 나누고 '인간이 도달할 최고의 경지는 어린이 단계'라고 주장했다.

첫 단계는 낙타 단계로 낙타처럼 순종하는 단계이다. 주어진 대로 짐을 싣고 어디로 가는지도 모르면서 무조건 순종하는 타율적 삶의 단계이다.

두 번째 단계는 사자 단계다. 사자의 등에는 누구도 마음대로 짐을 실을 수 없다. 자신의 의지에 따라 행동하고, 자신만의 기준이 있다. 사자는 누구도 제어할 수 없는 자율적인 삶을 살아가지만 늘 긴장 속에 살아가야만 하는 방어적 삶이다.

세 번째 단계는 어린이 단계다. 어린아이는 어디에도 얽매이지 않으며 무한 긍정의 삶을 누린다. 언제나 자신이 하는 일을 즐기며 자기 세계가 분명하다. 이 세상의 어린이들은 가난하면 가난한 대로 즐겁고, 부유하면 부유한 대로 즐겁다. 장난감이 없으면 흙 놀이를 하고, 거칠 것 없이 알몸으로 강물에 뛰어든다. 자신들이 즐길 거리를 주변에서 찾아내어 늘 즐길 줄 안다. 불평불만은 없다. 자신들의 기쁨을 주체적으로 만들어 간다. 어디에도 얽매이지 않는 초탈한 인간이 바로 어린이 단계에 있는 사람이다.

『마태복음』18장에도 어린아이에 대한 비유가 있다. 제자들이 예수님에게 "천국에서는 어떤 사람이 큰 사람입니까?"라고 질문을 하자 예수님은 "너희가 돌이켜 어린아이들과 같이 되지 아니하면 결단코 천국에 들어가지 못하리라."라고 대답한다.

어른들은 어디에서나 내 주장, 내 생각, 내 주권을 내세우려고 한다. 거짓과 속임수가 판치는 세상에 살다 보니 어린아이처럼 순수하게 받아들이는 법이 없다. 그래서 동심을 회복하는 것이 천국으로 들어가는 지름길이라는 것이다.

결국 동심은 종교적이든, 철학적이든 이상 세계에 이르는 최고의 경지를 나타낸다. 당연히 불교에서도 어린아이의 마음을 담은 불보살상이 나타났고, 이를 "천진불(天眞佛)", "천진보살(天眞菩薩)"이라고 부른다. 이 명칭은 마음을 닦아 순진한 아이처럼 행동하는 수행자를 일컫는 말로 쓰기도 한다.

천진불의 미소

우리나라에서는 어린아이 모습의 불상을 보통 "아기부처"라고 부르는데 이러한 양식의 부처님은 이미 신라시대에도 조성되었다. 바로 경주 남산 장창곡 석조미륵여래삼존상의 양쪽 협시보살이다. 이는 보통 "삼화령 아기부처"로 불리웠다.

지금은 국립경주박물관에 소장되어 있는 이 미륵삼존불상은 644년 이전에 만들어진 것으로 추정하고 있다. 신라 제28대 선덕여왕 때 생의(生義) 스님이 현몽에 의해 남산의 남동(南洞)에서 찾아 삼화령에 안치하고는 선덕왕 13년(644)에 절을 짓고 "생의사(生義寺)"라 이름하였다고 『삼국유사』에 쓰여 있기 때문이다. 또 경덕왕(재위 742~765) 때에는 충담(忠談) 스님이 이 미륵삼존에게 매년 3월 3일과 9월 9일에 차 공양을 올렸다고 같은 책에 기록되어 있다.

어쨌든 이 석조미륵불상의 좌우에 서 있는 두 보살상은 어린아이와 같은 4등신의 몸매에 귀엽고 천진스러운 얼굴로 우리에게 사랑스럽고 따뜻한 마음을 우러나오게 한다. 건드리면 톡 터질 것 같은 통통한 볼, 작은 입에는 보일 듯 말 듯 희미한 미소가 어렸다. 일반적인 불상에서처럼 당당한 모습도, 보살상처럼 화려한 장식도 없다. 꾸밈없는 어린아이의 순박한 모습을 띤, 무엇과도 비교할 수 없는 뛰어난 보살상이다.

이보다 앞선 시기의 동자상으로는 백제 무령왕(재위 501~523)의 능에서

•
경주 남산 장창곡 석조미륵여래삼존상(신라시대, 보물)

영암 월출산 마애여래좌상(통일신라시대, 국보)의 동자상

　　　　　　　　　　　　　　　　　사찰 속 숨은 조연들

공주 무령왕릉 유리제동자상(백제시대)

한 쌍으로 출토된 동자상이다. 민머리에 두 손을 배 앞에 모으고 있는 이 유리제 동자상은 높이가 2.5센티미터에 불과하지만 허리에 좌우로 구멍이 뚫려 있어 왕비가 생존 시에 수호신격으로 옷에 부착하고 다녔던 것으로 추정하고 있다.

마애불에도 동자상이 새겨진 예가 있다. 통일신라시대에 조성된 전라남도 영암의 월출산 마애여래좌상 오른쪽 무릎 옆에 다소곳이 서 있는 조그만 동자 부조상이다. 마치 관세음보살을 친견하러 온 선재동자처럼 합장을 한 듯한 모습이지만 자세히 보면 왼손은 배에 대고 오른손에 공양물을 든 듯한 모습이 보인다. 입가에는 가느다란 미소가 어렸고, 아래를 향한 시선에서는 부처님을 향한 존경의 마음이 느껴진다.

고려시대에는 수월관음도가 유행하면서 불화 속에 선재동자가 많이 등장한다. 또한 관세음보살 조각상과 함께 조성된 선재동자 조각상도 전해지고 있고, 청동이 아닌 철로 만든 동자상도 남아 있다. 그러나 지금 사찰에서 우리가 흔히 만날 수 있는 동자상은 대개 조선시대 후반 명부전이 곳곳에 만들어지면서 조성된 동자상이다. 하지만 사찰에는 명부전 동자상 외에도 더 많은 동자상이 있으므로 이왕 동자상에 대해 이야기하는 마당에 문수동자, 보현동자, 선재동자도 함께 다뤄 보려고 한다. 독자들이 사찰의 동자들을 이해하는 데 도움이 되리라 믿는다.

문수동자

동자는 범어로 "Kumara", 혹은 "Kumaraka"라고 하며 음역하여 "구마라(鳩摩羅)", "구마라가(鳩摩羅伽)"라고 부른다. 과거 절집에서 4세 이상, 20세 미만의 미성년자를 가리키는 말로, 출가하여 삭발은 하였으나 아직 계를 받지 않은 사람을 지칭했다.

『남해기귀내법전(南海寄歸內法傳)』에는 '오로지 경전을 염송하면서 삭발하여 필경에는 스님이 되기를 원하는 사람을 동자라고 한다'고 정의하고 있지만 현재는 그러한 출가 지원자를 주로 "행자(行者)"라고 부른다.

지금은 보통 사춘기 이전의 출가한 아이들에게만 "동자승"이라는 호칭을 쓴다. 특히 남자아이는 "동진(童眞)", 여자아이는 "동녀(童女)"라고 불렀지만, 지금은 남녀 구분 없이 다 "동자"라고 부르는 경향이 있다.

동자승은 절에서 행해지는 법회나 의식을 보조하는 심부름을 하거나 큰스님을 옆에서 시봉하기도 한다.

또한 동자는 보살을 가르키는 말로도 쓰인다. 보살은 법왕(法王)인 부처님의 왕자 격에 해당함으로 "법왕자(法王子)"라 부르기도 하는데 왕자는 세속의 어린아이처럼 거짓과 탐욕이 없어 "동자"라고 부르기도 하는 것이다. 문수·보현·선재 등의 보살들에게 동자 호칭을 부여해 문수·보현·선재동자라

사찰 속 숨은 조연들

고 부르는 것이 그런 이유이다. 이는 보살들이 안으로는 참되고, 밖으로는 거짓이 없으며, 어디에도 집착함이 없는 것이 마치 동자들처럼 순진무구한 모습과 같기 때문이다. 곧 동자는 단순한 미성숙자가 아니라 이상적인 인간상인 보살의 상징으로도 나타나고 있는 것이다.

문수동자가 자리한 곳

그러한 보살들 가운데 동자의 모습으로 가장 많이 알려진 분은 문수보살이다.

문수보살의 갖추어진 명호는 "문수사리(文殊師利)"인데, 범어로는 "Manjusri"라고 한다. 의역하여 "묘길상(妙吉祥)보살", "묘덕(妙德)보살"이라고도 하니 상서로움과 훌륭한 복덕을 많이 가지고 있다는 의미이다. 문수보살은 동자로 나타날 경우 "문수사리법왕자(文殊師利法王子)", "문수사리동진(文殊師利童眞)", "문수사리동자보살", "유동문수보살(儒童文殊菩薩)" 등으로 부르지만 보통 약칭하여 "문수동자"라고 부른다.

문수보살은 대승불교의 반야부 경전에서 주로 문답을 주고받는 대담자로 등장하기 때문에 지혜를 상징하는 보살로 알려지게 되었다. 일반적으로 보현보살과 짝을 지어 등장하는 경우가 많은데, 보현보살은 실천을 상징하는 보살이기 때문이다. 열반의 세계에 이르기 위해서는 지혜와 행원(行願)이 반드시 함께해야 함을 강조하고 있는 것이다. 그래서 대웅전에 석가모니 부처님을 주존불로 모실 때에는 문수·보현보살을 협시로 하는 것이 기본 양식으로 정착되었다.

중국의 아이들처럼 쌍상투의 모습으로 흔히 나타나는 두 동자상은 부처님의 국토인 사찰에 들어갈 때 중생이 어떠한 마음을 가져야 하는지를 강조하고 있다.

법주사 금강문처럼 보살상으로 나타난 곳도 있지만 양산 통도사, 하동

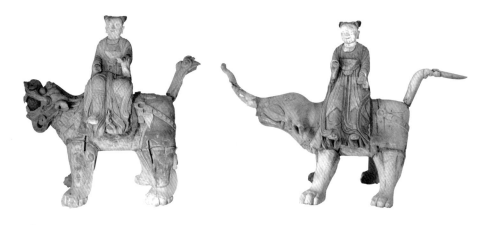

영암 도갑사 목조문수·보현동자상(조선시대, 보물). 사자를 타고 있는 동자가 문수동자(좌), 코끼리를 타고 있는 동자가 보현보살(우)이다. 본래 해탈문에 위치했던 이 동자상은 현재 도갑사 도선국사성보관에 자리하고 있다.

쌍계사, 공주 마곡사처럼 대개는 동자상으로 모시는 경우가 많다. 그중에서도 영암 월출산 도갑사 해탈문에 모셔졌던 목조 문수동자와 보현동자는 가장 빼어난 솜씨를 자랑한다.

도갑사 해탈문은 조선 초기인 성종 4년(1473)에 건립된 산문으로 국보로 지정되어 있지만 그 안에 모셔진 목조문수·보현동자상은 별도로 보물로 지정되어 있다. 해탈문 건립 무렵에 조성된 동자상으로 추정하고 있는데 지금은 두 번의 도난 위기를 넘기고 현재 도갑사 도선국사성보관에 보관되어 있다.

사찰에 깃든 문수동자의 역사 설화

문수보살의 지혜를 "반야(般若)"라고 한다. 범어로는 "Prajna"다. 인간이 진실한 생명의 진리를 깨달았을 때 나타나는 근원적 지혜를 말하는 것으로 지식으로 얻은 판단 능력과는 다른 의미를 가지고 있다. 그런 혼동을 피하기 위

사찰 속 숨은 조연들

해 "반야지혜"라는 용어를 쓰고 있는 것이다. 그래서 문수보살이 동자나 다른 중생의 모습으로 나타나 자기 아만심을 가진 사람에게 번갯불 같은 깨달음을 주고 사라지는 이야기가 여럿 전해진다. 자장 율사(590~658)나 세조(1417~1468)에 얽힌 설화가 그것이다.

『삼국유사』「자장정률(慈藏定律)」 조에는 자장 율사와 문수보살에 얽힌 이야기가 길게 실려 있다.

자장 율사가 만년에 강릉 수다사에 살다가 문수보살과의 약속대로 지금의 태백산 정암사를 짓고 문수보살이 나타나기를 기다렸다. 하루는 어떤 늙은 거사가 남루한 옷차림에 죽은 강아지를 넣은 삼태기를 둘러메고 나타나 자장 율사 만나기를 청했다. 자장 율사의 제자가 박대하자 거사는 '녀의 스승에게 알리기만 하라'고 요구했다. 제자가 할 수 없이 스승에게 고하였으나 자장 율사는 '아마 미친 사람인가 보다'라고 하며 흘려들었다. 제자가 밖으로 나가 거사를 꾸짖어 내쫓으니 거사는 '돌아가리라, 돌아가리라, 아상(我相)이 있는 자가 어찌 나를 볼 수 있겠는가' 하고는 삼태기를 뒤집자 죽었던 강아지는 사자로 변신하였고 거사는 사자 위에 올라앉아 빛을 발하며 가 버렸다. 자장 율사가 그제야 깨닫고 뒤를 쫓았으나 따라가지 못하고 마침내 쓰러져 입적했다.

많이 알려진 내용이지만 조선시대 세조와 문수동자에 얽힌 이야기도 빼놓을 수 없다. 세조는 왕위에 오른 뒤 온몸에 피부병이 생겨 괴로운 세월을 보냈다. 불심이 깊은 세조는 어느 해 오대산 상원사에 기도를 드리러 갔다가 좌우를 물리치고 홀로 시냇가에서 목욕을 하다 지나가는 동자를 불러 '등 좀 밀어달라'고 부탁을 하였다.

동자가 몸을 정성껏 씻어 주니 상쾌하기 그지없어 몸을 살펴보니 온몸의 피부병이 씻은 듯이 나아 있었다. 세조는 이상하게 생각하면서도 동자에

평창 상원사 문수전 벽화. 세조와 문수동자의 이야기를 묘사했다.

게 말했다. '너는 혹 다른 사람을 만나더라도 임금의 옥체를 씻어 주었다고 말하지 말라' 동자는 곧 '그리하오리다. 대왕께서도 문수보살을 친견하였노라고 누구에게도 말하지 마십시오' 대답하고는 자취도 없이 사라져 버렸다. 세조는 크게 놀라 화공을 불러 자신이 만난 문수동자의 그림을 그리게 해 상원사에 봉안하였다.

현재 상원사에 봉안되어 있는 목조문수동자좌상은 세조 12년(1466), 세조의 둘째 딸 의숙공주 부부가 왕실의 지원을 받아 만들어 모셨음이 복장 유물 조사로 확인하였다. 그 가운데는 피고름이 심하게 말라붙은 명주 적삼이 있어 세조가 앓던 피부병과 관련이 있는 임금의 옷으로 추정하고 있다. 따라서 불심을 빌어 난치병을 치료하고자 문수동자상을 조성했음도 알게 되었다.

조선 초에 만들어진 이 문수동자상은 고려의 양식을 이어받은 우수작으로 전형적인 쌍상투에 볼이 통통하고, 턱이 후덕하면서도 천진한 동자의

사찰 속 숨은 조연들

평창 상원사 목조문수동자좌상 복장유물(조선시대, 보물) 중 명주적삼

모습을 잘 간직하고 있다. 반가부좌의 여유로운 자세와 유려한 옷 주름, 가슴을 화려하게 장식한 영락 등은 고려의 양식을 그대로 계승한 것으로 조선 초기의 대표적인 문수동자상이다.

　세조가 문수보살을 만났다는 이야기는 영동 반야사에서도 전해지고 있다. 세조 10년(1464) 속리산 법주사 복천암으로 신미 대사를 만나러 왔다가 3일 기도 후에 이 반야사를 들르게 되었다. 그런데 어디선가 나타난 문수보살의 인도로 영천(靈泉)에서 목욕을 한 후 몹쓸 피부병이 나았고, 결국 절의 이름도 문수의 반야지혜를 상징하는 "반야사"로 하게 되었다. 이 사찰에는 문수전이 있어 문수보살을 모시고 있다.

　또 지리산 칠불암에는 현감에게 당하는 괴로움을 해결해 주는 해결사로 등장하는 문수동자의 이야기, 금강산 도인 환우(幻愚) 스님을 경책한 문수동자의 이야기, 땡초 스님으로 변신해 하은 법사를 바르게 이끄는 이야기도

평창 상원사 목조문수동자좌상(조선시대, 국보)

사찰 속 숨은 조연들

있다. 율사로 널리 알려진 자운 스님(1911~1992)은 문수보살의 이러한 행적을 모아『문수성행록(文殊聖行錄)』을 엮으신 후 이를 널리 유포하셨는데 문수보살의 반야지혜가 중생들의 삶을 바르게 인도할 등불이 될 것이라고 믿었기 때문이다.

문수보살의 반야지혜는 수행자들 삶의 좌표를 상징하기도 하기 때문에『화엄경』「입법계품」에서도 선재동자가 구도의 여행을 떠나며 가장 먼저 만나게 되는 선지식으로 문수보살이 등장한다. 선재동자는 문수보살에게 '어떻게 보살행을 배우고 닦으며 나아가고, 어떻게 보살행을 행하며 이룰 수 있는지'를 묻는다. 그러자 문수보살은 선재동자가 위없는 깨달음을 얻으려는 보리심을 내고 보살행을 구함을 찬탄한 뒤 '온갖 지혜 가운데 최상의 지혜를 이루려거든 결정코 (선지식을) 구해야 할 것이며 선지식을 구함에 고달픔이나 게으름을 내지 말며 (선지식을) 보고는 싫증을 내지 말며 선지식의 가르침을 다 따르고 정교한 방편의 허물을 보지 말라'고 일러준 뒤 '남쪽으로 가라'고 말한다. 문수보살의 조언에 따라 선재동자는 남쪽으로 구도의 순행을 떠나 모두 53선지식을 만나게 된다. 선재동자를 "남순동자(南巡童子)"라 부르는 것도 이러한 문수보살과의 문답에서 비롯된 것이다.

또한 선재동자는 52번째 선지식으로 다시 문수보살을 만나게 된다. 구도 여행의 최종 단계에 이르러 선재동자는 문수보살의 드넓은 반야지혜를 성취하게 되었기 때문이다. 결국 선재동자가 구도의 여행 중에서 의지한 것은 반야지혜였다. 반야지혜를 찾고 키워가며 완성해나갔던 구도의 여정이었던 것이다.

이처럼 대승불교에서 문수보살은 반야지혜를 상징하는 중요한 보살이었기 때문에 중국의 오대산처럼 우리나라의 강원도 오대산도 문수보살이 항상 머무는 상주처로 중요시되었다. 또 지리산도 문수보살의 상주처로 인식되었다. 지금은 "지리산"을 "智異山"으로 표기하지만 예전에는 "智利山"으

영동 반야사 문수전에 봉안된 문수보살상. 청사자를 탄 모습으로 조성되었다.

사찰 속 숨은 조연들

로도 썼다. 곧 대지문수사리보살(大智文殊師利菩薩)에서 "智"와 "利" 자를 따
와 산의 이름으로 삼았던 것이다. 어쨌든 지혜를 상징하는 산임은 틀림없고
어리석은 사람이 살면 지혜로워진다고 말한다.

문수신앙이 이러한 큰 산들에 깃들어 있으니 우리나라에서는 문수사도
많고 문수암도 많다. 문수보살을 모신 문수전도 여러 사찰에 남아 있다. 그만
큼 우리나라에는 문수보살이나 문수동자와의 인연에 얽힌 이야기도 많이 전
승되고 있는 것이다.

보현동자

보현보살은 범어로 "Samantabhadra Bodhisattva"라고 한다. '널리 뛰어나게
어진 보살'이란 의미여서 의역해 "보현(普賢)보살"이라고 부르는 것이다.

아무리 반야지혜가 뛰어나도 실천적인 행동이 없으면 보살행의 완성은
이루어질 수 없다. 그래서 『화엄경』 「입법계품」 마지막 부분에 문수보살은 선

완주 송광사 금강문에 봉안된 보현동자상(좌)과 문수동자상(우)

재동자를 보현보살의 경계에 들어가게 함으로써 선재동자는 반야지혜의 완성이 보현보살의 행원(行願)에 있음을 알게 된다. 드디어 선재동자는 53번째 마지막 선지식으로 보현보살을 친견하고 진리법의 세계에 들어감으로써 구도여행을 마무리한다. 그래서 "입법계품(入法界品)"이라는 제목이 붙은 것이다.

또한 보현보살은 대승보살로서의 깊은 구도심과 용맹심, 대자비의 광대함을 두루 갖춘 보살이기 때문에 구도와 자비의 큰 실천자라 해서 "대행(大行)보현보살"이라고 높혀 부른다.

결국 보현보살의 행원은 항상 반야지혜로서 법을 잘 관찰하고 행동하며, 부처님의 경계에 어긋남이 없도록 사유하고, 부처님의 훌륭한 덕을 널리 실천해 나간다는 뜻이다. 대승보살은 이러한 행원을 실천함으로써 보살도를 완성하고 부처님세계로 들어간다. 또 모든 중생도 자기가 살아가는 세상에서 보현보살의 행원을 실천해 깨달음을 이루고 다함 없는 중생을 제도함으로써 불도를 성취하게 된다. 이러한 실천의 중요성 때문에 『화엄경』에는 「보현행원품」이 따로 구성되어 있는 것이다. 그러한 보현보살에게는 크게 열 가지 원(願)이 있으니 이를 보현보살의 십대원(十大願)이라 부르는데, 이는 모든 수행자들이 의지하고 따라해야 할 덕목으로 인식되었다. 선재동자도 실천해야만 하는 길이고 우리 중생도 따르고 실행해야만 하는 구도의 길이다. 그 길은 또한 그침이 없는 길이다.

그럼 보현보살의 여러 가지 행원을 압축한 열 가지 대원(大願)은 무엇일까?

禮敬諸佛願　　모든 부처님께 예경하겠습니다.

稱讚如來願　　모든 부처님을 찬양하겠습니다.

廣修供養願　　모든 부처님께 공양하겠습니다.

순천 송광사 목조삼존불감(나말여초, 국보). 중앙의 석가모니불을 중심으로
왼쪽에 코끼리를 탄 보현보살과 오른쪽에 사자를 탄 문수보살을 확인할 수 있다.

남양주 흥국사 대웅보전 목조석가삼존불좌상(조선시대, 경기 유형문화재). 본존인 석가모니불을 중심으로
문수·보현보살을 협시로 두었다. 두 보살의 광배 부분에는 각각 문수·보현동자상을 배치하였다.

懺悔業障願	모든 업장을 참회하겠습니다.
隨喜功德願	남이 짓는 공덕을 기뻐하겠습니다.
請轉法輪願	설법하여 주시기를 청하겠습니다.
請佛住世願	모든 부처님께 이 세상에 오래 계시기를 청하겠습니다.
常隨佛學願	항상 부처님을 따라 배우겠습니다.
恒順衆生願	항상 중생을 수순하겠습니다.
普皆廻向願	지은바 모든 공덕을 널리 중생에게 회향하겠습니다.

이처럼 보현보살의 행원은 광대하고 원만하여 그침이 없다. 쌓아 올린 공덕
도 모든 중생에게 돌리니 이미 '너'와 '나'라는 모든 경계가 무너진 부처님의

                                              사찰 속 숨은 조연들

경지다. 중생이 지향해 가야 할 수행의 길이다.

그럼 보현보살은 어떤 모습으로 나타날까?

보현보살은 주로 여섯 개 상아를 가진 흰 코끼리를 타고 있는 모습으로 흔히 나타난다. 금강문에서 문수동자와 함께 나타날 때 보현동자가 타고 있는 코끼리가 바로 그 코끼리다. 여섯 개 상아가 있는 흰색 코끼리여서 보통 "육아백상(六牙白象)"이라 하는데 석가모니의 모친인 마야부인의 태몽에도 나타났던 코끼리다. 상서로움을 상징하며 전생담에서는 육아백상이 부처님의 전생 동물로 자주 나온다. 곧 부처님 출현을 예고하기도 하는 것이다. 자신이 원하는 데로 거침없이 나아가는 코끼리는 부처님의 행을 본받아 그대로 실천하는 보현보살의 행원을 상징하는 동물로서 자연스레 등장한 것으로 보인다.

보현보살은 대승불교의 실천을 상징하는 보살로서 중요한 의미를 갖고 있지만 보현동자상으로 만들어진 경우는 많지 않다. 금강문 외에 보현동자상을 볼 수 있는 곳도 매우 드물다. 남양주 흥국사 대웅보전에는 석가모니삼존불이 모셔져 있는데 보현보살 뒤쪽 광배에 흰 코끼리를 탄 보현동자의 보습이 보인다.

벽화로는 문수동자와 함께 법당 내에 많이 그려졌는데 김천 직지사 대웅전, 울진 장륙사 극락전, 제천 신륵사 극락전 등에 각각 사자와 코끼리를 탄 모습으로 그려져 있다. 파주 보광사 극락보전 외벽에도 흰 코끼리를 탄 보현동자가 있지만 쌍상투 대신 삭발을 한 동자승의 모습이어서 독특하다.

보현보살의 이름을 빌린 사암은 전국 곳곳에 자리하고 있다. 그중 가장 유명한 곳은 북한 묘향산 보현사일 것이다. 그만큼 보현보살의 행원은 어느 시대에서나 수행자들이 의지하고 실천해 가야 할 중요한 수행 덕목이었음을 말해 준다고 하겠다.

●
파주 보광사 대웅보전(조선시대, 경기 유형문화재) 외벽 벽화 중 문수동자벽화(좌)와 보현동자벽화(우).
문수동자와 달리 보현동자는 삭발한 동자승의 모습으로 표현되었다.

사찰 속 숨은 조연들

선재동자

선재동자(善財童子)는 범어로 "Sudhana"라고 하며 그 유명한『화엄경』「입법
계품」의 주인공이다. 속세에 묶인 중생의 몸으로 보살행을 닦아 부처님의 세
계에 들어갈 수 있는 길을 찾아낸 진실한 수행자다. 앞에서도 말했듯이 "동
자"라 부르는 것은 '젊다'는 뜻도 있지만 깨달음을 구하는 마음이 마치 순진
한 아이처럼 순수하고 맑다는 의미도 있다.

원래 선재동자는 복성(福城)에 살던 한 장자의 아들로 이 세상에 나올
때부터 여러 가지 이적이 있었다. 어머니의 태(胎)에 들 때에는 그 집안에 칠
보누각이 저절로 생겨났고, 열 달 만에 태어날 때는 진기한
보물이 가득 담긴 오백 개의 보배 그릇이 출현했다. 그래
서 부모와 친척, 관상 보는 사람들이 합의하여 '좋은 재
물이 저절로 풍요롭다'는 뜻으로 동자의 이름을 "선재(善
財)"라 지은 것이다.

선재동자는 맨 처음 문수보살을 만나서 보살의
설법을 듣고는 위없는 깨달음을 기필코 이루겠다
는 보리심을 발하였다. 그리고 문수보살의 조언대로
보살행을 성취하기 위해 남쪽으로 선지식을 찾아
순례를 떠나게 된다.

「입법계품」에 해당하는 범어는 "Gandavyuha"이다.
이 말의 뜻은 대체로 '여러 가지 꽃으로 아름답게 장식
한 부처님의 세계'라 알려져 있다. 선재동자가 남쪽으
로 순례하며 만나게 되는 53선지식을 각각 꽃으로 비유
해 그것을 경전의 이름으로 삼아서『화엄경(華嚴經)』이

선재동자입상(명나라 시기, 중국,
미국 메트로폴리탄미술관 소장)

　　　　　　　　　　　　　　　　사찰 속 숨은 조연들

되었다고도 말한다. "화엄(華嚴)"이라는 말이 곧 '꽃으로 장엄하였다'는 뜻이기 때문이다. 53선지식들은 각각 자신의 영역에 머물면서 진실한 가르침에 따라 보살행을 실천해 자신들의 삶을 아름답게 꽃피워낸 존재들이다. 그러므로 그들의 세계가 바로 진리의 세계이고, 선지식들은 그 세계에 핀 꽃인 셈이다. 그래서 53선지식 중에는 보살, 비구, 비구니, 우바새(남자 신도), 우바이(여자 신도)도 있지만, 장자(長者), 의사, 뱃사공도 있고, 국왕, 지신(地神), 수신(水神)도 있다. 이는 어떠한 지위나 신분에 상관없이 모든 중생은 자신의 위치에서 보살행을 닦아 깨달음의 꽃을 피울 수 있다는 뜻이다.

「입법계품」에서 선재동자는 53선지식에게 '보리심을 일으킨 사람은 보살행을 어떻게 배우고 어떻게 실천하는가'라는 질문을 이어가며 차근차근 마음 수행의 단계를 밟아가고, 마지막에 보현보살의 도량에 이르러 부처님의 세계, 열반의 세계, 깨달음의 세계로 들어가게 된다. 그래서 53선지식은 마음 수행의 단계인 53계위(階位)를 상징하며 최종적으로 부처님의 경계에 도달한 것임을 비유한 것이라고도 한다. 53계위는 십신(十信), 십주(十住), 십행(十行), 십회향(十廻向), 십지(十地), 등각(等覺), 묘각(妙覺), 불(佛)로서 모두 합하면 53단계가 된다.

훗날 선재동자는 구도자의 대표적인 모델로 정착되고, 관세음보살을 모신 전각에서는 조각이나 그림으로 자주 등장한다. 「입법계품」에서 선재동자가 구도 여행 중에 찾아가는 28번째 선지식으로 관세음보살이 등장하는 데다 선재동자가 관세음보살이 중생을 위해 베푸는 대자대비의 모습에 크게 감격하는 모습이 묘사되어 있기 때문이다. 관세음보살은 삼악도에 사는 중생이라도 한순간도 버리지 않으며 중생이 부르는 곳이라면 어디라도 달려가 그 중생을 구제해 준다. 또 사바세계를 살아가는 중생이 간절한 마음으로 관세음보살을 부르기만 하면 보살은 삶에서 마주치는 괴로움과 두려움을 단번에 모두 소멸시켜 준다.

고려시대에 조성된 선재동자상

관세음보살과 선재동자의 만남은 특히 고려시대에 크게 주목을 받아 고려
불화의 단골 소재로 등장하였다. 고려시대에는 화엄사상이 유행하면서『화
엄경』이 중요시되었지만 왕실과 귀족은 현세에서의 복을 구하기 위해 관세
음보살에게 의지하였고, 그러한 발원으로 수월관음도를 많이 조성해 봉안하
였다. 고려불화는 현재 160여 점이 남아 있는데 그중 40여 점이 수월관음도
이다. 그만큼 관세음보살은 중생의 구원자로서 조선시대를 거쳐 지금까지도
굳건히 그 자리를 지키고 있다.

　고려시대 수월관음도의 선재동자를 보면 그 모습이 무척 다양하다. 선
재동자는 세속적 욕망과 개인적 집착을 버린 청정한 마음의 구도자로서 대
자대비한 관세음보살의 가르침을 받았을 때 너무나 감격해 떠나가기를 주
저한다. 그래서 고려불화에 등장하는 선재동자는 관세음보살을 만나 환희에
찬 모습, 눈물이 그렁그렁한 모습, 경건하게 법문을 경청하는 모습, 이별을
앞둔 안타까운 모습, 가르침을 잊기 않겠다며 합장 배례하는 모습 등 다양한
모습을 보여준다.

　또 산들바람에 천의 자락이 가볍게 휘날린 채 공손히 합장을 한 귀여운
선재동자가 손목에 팔찌를 하고, 목에도 간단한 목걸이를 건 형상도 있다. 중
국 스타일의 쌍상투를 한 모습이 있는가 하면 소녀같이 긴 머리를 묶어 올린
듯한 모습도 있다.

　선재동자는 고려의 수월관음도에 자주 등장한 만큼 조각으로도 만들어
졌을 것이나 지금까지 전래되고 있는 것은 아주 귀하다. 그렇게 귀한 선재동
자 조각상이 일산 원각사에 한 점 소장되어 있다. 고려시대 청동 선재동자입

　　　　　　　　　　　　　　　　　　　　　사찰 속 숨은 조연들

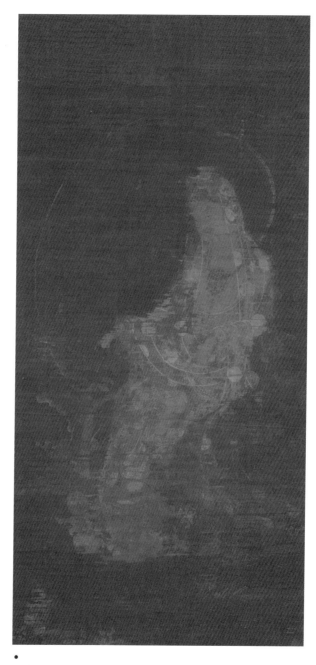

〈고려불화 수월관음도〉(고려시대). 하단 왼쪽에 관음보살을 향하여 합장한 선재동자가 서 있다.

〈수월관음도〉(고려시대, 미국 메트로폴리탄미술관 소장).
하단 오른쪽에 관음보살을 향하여 합장하고 있는 선재동자를 확인할 수 있다.

사찰 속 숨은 조연들

평창 상원사 문수전 목조동자상(조선시대, 강원 유형문화재)과
동아대학교 석당박물관에 소장되어 있는 동자상(고려시대)

상으로 높이 33센티미터 정도인 작은 조각이다. 세 군데로 머리를 묶은 천진
한 동자의 모습에 몸을 앞으로 약간 구부린 채 합장을 하고 서 있다. 양손의
팔찌와 목걸이, 바람에 휘날리는 천의 자락 등 고려불화에서 보이는 선재동
자의 모습과 동일한 자세를 보여준다.

　　이와 비슷한 동자상이 동아대학교 박물관에도 한 점 소장되어 있는데
곧게 선 경직된 자세와 어른 같은 얼굴이어서 고려불화에서 보이는 선재동
자와는 그 이미지가 조금 다르다. 한편 북한 평양 중앙역사박물관에 소장된
금동관음보살좌상과 함께 있는 동자상은 고려불화에 나타난 선재동자처럼
허리를 굽혀 합장한 채 관세음보살의 설법을 듣고 있는 친근한 모습이다. 현
재 고려시대의 동자상 조각은 이 세 점만 알려져 있다.

조선시대, 선재동자와 해상용왕의 만남

조선시대에 조성된 선재동자상은 보은 법주사에 봉안되어 있는 조각상이 대표적이다. 법주사 원통보전 내에 모셔진 관세음보살상은 효종 6년(1655)에 조성된 보살상으로 무릎 아래 좌우에 선재동자와 해상용왕이 모셔져 있다. 연화좌대 위에 다소곳이 무릎을 꿇고 앉은 선재동자는 공손히 합장한 채 관세음보살을 바라보기 위하여 머리를 뒤로 조금 젖혔다. 어린아이 같이 통통한 몸에는 짧은 치마만 걸쳤고, 천의 자락은 가볍게 뒤로 흘러내리고 있다.

조선시대의 풍습을 따른 듯 머리 위 중앙에 커다란 외상투가 솟아올랐으나 통통한 볼과 턱, 작게 표현된 이목구비에서 천진한 어린아이의 얼굴이 읽힌다. 그래도 야무진 입매와 간절한 눈빛에서 온 마음을 기울여 관세음보살의 설법을 듣는 진지함이 느껴진다. 보면 볼수록 마음이 끌리는 선재동자상이다. 건너편에도 해상용왕이 연화좌대 위에 무릎을 꿇은 채로 관세음보살을 향해 두 손을 모으고 있다.

선재동자상과 해상용왕상이 언제 만들어졌는지는 확실히 알 수 없지

보은 법주사 원통보전에 자리한
선재동자상(좌)과 해상용왕상(우)

사찰 속 숨은 조연들

〈고성 운흥사 관음보살도〉(조선시대, 보물) 부분.
용왕과 용녀가 등장하고 있다.

만 조선시대에 들어 수월관음도에 선재동자와 함께 해상용왕이 본격적으로 등장하고 있으므로 두 조각상도 관세음보살상을 만든 때로부터 멀지 않은 시기에 조성되었을 것으로 추정된다.

　서울 돈암동 흥천사 관음전에도 숙종 27년(1701)에 조성된 관세음보살상이 안치되어 있는데 19세기 후반 임실 신흥사 적조암에서 이운해 온 것으로 밝혀져 있다. 이 관음전에는 선재동자상과 해상용왕상이 같이 모셔져 있는데 특이하게도 여기에 모셔진 선재동자상은 연꽃 좌대 위에 서서 두 손으로 관세음보살의 지물인 정병(淨甁)을 받들고 있어 여느 선재동자와는 다른 포즈를 보여준다.

　부산 범어사 관음전에도 선재동자 조각상이 있다. 역시 연화좌대 위에 한쪽 무릎을 꿇고 합장한 자세인데 삭발한 머리에 긴 치마를 걸친 듯한 모습이다. 법주사 원통보전 선재동자와는 다른 자세를 보여주지만 어린아이의 순진한 모습에는 차이가 없다.

　서울 경국사 관음전은 헌종 8년(1842)에 신축한 건물로 안에는 신축 당시에 옮겨온 관세음보살상을 모시고 있다. 이 목조 관세음보살상은 숙종 29년(1703)에 영암 도갑사에서 색난(色難) 스님 등이 조성한 작품으로 화려한 보관, 안정감 있는 자세를 간직하고 있다. 이 보살상 곁에도 합장을 한 귀여운 선재동자가 홀로 서 있다. 쌍상투를 묶은 매듭이 귀엽고 상하 복장을 다 갖추었으며 천의 자락은 양어깨에서 흘러내려 양발 옆에 닿았다. 제작 시기

서울 흥천사 목조관음보살삼존상(조선시대, 서울 유형문화재).
선재동자가 정병을 들고 있는 독특한 모습을 하고 있다.

는 분명치 않지만 순박한 선재동자의 분위기는 충분히 느낄 수 있다.

요즈음에도 수월관음도를 그릴 경우에는 선재동자와 함께 해상용왕을
같이 그리고 조각상으로 봉안할 때도 두 조각상을 같이 모시기도 한다. 민간
의 용왕신앙이 조선시대 절집에서 활성화되며 수월관음도에도 영향을 미친
듯하다. 그래도 영원한 구도자의 표상인 선재동자의 모습은 어느 시대에나
상관없이 영원히 관세음보살과 함께할 것이다.

명부전의 동자들

앞에서 말한 동자들 이외에도 불교 속에는 수많은 동자들이 존재한다. 부처
님이 전생에 설산의 수행자로 살았던 설산(雪山)동자, 연등불에게 꽃을 바치
기 위해 야소다라와 인연을 맺게 되는 운(雲)동자, 쓸데없는 말을 하지 않는

무언(無言)동자, 극락정토에 왕생하여 연꽃 위에 다시 태어나는 연화화생(蓮花化生)동자, 문수보살을 보좌하는 여덟 명의 협시동자 등이 그들이다.

그러나 우리가 절집에 가서 가장 많이 만날 수 있는 동자는 명부전의 동자들이다. 적게는 2~3명에서부터 많게는 12명까지 배치되어 있는 이 동자들은 망자들의 죄를 심판하는 명부의 엄숙하고 으스스한 풍경을 부드럽게 완화시켜 준다. 하지만 이 동자들은 원래 시왕이 망자의 죄를 정확히 심판하도록 도와주는 보조 임무를 갖고 있다. 시왕 옆에 서 있는 동자들의 명칭은 "선악(善惡)동자"다. 가끔 무독귀왕이나 도명존자 옆에도 동자가 있는데 이 동자들은 무독귀왕과 도명존자의 시동(侍童)으로 명부전에는 선악동자 10명과 시동 2명을 합쳐서 12명이 되는 것이다.

선악동자는 항상 사람 곁에 있으면서 그 사람의 선악 행위를 장부에 기록하고 그 내용을 상부에 보고하는 일을 맡고 있다. 선한 행위를 기록하는 동자와 악한 행위를 기록하는 동자 2명이 항상 사람의 어깨 위에 나누어 머물며 조그마한 선행이나 악행까지 빠뜨리지 않고 기록해 보고한다. 선과 악을 기록한 "선부(善簿)"와 "악부(惡簿)"라는 장부를 관장하고 있다고 해서 "주선(注善)동자", "주악(注惡)동자"라 하기도 하고 "선부(善簿)동자", "악부(惡簿)동자"라 부르기도 한다.

선악동자는 인도나 서역에서는 그 모습이 나타나지 않는다. 다만 중국 당나라 시절인 9세기경부터 시왕도에 나타나므로 중국 도교나 민속의 영향에 의해 등장한 것으로 보인다. 『예수시왕생칠경』에는 '살아생전에 예수재를 지내며 매달 초하루와 보름날 삼보전에 공양을 올리고 시왕에게 기도하면서 장부에 이름을 써 육조에 고하면 선업동자가 이를 천조지부관(天曹地府官)에게 아뢰어 저승 명부에 기록해 둔다'고 하였다.

결국 시왕에게는 선악동자가 2명씩 있어 실제로는 20명이 있는 것이지

완주 송광사 명부전 내 동자상(조선시대)

만 명부전에 이를 다 갖추려면 공간 배치 문제가 생기므로 보통 봉안 장소의 넓이에 맞추어 10명까지 조성, 배치하게 된 것이다. 이러한 관념 때문에 시왕탱화 속에서도 이 선악동자들을 쉽게 찾아볼 수 있다.

시왕과 함께 있는 동자상들은 고려시대의 탱화에도 잘 보이지 않다가 조선시대 들어와서 조각상으로 만들어지기 시작하는데 특히 임진왜란이 끝난 후 사찰들이 중건되면서 명부전을 세울 때 많이 만들어졌음을 알 수 있다. 가장 이른 시기의 동자상은 전라북도 완주 송광사 명부전에 봉안되어 있는 8구의 동자상으로 인조 18년(1640)에 조성되었다.

같은 절 나한전에도 나한이나 제석천(帝釋天) 다리 옆에 응석을 부리듯 작게 표현된 동자들이 있으니 효종 7년(1656)에 만든 것이다. 명부전의 동자들보다 16년 뒤에 만들어졌다.

선악동자들은 보통 시왕들 사이에 배치되지만 사자(使者)나 판관(判官) 등과 함께 배열되기도 한다. 보통 쌍상투를 한 동자상들이 많지만 머리를 길게 땋은 동녀상도 있고, 연잎을 머리에 얹은 동자나 삭발을 한 동자승의 모습도 있어 그 다양한 외모에 저절로 미소 짓게 된다.

명부전 동자들의 지물

구례 화엄사 명부전은 동자상 12구를 갖춘 전각이다. 화엄사는 병자호란이 끝난 후 벽암 각성(1575~1660) 스님이 중창하였기 때문에 동자들도 17세기 중반에 조성되었을 것으로 본다. 12구 동자상 중에 9구는 쌍상투, 2구는 땋은 머리, 1구는 길게 푼 머리로 구성되어 있다. 18세기 이후에는 명부전에 동자상을 봉안하는 것이 더욱 유행하여 우리가 절집에서 마주하는 동자상들은 대개 이 시기에 만들어진 작품들이 많다.

이 동자상에서 주목되는 것은 다양한 지물(持物)들이다. 소매 속에 손을 넣어 공수(拱手) 자세를 취한 모습도 있지만 두루마리나 붓을 든 동자들의 모습도 많이 보인다. 그러나 명부전의 동자상에는 경전상의 근거를 찾아볼 수 없는 다양한 물건들을 들고 있는 모습이 많다. 또 조선시대 후반으로 갈수록 그 물건이 더 다양해지는데, 각종 과일과 동물이 등장하고 오이, 가지 같은 채소가 나타나는가 하면 병이나 긴 장대도 등장한다.

특히 사자, 호랑이, 자라, 학 등의 동물들은 동자가 마치 애완동물과 놀고 있는 듯한 모습으로 나타나서 더욱 생동감 있고 천진난만한 감성을 느끼게 된다. 또한 연꽃 봉오리나 각종 과일은 불자들이 부처님 전에 올리는 공양물이므로 선악동자의 역할이 부처님께 공양물을 올리는 공양자의 모습으로 바뀌어 갔음을 알 수 있다.

그럼 이 다양한 지물은 어떤 의미를 지니고 있을까?

먼저 벼루, 붓, 두루마리를 든 동자상들은 선악동자로서의 직분을 충실히 수행하고 있는 동자들이다. 선악동자는 망자가 살아 있을 때의 선업과 악업을 있는 그대로 기록해 두었다가 상부에 보고해야 하는 책임이 있기 때문에 이러한 필기구를 들고 있는 것이다.

줄기 달린 연꽃 봉오리를 들고 있는 동자상도 많이 보이는데 이것은 연화화생을 의미하고 있는 것이다. 중생이 극락정토에 가서 연꽃 위에 다시 태어나기를 바라는 소망이 동자들의 지물로 표현된 것이다. 또한 연꽃은 씨방에 연밥이 많아 자손 창성을 의미하기도 한다.

영광 불갑사 명부전에 있다가 지금은 불갑사 성보박물관에 진열되어 있는 6구의 동자상은 효종 5년(1654)에 조성된 작품이다. 이 중 3구의 동자는 연꽃 가지를 들고 있고, 3구 동자는 각각 붓, 벼루, 명부를 들고 있어 조선 후기 이른 시기에 조성된 선악동자의 양식을 잘 보여주고 있다.

사찰 속 숨은 조연들

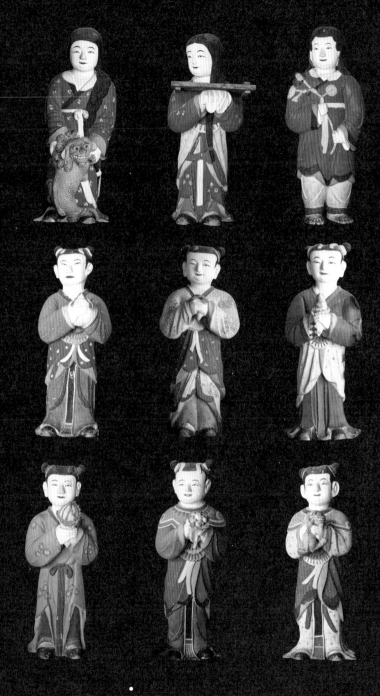

구례 화엄사 명부전 내 동자상(조선시대)

공주 마곡사 명부전 동자상

과일 종류로는 복숭아, 석류, 수박, 참외, 가지가 많이 등장한다. 예로부터 예수재나 음력 7월 15일에 지내는 우란분재(보통 백중이라 부른다)에는 삼보전에 꽃과 과일, 음식을 공양하면서 죄의 소멸과 극락왕생을 기원한다. 그러한 공양물을 동자가 들게 함으로써 항상 삼보전에 공양을 올리고자 하는 중생의 마음을 표현한 것으로 보인다.

또한 지금 세속의 삶 속에서 그 과일이 상징하는 뜻이 이루어지기를 소망하는 마음도 담았을 것이다. 그중 복숭아는 수명장수를 상징한다. 도교의 대표 여자 신선 서왕모 소유의 반도원(蟠桃園) 복숭아를 먹으면 불로장생한다고 하였는데, 보통 "천도(天桃)복숭아"로 부른다. 한편 씨가 많은 석류, 수박, 참외, 가지는 민간에서 풍요와 다산을 의미했기 때문에 민화에도 많이 등장하듯 동자들의 공양물로 나타난 것이다. 특히 가지는 남자를 상징하기도 하므로 남자아이가 많이 태어나 자손이 창성하기를 바라는 소망을 담았을 것으로 해석하기도 한다.

동물의 경우 사자, 호랑이, 봉황, 학, 자라 등 많이 보이는데 이 동물들은 나한전의 나한들과도 어울려 나타나는 경우가 많다. 나한들은 이러한 동물들을 애완동물 다루듯 함으로써 자신들의 막강한 신통력을 과시하고자 하는 것이다. 심지어 어느 나한은 용을 마음대로 갖고 노는 모습으로도 나타난다. 그러나 명부전의 동자들이 여러 동물들을 가지고 있는 것은 자신의 신통력을 과시하려는 것이 아니라 천계(天界)에 속한 동자로서 자유롭게 지상을 오고 감을 상징하는 것이라고 여겨진다. 특히 봉황이나 학은 천상세계를, 자라는 바닷속 용궁세계를 왕래하는 영물이다. 사자나 호랑이도 불교와 민속에서 오랫동안 상서로운 동물로 믿어 왔기에 자연스럽게 등장하였을 것이다.

명부전 동자상들의 모습을 보면 남자아이도 있고, 여자아이도 있다. 서 있는 자세에서부터 들고 있는 지물도 가지각색이다. 머리 모양도 여러가지이고 복장도 시대 따라 다 달라진다. 채색도 똑같은 동자가 하나도 없다. 참으로 다양하고 재미있고 흥미로운 동자상이다.

　　명부전 이외에도 동자상은 곳곳에 숨어 있다. 수미단 조각에도 나타나고, 닫집 아래 학을 탄 모습으로도 종종 나타난다. 법당 벽화에도 전생담이나 심우도(尋牛圖) 등 여러 가지 내용을 담은 동자 그림으로 많이 등장한다. 조선시대 후기에는 민간의 묘에도 동자상 조각이 등장하는데 특히 제주도는 동자석의 다양성과 수량에 있어 가장 뛰어난 곳으로 알려져 있다. 한 무덤에 두 기씩 세워진 동자석은 육지에서도 사대부의 묘 앞에 조성되었는데 전라도 지역과 경기도 지역에 주로 분포하고 있다. 학자에 따라서는 무령왕릉의 예에서처럼 망자의 수호신격으로 묻혔다가 뒷날 무덤 앞에 세워진 것으로 보기도 한다. 아마 망자를 시중들고 또 가문의 자손 창성을 기원하는 바람을 담은 것이라 생각된다. 이는 동자석이 연꽃을 들고 있는 형상이 많은 데서도 알 수 있다.

　　어쨌든 명부전의 동자상은 시왕에 딸린 권속으로 망자의 선행과 악행을 빠짐없이 기록해 상부에 보고하는 선악동자로 출발했지만, 조선 후기에는 백성들의 효심과 조상천도의식이 맞물려 명부전이 활성화되면서 그 임무도 조금씩 변해갔다. 곧 중생을 대신해 삼보전에 다양한 공

순천 송광사 심우도 벽화

사찰 속 숨은 조연들

양물을 올리는 공양자로 그 임무가 바뀌고 또한 중생의 소망을 나타내는 다양한 지물도 갖게 되었다.

어느 시대에서나 보통 중생의 삶은 장수와 번영, 자손 창성이 보편적 희망사항이다. 그것을 상징하는 지물을 든 채 다양한 모습을 보여주는 명부전의 동자상을 찾아보는 것도 사찰 순례에서 맛보는 또 하나의 즐거움이다.

명부의 관리들

판관과 녹사

명부는 망자를 심판하는 관청이나 다름없기 때문에 시왕 밑에는 그들을 보좌하여 근무하는 이들이 많다. 죽은 사람을 데려오는 관리도 있어야 하고, 시왕이 죽은 사람의 선악 행위를 판결할 수 있도록 문서를 작성해 올리는 관리도 있어야 하며, 시왕이 내린 판결을 처음부터 끝까지 기록하는 서기도 있어야 한다. 또 망자의 죄에 대해 직접적으로 벌을 주는 감옥의 관리들도 있어야 한다. 감옥에 들어온 죄인들이 많다 보니 감옥에 소속된 관리들도 여러 직급이 있다. 감독자라고 할 수 있는 귀왕(鬼王)도 있고, 그 밑에 옥졸(獄卒)이나 귀졸(鬼卒)들도 있다.

　　망자가 살아 있을 때 지은 선행과 악행은 이미 선악동자의 보고를 통해 모두 접수되어 있으므로 이를 종합해서 각각의 시왕에게 판단 자료를 제공하는 책임을 맡고 있는 관리가 바로 판관(判官)이다. 자기가 모시는 시왕을

●
강화 선등사 명부전 내부. 지장삼존을 중심으로 양쪽에 시왕상 다섯 구씩을 배치하고, 사이사이 귀왕과
판관, 동자상 등을 배치했다. 목조지장보살삼존상 및 시왕상 일괄(조선시대)은 보물로 지정되어 있다.

가까운 곳에서 보좌하는 최측근이다. 시왕에 소속된 관리 중에서는 가장 직급이 높다고 하겠다.

사실 판관은 실제로 중국에서 주로 지방관을 돕는 관리를 말한다. 도교에서는 인간의 생사에 대한 기록을 맡은 존재로, 불교에 흡수되어 시왕의 재판을 보조하는 임무를 띤 존재가 되었다. 시왕마다 판관들이 3~6명씩 소속되어 있어서 모두 합하면 47명에 이른다. 대산류판관(大山柳判官), 사명판관(司命判官), 악복조판관(惡幅趙判官) 등 각각의 이름도 다 다른데 그들이 맡고 있는 업무가 정확히 무엇인지는 알려져 있지 않다. 하기야 죽어서 명부에 오르는 사람도 많을 터이니 담당 판관들도 많아야 할 것이다.

망자에 대한 판결의 전말을 기록하는 일은 녹사(錄仕)가 맡고 있다. 관직이름 그대로 기록을 담당하는 전문직 서기라고 하겠다. 당연히 판관보다는 직급이 낮다. 시왕 관계 전적에는 시왕에 딸린 녹사가 몇 명인지 언급된 내용이 없다. 대신 현왕(現王)탱화에는 여러 명의 녹사가 등장하는 경우도 있다.

현왕탱화는 법당 안의 현왕단이나 약사전에 모시기도 했는데 18세기에도 그려졌지만 19세기에 크게 유행한 탱화다. 사람이 죽어서 3일 후에 1차적으로 현왕여래에게 심판을 받는다는 신앙이 생기면서 제작된 탱화다. 특히 오랫동안 병석에 있으면서 고통을 받을 때 현왕여래에게 공양을 올리면서 빠른 쾌유를 빌거나 이 세상 인연이 다했으면 편히 돌아가시게 해 달라고 기원하는 곳이기도 했다. 다만 지금은 이런 기도의식이 거의 끊어졌다.

현왕탱화의 본존은 보현왕여래(普現王如來)이니 줄여서 "현왕여래"라 부른다. 이 보현왕여래의 전생이 바로 염라대왕이다. 부처님이 염라대왕에게 수기하실 때 '미래 세상에서 부처를 이루리니 호는 보현왕여래이며 십호(十號)를 다 갖춘다'고 하였다. 곧 현재의 염라대왕이 미래에 성불하여 보현왕여래로 나타나신다는 것이다. 이러한 내용은 『불설예수시왕생칠경』에 실

〈현왕도〉(조선시대)

려 있다.

　남아 있는 현왕탱화의 주존은 보현왕여래를 그리지 않고 염라대왕을 그려 넣었다. 보현왕여래의 현재 모습인 염라대왕을 그려 넣은 것이 일반 백성에게 더욱 익숙하고 다가올 심판에 대해 자신을 되돌아볼 수 있게 하기 때문이다. 당연히 염라대왕의 권속들, 판관·녹사·동자가 등장하는데 판관도 여러 명이지만 녹사도 여러 명이다. 이로 미루어 보아 판관의 숫자만큼 녹사도 함께 배치되었을 것이다.

　이렇게 판관·녹사의 전체 숫자가 만만치 않아 명부전에 이 인원을 다

화순 쌍봉사 목조지장보살삼존상 및
시왕상 일괄(조선시대, 보물) 중 녹사상

배치할 수 없었다. 명부전에 가보면 법당 좌우 끝에 각각 판관 1명, 녹사 1명씩을 배치하고 있다. 총 4명이며 서로 마주보고 서 있는 것이 기본 양식이라 할 수 있다.

　판관과 녹사가 머리에 쓴 관이나 복장이 같은 경우가 있는데 붓이나 종이 두루마리를 들고 있는 사람이 녹사라고 보면 된다. 보통 판관은 화려한 관을 쓰고, 녹사는 우리 전통결혼식에서 신랑이 쓰는 검은 사모를 쓰고 있다. 둘 다 넓은 옷소매의 관복을 입고 있으니 중국 문관의 복식을 본받은 것으로 그들이 모시는 시왕과 관청의 권위를 높이는 시각적 효과가 있다.

　시왕이 머리에 쓰는 양관(梁冠)은 모자의 골이 여러 개가 있어 붙은 이름이다. 골이 5개가 있으면 "오량관(五梁冠)", 7개가 있으면 "칠량관(七梁冠)"이라 부르니 당연히 그 골의 수에 따라 관직의 차이가 있다. 시왕은 대개 오량관을 쓰고 있다. 당연히 판관이 쓰는 관은 시왕이 쓰는 양관과 비슷하긴 하지만 좀 더 단순한 형태이다. 녹사는 어느 명부전에서나 검은 사모를 쓰고 있기 때문에 금방 구분할 수 있다. 간혹 녹사처럼 사모를 쓴 판관도 있으나 그리 흔하지는 않다.

저승사자

죽은 사람의 영혼을 저승으로 데려가는 저승사자는 어느 문화권에서나 존재하여 왔다. 인류의 대표적 고대문명지인 이집트의 신화에서는 아누비스(Anubis)가 죽은 자를 미이라로 만든 후 사후세계로 데려가 심판하는 신이다. 사람 몸에 자칼의 머리를 달고 있는 아누비스는 죽은 사람의 심장의 무게를 잰다. 심장에 영혼이 있다고 믿었기 때문이다. 저울의 한쪽 접시에는 진실과 정의를 상징하는 새의 깃털이 놓이고 죽은 자의 심장은 반대편 접시에 놓이게 된다. 더러운 심장은 당연히 아래로 기울고, 그 심장의 주인인 영혼은 저승의 괴수 암무트(Ammut)에게 먹히게 된다. 사신(死神)의 원조라고 하겠다.

인도 힌두교에서 죽음의 신은 야마(Yama)다. 중국으로 건너와 염라대왕이 된 바로 그 신이다. 검은 물소를 타고 다니며 네 개의 손 중에서 한 손은 올가미를 들었다. 세상을 돌아다니며 죽은 자를 저승으로 돌려보낸다.

유럽에는 유명한 그림 리퍼(Grim Reaper)가 있다. '으스스한 수확자'라는 뜻이지만 죽은 자의 영혼을 데려가기 때문에 보통 '영혼의 수확자'라고 부른다. 농부가 가을에 농작물을 수확하듯 죽은 자의 영혼을 낫으로 사정없이 걷어간다. 해골 얼굴에 후드가 달린 검은 로브를 입고 거대한 낫을 든 모습으로 나타난다. 애완동물로 까마귀 떼나 쥐 떼를 키우는 공포스러운 모습이 사신의 상징으로 적합한 탓에 영화에도 많이 등장한다.

중국 민간의 저승사자는 흑백무상(黑白無常)으로 둘 다 기다란 혀를 빼물고 있다. 흰옷을 입은 백무상(白無

그림 리퍼 형상의 목조상
(18세기, 독일 슈뉘트겐미술관 소장)

常)은 신을 잘 모시고 착한 일을 한 사람을 좋은 길로 인도하고, 검은옷을 입은 흑무상(黑無常)은 법을 어기고 나쁜 짓을 한 사람을 벌을 주는 곳으로 데려간다. 물론 염라대왕의 부하인데 그 내력이 재미있다.

원래 흑무상 범무구(範無救)와 백무상 사필안(謝必安)은 형제 사이다. 둘의 성격은 판이하게 달랐지만 우애는 좋았다.

어느 날 강한 장맛비가 내리려는 조짐이 있어 사필안이 일하러 가는 범무구에게 '우산을 가져가라'고 말하지만 범무구는 '귀찮다'며 그냥 가 버린다. 사필안이 다시 범무구에게 '비가 많이 오면 다리 밑에서 기다리고 있으라. 내가 우산을 챙겨 다리 밑으로 가겠다'고 말했다. 결국 장맛비가 많이 내리자 마음씨 착한 사필안이 우산을 들고 다리 밑으로 가는 도중에 어느 사내를 만났다. 이 사내는 성격이 거친 범무구를 미워하고 있어서 사필안을 만나자 '범무구가 우산을 빌려 쓰고 집으로 가는 것을 보았다'고 거짓말을 했다. 사람을 잘 믿는 사필안은 그 사내의 말을 믿고 집으로 되돌아갔고, 범무구는 다리 밑에서 하염없이 사필안을 기다렸다.

집에서 마냥 기다리던 사필안은 범무구가 오랫동안 돌아오지 않자 그제야 속은 줄 알고 다리 밑으로 달려갔지만 범무구는 불어난 강물에 이미 익사한 뒤였다. 사필안은 자신의 어리석음을 자책하여 스스로 목숨을 끊어버렸다. 이를 저승에서 보고 있던 염라대왕은 두 형제를 안타깝게 생각하여 자기 수하인 저승사자로 일하게 하였다고 한다. 죽은 사람의 영혼이 흑백무상에게 이끌려 저승으로

아누비스상(기원전 332~30, 이집트, 미국 메트로폴리탄미술관 소장)

사찰 속 숨은 조연들

가면 맹파(孟婆)의 찻집에서 차를 마시게 되는데 그 차를 마시면 이승의 일은 모두 잊어버리게 된다.

일본에는 죽음의 여신 이자나미(イザナミ)가 있다. 이자나미는 남편이자 쌍둥이 오빠인 이자나기(イザナギ)와 함께 일본 열도를 낳았다. 곧 일본 열도의 창조신이자 일본 천황가(天皇家)의 황조신(皇祖神)이다.

그런 이자나미가 수많은 신을 낳던 중 불의 신 카쿠츠지(カグツチ)를 낳다가 화상을 입고 죽자 남편 이자나기는 이자나미를 살려내기 위해 저승으로 건너갔다. 하지만 다시 만난 이자나미가 예전처럼 아름답지 못하자 부부는 다투기 시작했다. 이자나미는 몹시 화가 나서 매일 인간 1,000명의 목숨을 빼앗겠다고 협박했고, 이자나기는 이에 대응해 매일 1,500명의 새 생명을 창조하겠다고 선언했다. 이후 이자나미는 일본에서 저승을 관장하는 죽음의 여신을 상징하게 되었다.

한국에도 여러 종류의 저승사자가 존재한다. 잘 알려진 드라마 〈전설의

〈이자나기와 이자나미〉(18세기, 일본, 미국 메트로폴리탄미술관 소장)

고향〉 등에 나오는 검은 도포에 검은 갓을 쓴 창백한 얼굴의 저승사자는 당시 이 드라마의 PD였던 최상식 씨의 아이디어로 처음 등장한 것이지만 앞서 말한 것처럼 불교의 경전에도 그 유래가 있다. 또 민간에서 전해지는 저승사자와 불교의 저승사자는 서로 다른 모습을 하고 있다.

우리 설화 속의 저승사자

우리의 전통 설화 속에 등장하는 저승사자는 세 명이 한 조다. 강림차사(降臨差使)와 이승차사 이덕춘(李德春) 그리고 저승차사 해원맥(解怨脈)이 그들인데, 강림차사가 우두머리다. 차사(差使)는 사자(使者)와 같은 의미로 우리가 잘 알고 있는 "함흥차사(咸興差使)"라는 말에서도 알 수 있듯 왕명으로 파견되던 사람이다. 시왕이 죽은 사람의 넋을 데려오라고 파견하던 관리가 바로 사자, 차사다.

이덕춘은 이승의 일을 잘 알기 때문에 "이승차사"라고 부르고, 해원맥은 아흔아홉 저승길을 손바닥 보듯 훤히 알고 있기 때문에 "저승차사"라고 부른다. 셋이 함께 다녀야만 죽은 자의 집을 실수 없이 찾아가고 저승까지 무사히 데려가기 때문에 꼭 붙어 다닌다. 이승차사를 "월직차사"라 부르고 저승차사를 "일직차사"라고도 부르는데 아마도 불교 경전에 나오는 월직사자, 일직사자의 이름을 차용한 것으로 보인다.

우두머리 강림차사는 이승에 있을 때 "강림도령"이라 불렸는데 염라대왕의 부하가 되는 내력이 또 재미있다.

동경국 버물왕은 아들 아홉 형제를 낳았으나 겨우 삼 형제만 살아남아 애지중지 키우고 있었다. 어느 날 지나가던 스님에게서 '아들 삼 형제가 집에 있으면 3년 안에 죽게 되니 집을 떠나 3년 후에 돌아오면 살 수 있다'는 말을 듣게 된다. 버물왕은 세 아들을 살리고자 장사할 짐을 싸 주며 세상으로 내보낸다.

어느덧 3년이 흘렀다. 이들 삼 형제는 귀향길에 광양 땅에 들렀다가 과양각시의 꾐에 빠져 목숨을 잃게 된다. 3년 전 스님이 '과양생이를 꼭 조심해야 한다'고 일렀지만 그 말을 까마득히 잊고 있었던 것이다. 과양각시는 바로 과양생이의 아내로 두 부부는 사람을 홀려 재물 뺏는 일을 늘상 해 왔던 터였다. 두 부부는 삼 형제를 큰 돌에 매달아 연화못에 던져 아무도 모르게 수장하였다.

어느 날 연화못에 삼색꽃이 피었길래 과양각시는 이 꽃을 꺾어다가 집 안 여기저기에 꽂았다. 그런데 꽃들은 과양각시가 지나갈 때마다 머리채를 잡아끄는 등 귀찮게 하였다. 과양각시가 화가 나 꽃을 거두어 청동화로 숯불에 던져 넣었더니 다음 날 화로에 예쁜 삼색 구슬이 나타났다. 과양각시가 세 구슬을 장난삼아 입에 넣으니 얼음 녹듯 사르르 녹아서 목구멍 속으로 쏙 들어갔다.

두세 달이 지나자 과양각시 몸에 태기가 있어 마침내 세 아들이 태어나니 자식이 없던 과양각시는 입이 함박꽃처럼 벌어졌다. 자라나는 삼 형제의 재주는 너무나 뛰어나 하나를 가르치면 열을 알았다. 그렇게 열다섯 살이 되었을 때 나라에서 인재를 뽑는 시험을 치르니 삼 형제가 1, 2, 3등을 차지했다. 그런데 형제가 금의환향하여 집에 돌아와서는 부모에게 큰절을 올리려 방바닥에 손을 대고 엎드리더니 일어나지를 않는다. 세 형제가 한꺼번에 비명횡사한 것이다.

과양각시가 너무나 원통하고 분해서 원님을 찾아가 세 아들이 동시에 죽은 원인을 밝혀 달라고 매일같이 와 닦달했다. 견디다 못한 원님은 수하 중 담력 있고 힘도 있는 강림도령을 시켜 세 아들을 데려간 저승의 염라대왕을 잡아 오라고 명령한다.

부인이 열여덟 명인 강림도령은 염라대왕을 잡으려면 저승에 들어가야 하는데 그 방법을 몰라 부인들에게 물으니 하나같이 전부 모른다고 대답한다. 할 수 없이 처음 결혼할 때 인물 없다고 소박놨던 본처의 집으로 가니 그녀는 걱정하지 말라며 이리저리 계책을 일러준다.

강림도령은 우여곡절을 겪으며 저승으로 가 염라대왕 행차를 만났다. 다짜고짜 염라대왕에게 달려들어 '나와 함께 이승으로 가야 한다'고 으름장을 놓으니 노한 염라대왕 군사들이 모두 덤벼들었다. 강림도령이 봉황 닮은 눈을 뜨고 청동 같은 팔뚝으로 소리를 치며 이리저리 메치자 수백 군사가 순식간에 쓰러졌다. 강림도령이 재빨리 염라대왕의 팔을 잡아 묶으니 염라대왕도 어쩌지 못해 '이승에 같이 가겠다'고 약조를 했다.

결국 원님이 계시는 동헌 마당에 염라대왕이 수천 군사를 거느리고 들이닥치자 모두 무서워 도망가 버리고 원님 또한 아궁이에 숨었지만 강림도령이 찾아내 염라대왕에게 문안을 올리게 하였다. 자초지종을 알게 된 염라대왕이 과양생이 부부를 데려오라 하였고 두 부부에게 형제를 묻은 곳이 어디냐고 물었다. 그 무덤을 파 보니 시신은 간 데 없고 시신을 뉘였던 칠성판(七星板)만 남아 있었다.

염라대왕이 다시 그들을 이끌고 연화못으로 가서 금부채로 연못을 세 번 때리니 연못 물이 금세 말라 먼지가 일어났다. 그 연못 한가운데 버물왕의 세 아들의 죽은 몸이 또렷이 드러나자 염라대왕이 다시 금부채로 삼 형제의 몸을 세 번 때렸다. 그러자 그들이 부스스 눈을 뜨고 옷을 털면서 일어났다.

염라대왕은 모든 사실을 밝혀낸 후 형제를 집으로 돌려보내고 과양생이 부부는 팔다리를 소에 묶어 능지처참하였다. 그 찢어진 몸을 방아에 빻아 바람에 날려 버리니 살아서 남의 피를 빨아먹던 버릇이 그대로 남아 모기와 각다귀로 환생하여 지금까지 중생을 괴롭히고 있다.

사찰 속 숨은 조연들

염라대왕이 원님에게 강림도령이 배짱 좋고, 힘도 세고, 똑똑하여 저승사자로 발탁해 데려가겠다고 요청하니 원님은 극구 반대하였다. 결국 강림도령을 반반씩 나누자고 합의하였고 원님이 육신을 갖겠다고 하자 염라대왕은 강림도령의 영혼을 가져가 버렸다. 원님은 결국 시신만 차지하게 되었고 강림도령은 저승사자 임무를 맡아 강림차사가 되었다. 그렇게 저승사자가 된 강림도령은 이승차사, 저승차사에 비해 가장 늦게 사자가 되었지만 그들을 부하로 두고 함께 다니게 되었다.

이 세 명의 차사들은 복장부터 남다르다. 남색 바지에 백색 저고리, 자주색 행전을 차고 백색 버선에 미투리를 신는다. 군졸들이 쓰는 까만 전립(戰笠)을 쓰고 한산모시 겹두루마기에 남색 쾌자를 걸친다. 옆구리에는 붉은 오랏줄을 달고 옷고름에는 적패지(赤牌旨, 붉은 천에 저승으로 갈 사람의 이름을 써넣은 것)을 단다. 팔뚝에는 석자 다섯치 팔찌걸이를 매고 가슴에는 '용(勇)' 자, 등에는 '왕(王)' 자가 새겨진 차림새로 나타난다.

사람이 죽을 때면 강림차사는 적패지를 들고 그 집의 용마루로 들어가 죽은 자의 나이와 이름을 세 번 크게 부른다. 그러면 육신에 묶여 있던 영혼이 홀연히 몸을 떠나 비로소 집 밖으로 나가게 되는데, 이때 저승사자는 재빨리 죽은 자의 영혼을 불러 저승으로 데려간다.

예전의 민간 장례식에서는 대문 밖에 사잣밥을 차리기도 하였다. 저승사자들을 대접하기 위해 백반 세 그릇, 짚신 세 켤레, 명태 세 마리, 엽전, 술 등을 키나 상에 차려 놓는 것이다. 저승사자가 세 명이기 때문이다. 망자의 혼을 편안하게 저승으로 데려가 달라고 인정(人情)을 쓰는 것이다. 간장을 놓는 지역도 있는데 저승사자들이 간장을 먹고 저승 가는 길에 물을 자주 들이켜서 망자가 조금이라도 쉴 수 있도록 해 달라는 바람이 담겨 있다. 망자를 보내는 유족들의 안타까운 마음을 담고 있는 풍습이라고 하겠다. 지금도 병원 장례식에서 장례를 치르는 경우 주문을 하면 장례업체에서 사잣밥을 차려 주기도 하지만 이제는 거의 사라진 풍습이다.

저승사자들은 이러한 대접을 받으면 대접을 한 사람의 부탁을 들어주어야 한다. 그것이 저승의 법이기 때문이다. 세속의 사람들처럼 저승사자에게 인간미를 부여한 것이다. 그래서 저승사자를 그냥 되돌려 보낸 이야기도 등장하지만 그렇다고 저승사자를 제압할 수는 없다. 반드시 돌아와서 망자의 영혼을 데려가기 때문이다.

강림도령과 까마귀에 얽힌 이야기도 있다. 어느 날 강림도령이 적패지를 가지고 인간 세상으로 나오다가 몸이 피곤해 나무 그늘에서 쉬고 있었다. 마침 까마귀가 날아가다가 강림도령을 보고는 '그 적패지를 나에게 주면 내가 그 사람에게 붙여 놓겠다'고 말을 붙인다. 그렇지 않아도 같은 일의 반복 속에 꾀가 나던 강림도령이 선뜻 적패지를 내어주니 까마귀가 그것을 물고 날아갔다.

그런데 날아가던 까마귀는 백정이 말을 잡고 있는 모습을 보았다. 까마귀는 피 한 점을 얻어먹으려고 나무에 내려 앉아 '까옥까옥' 울자 백정이 기분이 나빠 말발굽을 휙 던졌고, 까마귀는 화들짝 놀라 이를 피하려다 적패지가 떨어진 줄 몰랐다.

마침 나무 밑에 있던 백구렁이가 떨어지는 적패지를 받아 꿀꺽 삼켜버리니 뱀은 이때부터 아홉 번 죽으면 열 번 환생하게 되었다. 곧 아홉 번 허물을 벗고 다시 태어난다는 뜻이다.

적패지를 잃어버린 까마귀는 할 수 없이 인간 세상으로 나와 생각나는 대로 지저귀었다. '아이 갈 데 어른 가십시오', '부모 갈 데 자식 가십시오', '조상 갈 데 자손 가십시오'. 이렇게 지저귀며 다니니 이때부터 세상 사람들이 앞뒤 순서 없이 죽게 되었다. 이 일을 안 강림도령이 까마귀를 잡아 곤장을 치는 바람에 똑바로 걷지 못하고 아장아장 걷게 되었다.

또한 까마귀가 울면 사람이 죽는다는 관념이 생기고, 까마귀를 흉조(凶鳥)라고 생각하게 되면서 지금까지도 까마귀는 기분 나쁜 새가 되었다.

민담에서는 저승사자가 망자의 이런저런 사정을 봐주어 2~3일 동안의 유예기간을 주기도 하고 망자의 영혼이 모든 일을 다 해결한 다음에 데려가기도 한다. 심지어 망자가 살던 집의 가택신(家宅神)과 망자를 데려가는 일에 대해 옥신각신 다투기도 한다. 또 저승사자도 몹시 바쁜 직업이라서 사람이 혼자 잘 때 옆 이부자리에 빈 베개를 두면 저승사자가 자고 간다는 이야기도 있다.

누구나 죽으면 이승을 떠나 저승으로 가야 한다. 그 저승으로 망자의 영혼을 데려갈 저승사자는 동서양 모두에 등장한다. 다만 서양의 저승사자가 무시무시한 모습으로 낫으로 베듯 망자의 영혼을 인정사정없이 거두어 끌고 간다면, 우리나라 저승사자는 망자의 영혼을 저승으로 안내하는 안내자로서의 이미지가 강하다. 더욱이 사람을 닮아 망자의 개인 사정을 봐주기도 하고, 꾀에 속기도 하며, 게으름을 피우는 등 인간적인 냄새가 나는 모습을 보인다. 한마디로 정을 나누는 한국인의 정서가 스며 있는 것이다.

불교의 저승사자

불교의 대표적 저승사자는 일직사자(日直使者)·월직사자(月直使者)다. 이 일직사자·월직사자가 등장하는 민요가 있으니 우리가 흔히 들어왔던 〈회심곡(回心曲)〉이다. 원래 〈회심곡〉은 서산 대사(1520~1604)가 지은 것으로 유교의 효와 도교, 민속의 요소를 두루 융섭한 불교 노래다. 효도를 행하고 공덕을 지어 모두 극락세계로 건너가자는 불교의 가르침을 쉽게 알리기 위해 만든 것이다.

〈사직사자도〉(조선시대). 왼쪽부터 시직사자, 일직사자, 월직사자, 연직사자이다.

　　탁발하던 스님들이 부르던 것을 서도 소리꾼들이 따라 부르게 되면서
점차 민간에도 퍼져나가게 된 〈회심곡〉. 또 시대가 내려가면서 어려운 불교
가사를 쉬운 말로, 곡조도 민요풍으로 바꾼 〈신회심곡〉이 등장하게 된다. 그
렇게 가사가 바뀌다 보니 서산대사의 원곡 〈회심곡〉에는 등장하지 않았던
일직사자·월직사자가 〈신회심곡〉에 등장한다.

　　　일직사자 월직사자 열시왕의 명을받아
　　　한손에는 철봉들고 또한손에 창검들며
　　　쇠사슬을 빗겨차고 활등같이 굽은길을
　　　살대같이 달려와서 닫은문을 박차면서
　　　뇌성같이 소리하고 성명삼자 불러내어

　　　　　　　　　　　　　　　　　　　　　　　사찰 속 숨은 조연들

어서가자 바삐가자 뉘분부라 거역하며

뉘명이라 지체할까 실날같은 이내목에

팔뚝같은 쇠사슬로 결박하여 끌어내니

(…중략…)

일직사자 손을끌고 월직사자 등을밀어

풍우같이 재촉하여 천방지방 몰아갈제

(…중략…)

여기서 일직사자는 하루를 담당하는 사자이고, 월직사자는 한 달을 담당하
는 사자다. 일직사자·월직사자는 중국에서 찬술된 『불설예수시왕생칠경』에
는 나타나지 않지만 『예수시왕생칠재의찬요(預修十王生七齋儀纂要)』에는 등장

한다. 이 불교의례집은 송당 대우(松當大愚) 스님이 편찬한 책으로 예수재의 의식과 절차에 대해서 정리한 것이다. 가장 오래된 판본은 선조 9년(1576) 안동 광흥사에서 간행된 것이며, 지금 사찰에서 행하고 있는 예수재 의식도 모두 이 책에 근거하여 시행하고 있을만큼 중요한 전적이다.

이 책은『지장보살본원경』,『불설예수시왕생칠경』,『불설수생경』등을 참조하여 찬술하였다고 하는데 앞서 말한 수많은 판관들의 이름과 함께 사자들의 이름도 등장한다. 각 시왕에 소속된 사자는 여섯 명씩이다. 일 년을 맡아 관리하는 연직사자(年直使者)와 월직사자, 일직사자, 시간을 맡아 관리하는 시직사자(時直使者)가 있으니 이를 통틀어 "사직사자(四直使者)"라 부른다. 이는 사람마다 연, 월, 일, 시에 해당하는 사주(四柱)가 있으니 어느 사람도 저승사자의 손아귀를 벗어날 수 없다는 뜻에서 붙여진 이름일 것이다.

또 직부사자(直符使者)와 감재사자(監齋使者)가 있다. 직부사자는 염라대왕의 명을 받아 죽을 사람에게 목숨이 다했음을 알리는 사자이고, 감재사자는 죽은 이를 감시하며 저승으로 데려오는 임무를 맡고 있다. 죽은 사람 중에는 저승으로 가지 않으려고 빈틈을 보아 도망가는 영혼도 있기 때문이다.

앞에서 보았다시피 〈신회심곡〉에는 일직사자와 월직사자만 등장하고 나머지 사자들은 등장하지 않는다. 대신 사직사자가 그려진 탱화는 남아 있다. 사직사자 탱화는 수륙재를 지낼 때 사자단(使者壇)에 설치하는 용도로 쓰이는데 수륙재가 열린다는 것을 떠도는 영혼들에게 알리러 떠난다는 의미를 지닌다. 수륙재는 물속이나 육지를 헤매며 저승으로 가지 못하고 있는 외로운 영혼과 아귀를 달래고 위로하기 위해 불법을 강설하고 음식을 베푸는 재이기 때문에 사직자사들은 이러한 내용을 세상에 널리 알리려는 목적으로 전령의 임무를 띠고 떠나는 것이다. 참고로 수륙재는 임진왜란·병자호란을 겪으면서 비명에 간 영혼과 전염병이 유행할 때마다 억울하게 죽은 영혼이

사찰 속 숨은 조연들

〈사직사자도〉의 월직사자는 부월을, 연직사자는 두루마리를 들고 있다.

많아 민간에서 크게 유행하였다.

이러한 사자들의 의상은 당·송시대 군사들이 출정할 때의 군복 형식을 따르며 특히 왕의 명령을 전달하는 전령의 모습으로 말과 함께 그려진다. 대개 사자의 손에는 긴 창끝 바로 아래에 도끼날을 입에 물고 있는 용 조각을 끼운 부월(斧鉞)을 짚고 있거나 원통형 두루마리를 들고 있다. 부월은 임금의 권위를 상징하는 것으로 출정하는 장수에게 주는 것이며, 두루마리는 염라왕의 부명(符命)으로 일종의 저승 명령서이다.

말은 시왕의 명령을 재빨리 달려가 수행한다는 뜻이 담겨 있지만 또한 빠른 세월을 의미하기도 한다. 세월은 달리는 말처럼 빨리 지나가 죽음이 닥쳐오고 저승사자가 찾아올 것이니 미리미리 공덕을 짓고 앞길을 닦으라는 뜻을 담고 있는 것이다.

이처럼 사직사자는 주로 의식용 탱화로 나타나는데 반해 직부사자와 감재사자는 탱화로도 나타나지만 명부전의 조각상으로도 나타난다. 우리가 명부전에 가서 쉽게 만나볼 수 있는 저승사자가 바로 이 직부사자와 감재사자다. 명부전 지장보살상을 중심으로 좌우 양쪽 끝에 서서 서로 마주보고 서

있는 경우가 많은데 부월을 든 사자가 감재사자, 두루마리를 든 사자가 직부
자사다.

사자들은 머리에 쓰고 있는 관이 독특하다. 임금의 익선관과 비슷한 관
을 썼는데 관 위 뒤쪽으로 뿔이나 귀 같은 것이 양쪽으로 솟았다. 전설에 의
하면 저승사자들이 이 관을 쓰면 산 사람에게는 사자의 모습이 보이지 않고
죽은 사람에게만 보인다고 한다. 산 사람에게는 투명인간인 셈이다.

직부사자·감재사자는 명부전의 조각상으로 많은 사찰에 남아 있지만
사자가 타고 다니는 말을 조각해 함께 배치해 놓은 곳은 없다. 대신 탱화로
그릴 때는 말을 함께 그리는 것이 기본 양식이다.

또한 명부전의 두 사자를 살펴보면 부월이 없는 경우도 있고 양손으로
들고 있던 두루마리가 없는 경우도 있다. 그러나 사자의 손 모습을 보면 창을
쥐고 있는 것인지, 두루마리를 들고 있는 자세인지 분간할 수가 있어 어느 쪽

〈직부사자도〉(조선시대)와 〈감재사자도〉(조선시대)

사찰 속 숨은 조연들

이 직부사자이고 어느 쪽이 감재사자인지 알아볼 수가 있다. 경우에 따라서는 두 사자가 전부 창을 쥐고 있거나 두루마리를 든 모습도 있어서 이때는 일직사자·월직사자를 모신 것으로 보기도 한다.

이 여섯 명의 저승사자 외에도 명부에는 수많은 저승사자가 있다. 사람이 죽으면 그 사람이 죽은 사유에 따라 파견되는 저승사자가 정해져 있는 것이다. 우물에 빠져 죽은 사람을 인도하는 단물[淡水]차사, 바다에서 불의의 사고로 죽은 영혼을 인도하는 용궁(龍宮)차사, 길 위에서 세상을 떠난 영혼을 인도하는 객사(客死)차사, 나뭇가지에 목이 걸려 죽은 영혼을 데려가는 결항(結項)차사, 물에 빠져 죽은 영혼을 데려가는 엄사(渰死)차사, 돌에 맞아 비명에 간 영혼을 인도하는 탄석(彈石)차사, 불에 타 죽은 영혼을 인도하는 화덕(火德)차사, 옥에서 목숨을 잃은 영혼을 인도하는 무죄(無罪)차사 등이 있다. 그러나 이 저승사자들은 불교의 전적에는 등장하지 않고 민간에서 전승되던 저승사자들이다. 곧 중생의 삶은 이런저런 사연들이 얽혀 있고 그 삶 속에서 비명에 돌아간 망자의 영혼들을 인도하는 저승사자들이 자연스럽게 출현하게 된 것이다.

이를 종합해 보면 불교에서 전승된 저승사자는 주로 "사자(使者)"라는 명칭을 쓰고 민간에서 전승된 저승사자는 "차사(差使)"라는 명칭을 쓰고 있음을 알 수 있다. 뒷날에는 두 명칭이 서로 섞이며 혼용이 되었지만 불교 쪽에서는 "차사"라고 쓰인 전적이 없다. 차사는 세속에서 조선시대의 왕이 중요한 임무를 위하여 왕명으로 파견하던 임시 관직이기도 했기 때문이다.

귀왕과 장군

불교 문헌에는 등장하지만 명부전에 조각상으로 잘 나타나지 않는 것이 바로 귀왕(鬼王)이다. 귀왕은 쉽게 말해 지옥의 감독관이다. 지옥의 종류가 많다 보니 자연히 감독관도 많을 수밖에 없다. 『예수시왕생칠재의찬요』에는 각 시왕에 소속되어 있는 귀왕들의 이름이 나열되어 있다. 제1전 진광대왕 휘하에는 나리실귀왕(那利失鬼王)·악독귀왕(惡毒鬼王)·부석귀왕(負石鬼王)·대쟁귀왕(大諍鬼王)이 있고, 제2전 초강대왕 소속에는 삼목귀왕(三目鬼王)·혈호귀왕(血虎鬼王)·다악귀왕(多惡鬼王)이 있다. 이렇게 배치된 순서로 각 시왕에 소속된 귀왕을 모두 합하면 32명이나 된다.

귀왕들의 이름을 보면 그 의미상 눈이 셋이나 넷인 귀왕들도 있는데 이런 귀왕들의 모습은 명부전의 시왕탱화에 가끔씩 모습을 드러낸다. 이 귀왕들 아래에는 지옥의 죄인들에게 직접 형벌을 가하는 하급 관리들이 또한 수도 없이 많으니 보통 "귀졸(鬼卒)", "옥졸(獄卒)", "나찰(羅刹)"이라고 부른다. 이들은 주로 시왕탱화의 지옥 모습에 많이 나타나기 때문에 쉽게 찾아볼 수 있다.

이 옥졸들 중에서 가장 많이 알려진 옥졸이 앞에서도 언급한 마두나찰과 우두나찰이다. 〈신회심곡〉 가사에도 들어있다시피 이 두 나찰은 저승문을 지키고 있다가 망자가 이곳에 당도하면 '인정(人情)을 달라'고 다그친다. 저승문을 지키면서 고생하고 있으니 인정을 베풀어 선심을 쓰라는 것이다. 나쁘게 말하면 뒷돈을 좀 달라고 떼를 쓰는 것이다. 인정을 쓰지 않으면 망자가 쉽게 저승문 안으로 들어갈 수 없으니 돈이 없으면 옷이라도 벗어줘야 저승으로 들어간다는 것이 〈신회심곡〉 가사 내용이다.

예전에 민간에서 장례를 치를 때에 관 속에 엽전을 넣었던 것이 바로 이

때 망자가 저승문에서 우두나찰·마두나찰에게 인정을 쓰라고 넣는 것이다. 지금도 관 속에 엽전 대신 지폐를 넣기도 하는데 바로 이러한 옛 풍습이 남아 있기 때문이다.

　　명부를 지키는 장군들도 세 명이 있다. 상원주장군(上元周將軍), 하원당장군(下元唐將軍), 중원갈장군(中元葛將軍)이 그들이다. 이 장군들은 명부전에서 문간을 지키고 있는데 이 장군들이 차츰 불교의 금강역사로 변화해갔다(장군들이 금강역사로 변모해 간 과정은 졸저『사찰에는 도깨비도 살고 삼신할미도 산다』의 '장승' 부분에 정리해 놓았다).

명부전에는 각 시왕 앞에 사람들이 태어난 해의 간지가 쓰여져 있는 곳도 볼 수 있다. 60갑자(甲子)가 시왕에게 골고루 나뉘어져 소속되어 있는 것이다.

　　이것은『불설수생경(佛說壽生經)』에 의거한 것인데 이 경전에 의하면 사람들은 자기가 지은 죄업으로 인하여 죽은 후 다음 생에서는 다시 사람의 몸을 받고 태어나지 못한다. 결국 명부에서 빌고 빌어 겨우 사람 몸을 받게 되지만 이때 명부에서 그 대가로 돈을 빌리게 된다. 이를 "수생전(壽生錢)"이라고 하니 글자 그대로 사람 몸을 받으며 빌린 돈이다.

　　사람 몸을 받은 다음 지금의 생에서 수생전을 다 갚게 되면 반드시 이후의 생에 사람의 몸으로 세 번 태어날 수 있다. 만약 이 빚을 갚지 못하면 억만 겁이 지나도 다시는 사람 몸을 받을 수 없고, 또한 여러 가지 액운이 닥친다. 하지만 빚을 못 갚을 경우『금강경』이나『불설수생경』을 정해진 횟수만큼 읽어도 그 빚을 갚은 것으로 받아준다.

　　예를 들면 갑자(甲子)년에 태어난 사람은 명부에 빚진 돈이 5만 3천 관이며,『금강경』이나『불설수생경』17권을 제3창고 원(元)씨 조관(曹官)에게 바치면 액을 면하고 다시 사람의 몸으로 태어날 수 있다는 것이다.

〈시왕도 - 제1 진광대왕, 제3 송제대왕〉(조선시대) 하단에는 망자에게
형벌을 가하는 하급관리들의 모습을 볼 수 있다

곧 명부의 은행에서 돈을 빌려 사람 몸으로 태어났으므로 다시 그 대출금을 지점장 격인 조관에게 바치는 것이다. 아울러 경전을 17번 읽어도 빚을 갚게 되지만 보통은 그 경전을 구입해 불단에 올리고 예수재 때 소각함으로써 읽은 것으로 간주한다. 결국 자기 간지가 소속되어 있는 시왕에게 빚진 돈을 다 갚고 다시 수행할 수 있는 사람으로 태어나기를 기원하는 것이다. 불교에서는 삶의 여섯 가지 길인 육도 가운데 지옥, 아귀, 축생, 수라로 태어나면 고통과 생존 경쟁이 심해 수행할 겨를이 없고, 천상에 태어나면 즐거움을 누리기에 바빠 수행할 시간이 없다고 한다. 오직 사람으로 태어나야 수행하고 마음을 닦아 윤회에서 벗어날 수 있기 때문에 다시 사람 몸을 받고 태어나는 것을 중하게 여긴다.

사실 이러한 의례는 도교의례에서 건너온 것으로 파악되고 있지만 예수재를 행하는 목적은 현재를 살아가는 우리들이 그간의 지은 죄를 참회하고 경전을 읽으면서 미래에도 다시 사람의 몸을 얻어 수행할 수 있기를 염원하는 법회라고 하겠다.

Ⅱ

절집의 외호신

사천왕·금강역사·팔부신중과 팔부신장
위태천과 예적금강

사
천
왕

불교의 세계관 – 이 세계는 어떻게 생겨났는가

옛 시대의 사람들도 현대의 과학자들처럼 의문을 품었고 그에 따라 여러 가지 신화와 학설이 생겨났다. 서양에서는 창조주 하나님이 이 세계를 창조했다는 기독교적 세계관이 오랫동안 지배하여 왔다. 그러나 과학자들의 끊임없는 연구가 이어지고 근래에 사망한 스티븐 호킹(1942~2018)에 이르러서는 그가 주장한 빅뱅이론이 현대물리학의 대세가 되었다. 원자보다도 작은 하나의 특이점(singularity)에서 어느 순간 빅뱅(대폭발)이 일어나며 수많은 물질과 에너지, 시간과 공간이 생겨났고 그로부터 진화를 거듭하며 우주를 형성했다는 것이 빅뱅이론의 큰 틀이다. 2012년에는 빅뱅 당시 다른 입자에 질량을 부여하고 순식간에 사라져 버린 힉스 입자가 발견되어 "신(神)의 입자"라고 불렸다. 쉽게 말해 스스로는 존재할 수 없지만 다른 물질을 만들어내는 입자가 발견된 것이다.

중국의 노자도 이미 이와 비슷한 말을 했다. 『노자도덕경(老子道德經)』 제40장에 '천하만물생어유 유생어무(天下萬物生於有 有生於無)'가 그것이다. '천하 만물은 유(有)에서 생겨나고 유는 무(無)에서 생겨난다'는 말이다. 물론 유는 만물의 어머니이고 무는 천지의 시원(始原)을 일컫는다. 곧 무가 바로 도의 본체이고 유는 도의 작용을 의미한다.

훗날 송나라의 주돈이(1017~1073)가 '무극에서 태극이 태어난다[自無極而爲太極]'라 하여 노자의 우주론을 계승하였는데 뒷날의 학자들은 무극(無極)은 우주의 본원이고 태극(太極)은 천지 만물의 생성을 위한 근원적 기운이며 태극에서 음양오행이 벌어진다고 풀이하였다.

불교의 세계관도 이와 비슷하다. 원래 불교의 세계관은 인도에서 전해져 내려오는 전통적 신화의 세계관을 받아들여 불교적 관점에서 체계화한 것이다.

이 세계관에 의하면 태초에 우주에는 아무것도 없는 공(空)의 세계였다. 다만 딱딱한 성질의 지(地), 물기인 수(水), 따뜻한 기운인 화(火), 공기의 움직임인 풍(風)의 에너지만 떠다니고 있었다. 뒷날 바람이 움직이기 시작하자 물이 움직이고 물이 움직이자 지(地)가 움직이면서 딱딱한 대지가 이루어지고 그 대지 가운데에서 아득한 높이의 수미산(須彌山)이 치솟아 생겨났다.

이 세계의 중심이 되는 수미산은 낮은 사각형의 산이 일곱 겹으로 둘러싸고 있고 산과 산 사이는 바닷물로 채워져 있다. 그러나 이 바다는 짠물 바

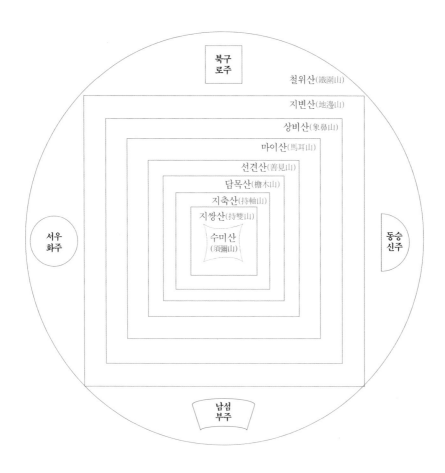

사찰 속 숨은 조연들

다가 아니라 무지갯빛이 나는 민물바다이고 또한 좋은 향기가 나기 때문에 "향수해(香水海)"라고 부른다.

일곱 겹의 산은 모두 금빛이 나는 산이어서 "칠금산(七金山)"이라고 부르는데 수미산 가까운 쪽부터 지쌍산(持雙山), 지축산(持軸山), 담목산(擔木山), 선견산(善見山), 마이산(馬耳山), 상비산(象鼻山), 지변산(地邊山)이라고 한다.

이 칠금산 밖으로는 다시 광대한 짠물 바다가 펼쳐진다. 그래서 칠금산 안쪽 바다를 내해(內海), 바깥쪽 바다를 외해(外海)라고 부른다. 거대한 외해 바다 동서남북에는 각각 네 개의 큰 대륙이 자리 잡고 있고 다시 그 바깥쪽 멀리에는 철위산(鐵圍山)이 바다를 둘러싸고 있다. 그래서 수미산을 포함해 모든 산이 9개가 되고 산과 산 사이는 모두 바다가 있어 8개가 되기 때문에 "9산 8해"라고 부르는 것이다. 외해 짠물 바다에 떠 있는 네 개의 큰 대륙에 이 세계 중생이 살고 있으니 수미산 아래에 있다고 하여 "수미사주(須彌四洲)"나 "사대주(四大洲)"라고 부른다.

동쪽 바다에 있는 동승신주(東勝身洲)는 사람들의 몸매가 다른 곳보다 수승하여 승신(勝身)으로 그 이름을 삼았고 땅의 모양새가 반달형인데 사람 얼굴도 반달형이라 한다.

남쪽 바다의 남섬부주(南贍浮洲)는 바로 우리들이 살고 있는 곳이다. 열매가 달콤하고 모양새도 아름다운 잠부(jambu)나무가 많은 땅으로 지금의 인도 땅을 지칭한 것이다. 곧 잠부를 음역하여 "섬부(贍部)"라고 부른 것이며 땅의 모양새가 부채꼴을 닮았다. 사람들이 기억력이 좋고 청정 수행을 하는 풍토가 있기 때문에 부처님은 이 땅에서 출현한다고 한다.

서쪽 바다의 서우화주(西牛貨洲)는 소로써 화폐를 삼아 서로 교역함으로 그 이름을 삼게 되었고 땅 모양도 둥글고 사람 얼굴도 그러하다고 한다. 소와 양이 많은 곳이다.

북쪽의 북구로주(北俱盧洲)는 다른 세 대륙보다 살기 좋은 조건을 다 갖추어서 이런 이름이 붙었다. 땅은 정사각형이며 사람 얼굴도 그렇게 생겼는데 그 수명이 1,000세이며 즐거움은 많고 고통이 적어 이 땅의 사람들은 수행할 마음을 내지 않는다. 그래서 부처님은 이곳에서 출현하지 않기 때문에 불법(佛法)을 만날 수 없는 곳이기도 하다.

그럼 수미산은 어떻게 생겼을까?

수미산은 "수메르(Sumeru)"를 음역하여 부르는 호칭으로 "소미루(蘇迷漏)", "미루(迷漏)"라고도 하며 의역하여 "묘고산(妙高山)"이라고도 부른다. 그 높이가 8만 유순(由旬)이라고 하는데 1유순을 10킬로미터로 계산한다면 80만 킬로미터가 된다. 바닷물에 담긴 넓은 밑면은 위로 갈수록 좁아졌다가 다시 깔때기처럼 넓어지고 맨 위 정상부는 평평한 대지로 되어 있다. 바닷속으로도 그 깊이가 8만 유순이나 된다. 기묘하게 생긴데다가 높이도 높아 '묘고산'이란 이름을 얻은 것이라 하겠다.

해와 달이 이 수미산 주위를 돌면서 밤과 낮이 생기게 되며 이렇게 구성된 세계를 하나의 세계로 보고 이런 세계가 1,000개 모인 것이 소천세계(小千世界)다. 이 소천세계가 또 1,000개 모인 것이 중천세계(中千世界)이며 중천세계가 1,000개 모인 것이 대천세계(大千世界)다. 이 셋을 다 합쳐 "삼천대천세계(三千大千世界)"라 하니 이 우주는 셀 수 없는 태양과 행성이 존재한다는 것이다. 또 이러한 우주는 시간적으로는 무시무종(無始無終), 시작도 없고 끝도 없다고 하며 공간적으로는 광대무변(廣大無邊), 너무 크고 넓어 그 끝에 닿을 수 없다고 한다.

사찰 속 숨은 조연들

양산 통도사 천왕문(조선시대, 경남 유형문화재)

사대주의 수호신, 사천왕

사천왕(四天王)은 이 수미산의 8부 능선 근처에 산다. 수미산이 좁아진 중간에서 차츰 넓어지다가 정상부에 가까이 가면 건타라산(犍陀羅山)이 솟아올라 수미산을 빙 두르고 동서남북으로는 네 개의 봉우리가 다시 솟아올라 있다. 그 봉우리마다 사천왕이 산다. 사천왕이 사는 곳부터는 하늘세계에 들어가기 때문에 "사천왕천(四天王天)"이라고도 부른다.

　　이 사천왕은 중생이 사는 사대주를 하나씩 맡아 지키는 수호신으로서 많은 식솔들을 거느리고 자기 천궁(天宮)에 살면서 그 임무를 수행하고 있다. 각각의 천궁에서는 자기가 맡고 있는 사대주가 훤히 내려다보인다.

　　동방 지국천왕(持國天王)은 건타라산 동쪽 봉우리인 황금타(黃金埵) 궁

완주 송광사 소조사천왕상(조선시대, 보물)

전에 살며 건달바와 부단나 무리를 거느리고 있다. 착한 이에게 복을 주고 악한 이에게 벌을 주면서 언제나 사람을 고루 보살피고 국토를 수호하겠다는 서원을 세웠기 때문에 "지국(持國)천왕"이라는 이름을 얻었다. 동승신주를 수호하며 비파를 들고 있다.

남방 증장천왕(增長天王)은 건타라산 남쪽 봉우리인 유리타(瑠璃埵) 궁전에 살고 있으며 바로 우리가 살고 있는 남섬부주를 수호하고 있다. 구반다와 폐례다 무리와 많은 장수들도 거느리고 있는데 그 우두머리는 위태천(韋駄天)이다. 만물을 키우고 소생시키는 덕을 베풀겠다는 서원을 세워 "증장(增長)천왕"이라는 이름을 얻었다. 상징 무기로 칼을 들고 있다.

서방 광목천왕(廣目天王)은 서쪽 봉우리 백은타(白銀埵) 궁전에 살고 있으며 웅변으로 삿된 것을 물리친다는 뜻으로 입을 벌리고 눈을 부릅뜸으로

써 "광목(廣目)천왕"이라는 이름을 얻었다. 서우화주를 수호하며 용과 비사사 무리가 그 수하이다. 용과 여의주를 가지고 있다.

북방 다문천왕(多聞天王)은 북쪽 봉우리 수정타(水精埵) 궁전에 살며 언제나 부처님 도량을 지키면서 부처님 설법을 듣는다고 하여 "다문(多聞)천왕"으로 불린다. 삼지창과 보탑을 들고 있으며 야차와 나찰 무리가 그 졸개들이다.

그러나 이 사천왕이 들고 있는 무기나 지물들은 경전마다 그 내용이 조금씩 다르기 때문에 정확히 알기 어렵다. 또 콕 집어서 무엇이 옳다 그르다고 말하기도 어렵다. 이 글에서는『약사유리광왕칠불본원공덕경(藥師瑠璃光王七佛本願功德經)』「염송의궤공양법(念誦儀軌供養法)」의 내용을 따랐다. 법당의 부처님 쪽에서 보았을 때 왼쪽부터 시계 방향으로 동·남·서·북으로 사천왕을 배치한 양식이다.

사천왕이 살고 있는 세계를 다시 한 번 정리하면 수미산의 8부 높이 즈음에 한 줄기 산맥이 돌출하여 수미산을 감싸고 있으니 이 산이 건타라산이다. 건타라산은 또 동서남북 네 곳에 큰 산봉우리가 솟아 있으니 사천왕은 그 산봉우리에 각각 궁전을 짓고 살고 있다. 이곳에서는 칠금산 바깥 먼 바다에 떠 있는 네 개의 큰 대륙, 즉 사대주가 바로 내려다보이기 때문에 사천왕은 각각 자기의 궁전에서 자식들과 수많은 부하들을 거느리고 각자가 맡은 사대주를 수호하고 있다.

이 사천왕들이 사는 곳을 지나 위로 더 올라가면 평평한 대지로 되어 있는 수미산 정상부가 된다. 이 대지는 정사각 형태로 되어 있는데 동서남북 사방으로 산봉우리가 높이 솟았고 그 봉우리마다 금강수 야차가 보초를 서고 있다.

정중앙에는 숲으로 둘러싸인 성이 있으니 바로 제석천이 머무는 곳이다. 제석천이 이곳에서 선한 마음으로 사대주를 내려다보고 있다고 해서 "선견성(善見城)"이라 부르는데 제석천이 사는 이 세상을 "도리천(忉利天)"이라 부른다.

　이 선견성 밖으로는 동서남북 사방으로 각각 8명의 천신들이 머물며 이 하늘세계를 지킨다. 그래서 사방에 8명씩 모두 32명의 천신이 있고 가운데에 있는 제석천을 포함해 33명이 되므로 "33천(天)"이라고도 부른다.

　또 선견성 중앙에는 제석천이 살고 있는 정사각형의 궁전이 있으니 사천왕의 궁전보다는 비교가 되지 않을 만큼 웅대하고 화려하다. 제석천이 다른 천신들과 싸워 모두 승리하고 궁전 또한 뛰어나게 수승하다 하여 "수승전(殊勝殿)"으로 궁궐의 이름을 삼았다.

서역을 거쳐 중국으로

그렇다면 우리가 지금 사찰의 초입에서 마주치는 사천왕, 천왕문 안에서 커다란 몸에 울긋불긋한 갑옷을 차려 입고 무서운 얼굴로 중생을 위압하는 듯한 저 모습은 어떻게 시작된 것일까? 금방이라도 큰 고함을 지를 것 같아 어린아이들이 제일 무서워한다는 이 사천왕은 어떻게 저 자리에 와 있게 되었을까?

　사천왕은 원래 인도 재래의 민간신이었다. 수미산 높은 곳에 살며 제석천의 명을 받들어 중생의 세상을 지켜 주는 호세신(護世神)이자 방위신(方位神)이었다. 불교가 일어나며 인도 재래의 신인 제석천이나 범천(梵天)을 받아들였듯 사천왕도 불교에 흡수되어 부처님을 호위하고 불법을 지키는 신으로 변모한다.

　간다라(Gandhara) 지역으로 불교가 전파되자 사천왕은 그리스 조각의 영향을 받은 인도 귀인의 모습으로 등장하기 시작한다.『금광명경(金光明經)』
「사천왕품(四天王品)」에는 사천왕이 함께 일어나 부처님께 예경하기 위하여
오른쪽 어깨를 드러내고 오른쪽 무릎을 땅에 대고 꿇어 앉아 합장한 채『금
광명경』의 가르침을 따르는 왕과 그 나라를 지키겠다고 발원하는 내용이 나
온다. 만약 지금의 모습처럼 갑옷으로 무장을 하고 있었다면 쉽게 어깨를 드
러내지는 못했을 것이다.

그런데 이러한 경전의 내용을 그림이나 조각으로 나타낸 것을 인도에
서는 찾아보기가 어렵다. 대신 불교가 간다라 지역으로 전달되었을 때에 비
로소 사천왕의 모습이 조각으로 나타난다.

간다라 지역에서 발견된 사천왕 조각은 대개 사천왕이 부처님에게 바
치기 위해 각각 발우를 들고 나란히 서 있는 모습이 많다. 이를 보통 "사천왕

•
파키스탄 라호르박물관에 소장된 시크리 스투파(1~3세기) 부조.
부처님을 중심으로 하단 양옆에 발우를 든 사천왕의 모습을 확인할 수 있다.

봉발(四天王奉鉢)"이라고 부르는데 그 내용이 『방광대장엄경』 「상인몽기품(商人蒙記品)」에 실려 있다.

석가모니 부처님이 깨달음을 이룬 후 근처를 지나던 두 상인이 처음으로 부처님을 발견하고 먹을 것을 보시했다. 부처님은 '과거의 부처님들도 모두 발우를 지니셨는데 나는 어떤 그릇으로 이 음식을 받을까?' 생각하였다. 그때 사천왕이 과거에 천인(天人)이 나타나 '미래의 부처님에게 공양하라'면서 주었던 돌로 만든 발우를 각각 가지고 와서 부처님께 공양하였다. 부처님은 돌발우를 하나만 받으면 다른 세 천왕이 원망할 수도 있으므로 돌발우 네 개를 모두 받은 다음 네 개의 발우를 겹쳐서 하나로 만들었다.

우리 사찰에서 발우공양을 할 때 쓰는 발우의 개수가 모두 4개인 것이 이 이야기에서 유래된 것으로 알려져 있다. 아무튼 간다라 지역에서 발견된 사천왕봉발 조각은 20여 점이 되는데 대부분의 사천왕이 왕족이나 귀족 같은 귀인형의 복장을 하고 있다. 모두 머리에 화려한 터번을 두르고 상반신은 벗은 채 숄을 둘렀으며 하반신에는 치마 같은 도티를 입고 발은 맨발이다. 그리고 모두 두 손으로 발우를 든 채 부처님을 중심으로 좌우에 2명씩 나뉘어 서 있다. 역시 그리스 양식이 많이 가미되어 있다. 이러한 사천왕은 서역으로 들어가며 무관의 복장으로 갈아입게 된다.

그러나 사천왕이 투구를 갖춘 갑옷을 입고 영락으로 치장한 모습으로 등장하는 것은 이미 서진(西晉, 265~317)의 축법호(竺法護)가 308년에 번역한 『불설보요경(佛說普曜經)』 「고차익피마품(告車匿被馬品)」에 쓰여 있다. 곧 대승경전이 유행하면서 새로운 사천왕의 모습도 등장하고 당연히 문화·풍토·종교가 다른 서역에 들어오자 강력한 호위무장의 모습으로 나타나게 되었을 것이다.

특히 북방의 다문천왕은 "비사문천왕(毘沙門天王)"이라고도 부르는데

●
인도 뉴델리국립박물관에 소장되어 있는
쿠베라상

서역에 이르러 특별한 대접을 받게 된다. 원래 『대루탄경(大樓炭經)』 등에서도 다문천왕은 사천왕을 대표하는 우두머리로 그려져 있다.

실제로 비사문천왕은 인도의 고대 서사시인 「마하바라타」에 나오는 북방 수호신 쿠베라(Kuvera)에서 연원했다고 알려져 있고 또한 강력한 재물신으로도 받들어졌다. 비사문천에 대한 이러한 관념은 서역에서 더욱 강력해져서 단독의 조각상으로도 모셔졌다. 서역의 우전국으로 알려진 호탄에서는 국가적 수호신으로도 받들어졌는데 그 내력이 현장(玄奘, 602?~664) 스님의 『대당서역기(大唐西域記)』에도 실려 있다.

곧 비사문천은 북방을 지키는 다문천왕이기도 하지만 사천왕의 우두머리이자 재복신으로서 서역에서 두각을 나타내고, 중국으로 들어와서도 둔황과 사천성 지역에 비사문천왕 신앙으로 남겨졌다. 종래는 일본까지 건너가 퍼지게 되는데, 일본에서는 지금도 수호신 비사문천을 재물신으로도 귀하게 여겨 칠복신(七福神) 중의 하나로 절에서도 자주 만날 수 있다.

서역에 이르러 무장복으로 갈아입은 사천왕은 지금 우리들이 사찰에서 만나는 사천왕처럼 무거운 갑옷을 입은 모습을 한 경우는 드물다. 흔히 무장형 전사(戰士)라고 하면 간편한 옷차림에 무기를 지닌 단출한 모습에서부터

사찰 속 숨은 조연들

● 악귀를 밟고 있는 서역 호탄 단단윌릭 유적의 다문천왕상

● 일본의 한 신사에 모셔진 비사문천왕

갑옷, 투구, 무기를 두루 갖춘 완전 무장 군인에 이르기까지 다양한 모습을 상상할 수 있다.

서역에서 등장한 사천왕의 갑옷은 마치 천의를 입은 위에 가벼운 군장을 한 경쾌한 모습으로 나타나고 그 갑옷도 금속으로 장식된 것이 아니라 직물로 만든 듯한 느낌을 주는 경우도 있다.

불교에 수용된 나가(Naga, 용신)나 수리야(Surya, 태양신)까지도 서역에서는 역시 무장형 의복을 걸치게 된다. 심지어 보살들도 무장형 의복을 차려 입은 모습도 발견된다. 이러한 양상으로 볼 때 이들을 묘사하는 경우 왕족이나 귀족 사이에 유행하던 의복을 갖춘 형태로 묘사하였을 것이고, 춥고 전쟁이 많았던 서역이므로 군인 스타일이 유행했던 것은 아니었을까. 쉽게 말하자면 밀리터리 룩(Military look)이 서역 귀족사회에서 유행했고 사천왕도 그 직분에 맞게 무장 스타일로 나타났다고 보는 학자들도 있다.

그러나 갑옷을 입고 등장하기는 했지만 간다라 지역에서 볼 수 있었던 부드럽고 고요한 여성적 모습은 이때까지만 해도 변하지 않았다. 남성적인 외모나 사나운 모습으로 변모하지 않은 채 허리가 가늘고 늘씬한 외모의 사천왕이 서역에서 많이 등장한 것이다. 그러면서도 무기를 들고 악귀를 밟고 있는 모습이 나타난다.

이렇듯 천의를 걸친 위에 가벼운 무장을 한 듯한 사천왕상은 실크로드를 거쳐 중국으로 들어온다. 그 대표적 작품이 바로 돈황 막고굴 285굴의 사천왕 벽화다. 285굴 서쪽 벽에 그려진 사천왕 벽화에는 '서위대동사오년(西魏大同四五年)'이라는 명문이 남아 있어 서위(西魏)시대인 538년과 539년에 걸쳐 그려졌다는 것을 확인할 수 있다.

머리에는 관을 쓰고 천의를 입었으며 가벼운 반코트 형식의 갑옷을 입은 듯하다. 모두 연화대좌(蓮華臺座) 위에 서 있는데 머리 뒤로는 둥근 광배가

사찰 속 숨은 조연들

나타나 있다. 나풀거리는 치마단과 휘날리는 천의가 사나워 보이지 않는다. 표정 역시 온화하다.

한편 용문석굴 봉선사동은 당(唐)나라 초기 무렵인 675년에 측천무후가 지원하여 완성되었다는 석굴 사원인데 사천왕의 조각을 보면 서서히 천의를 벗고 점점 무장한 갑옷 차림으로 바뀌고 있으며 한 명의 악귀를 두 발로 밟고 있음을 알 수 있다. 여성적인 면모는 없어지고 건장한 남성미를 뽐내며 당당히 서 있어 점점 중국화되고 있음을 보여준다.

다시 막고굴로 돌아가 보자. 막고굴 45굴은 당나라 전성기인 8세기에 조성된 것으로 추정되는데 여기의 사천왕은 온몸을 감싸는 완전 군장을 하고 허리를 살짝 비튼 유연한 자세로 악귀를 밟고 서 있다. 비록 투구는 쓰지 않았지만 무서운 인상이 조금씩 나타난다.

중국 둔황 막고굴 285굴의 사천왕 벽화

용문석굴 봉선사동 전경. 오른쪽에서 두 번째에 탑을 들고 악귀를 밟은 채 서 있는
비사문천의 모습을 확인할 수 있다.

사찰 속 숨은 조연들

한반도에 상륙한 사천왕

중국에서 사천왕 신앙이 퍼져 나갔으니 당연히 한반도에도 사천왕이 건너왔다. 그러나 고구려 기록에는 남아 있는 것이 없고 『삼국사기』 백제조에 의자왕 20년(660) 5월 '천왕사와 도양사의 탑에 벼락이 쳤다'는 기록이 있어 사천왕 신앙이 있었음을 알 수 있다. 더불어 경기도 하남시에 천왕사지가 전해지고 있다.

정작 백제의 사천왕 신앙은 일본에 남아 있다. 백제의 장인 3명이 건너가 세운 일본 최초의 왕실 사찰이 바로 오사카에 있는 시텐노지[四天王寺]이기 때문이다. 쇼토쿠[聖德]태자의 후원으로 593년에 완공된 시텐노지는 세계 2차 대전 때 파괴되어 다시 재건한 건물이다.

이 사찰과 관련해 재미있는 이야기가 하나 있다. 바로 지금까지 이 건물을 보수·유지해 온 건설 회사와 관련한 내용이다.

시텐노지가 처음 완공된 후 일본 왕실은 백제 장인 중 한 사람이 남아 유지·보수해 주기를 원했다. 그리하여 남은 사람이 바로 유중광(柳重光)이다. 일본 왕실은 그에게 '곤고[金剛]'라는 성을 주며 정착을 도왔고, 이름을 바꾼 곤고시게미쓰[金剛重光]는 사찰의 건축 및 수리를 전담하는 회사까지 만들게 된다. 이 회사가 40대를 이어 가며 1,400여 년을 유지해 온 '곤고구미[金剛組]'로 시텐노지 역시 이 회사에서 관리해 왔다. 비록 1980년 일본의 버블경제 폭락 사태로 2006년 결국 파산하였지만, 지금은 다카마쓰건설

일본 오사카의 시텐노지

이 경영권을 인수하여 그 명맥을 이어 가고 있다. 그러나 이 회사의 기술력은 '곤고구미가 흔들리면 일본 열도가 흔들린다'는 말이 있을 정도로 누구나 인정하고 있다.

신라도 당나라와 교류하며 그 문화를 받아들였다. 정치제도도 본받았으며 유교도 받아들였다. 많은 스님들이 당에 유학하면서 밀교의『금광명경』이 들어왔고 밀교 의식을 행할 수 있는 스님들도 배출하였다.

신라가 삼국을 통일한 후 다시 당나라와 주도권 싸움을 벌이면서 674년 밀교 승려 명랑 법사가 밀교의식을 행해 당나라 배를 침몰시키는 성과가 있었다. 5년 뒤 그 자리에 절을 세우니 바로 경주 사천왕사이다.

지금은 터만 남아 있는데 이 사천왕사지에서 출토된 인물 조각상들이 예전에는 사천왕으로 알려져 있었지만 근래의 자세한 발굴 조사 결과 동·서 목탑 기단부에 설치된 신장상(神將像)으로 확인되었다. 기단부 한 면에 3종류의 신장상이 6개씩 배치되었으니 총 8면에 모두 48개의 신장상이 장식되어 있었음을 알게 된 것이다.

경주 사천왕사지에서 출토된 사천왕사 녹유신장벽전의 복원된 모습

사찰 속 숨은 조연들

　　물론 이 신장들이 사천왕으로 오인받게 된 것은 3종류의 신장 모두 2명
의 악귀를 대좌로 삼아 깔고 앉아 있는 데다가 완전한 무장형에 무기를 들고
있었기 때문이다.

　　681년에 모셔진 경주 감은사지 동탑의 사리함 외함에는 네 면마다 사천
왕이 조각되어 있는데 역시 완전 무장형의 복장에 무기를 들고 악귀를 딛고
서서 부처님의 사리를 호위하고 있다.

　　그러나 사천왕이 신라시대의 완성형으로 나타난 곳은 두말할 것도 없
이 경주 석굴암 석굴이다. 석굴암 석굴 입구 좌우 벽면에 둘씩 얕은 돋을새김

다문천왕

지국천왕

경주 석굴암 석굴(통일신라시대, 국보)의 사천왕상

사찰 속 숨은 조연들

증장천왕   광목천왕

으로 표현되어 있는 사천왕의 형상은 마치 바람에 휘날리는 천의를 걸치고 있는 듯한 모습이면서도 가벼운 무장을 한 듯한 모습을 연출하여 당당하면서도 섬세하다. 저마다 무기를 잡고 악귀를 밟고 서 있는 자세 또한 자연스럽고 경쾌하다.

부처님의 사리를 모신 사리함 안팎에 나타난 사천왕상은 점차 외부로 나와 탑의 몸돌이나 석등에 새겨지게 되었고, 신라 말에 이르면 선종 선사들의 승탑에도 나타나게 된다. 하지만 석굴암의 사천왕만큼 우수한 작품은 남기지 못하였다.

그렇다면 지금 우리가 절에서 만나는 천왕문은 언제 만들어졌을까? 학자들에 의하면 신라시대에는 석굴암의 예에서 보이듯이 입체적으로 조각된 사천왕이 법당 내부 부처님 주위에 배치되었을 것으로 추정한다. 물론 현재 우리나라에 삼국시대의 법당이 남아 있는 곳이 없어 확인할 수는 없지만 다행히 그러한 양식의 법당이 일본에 남아 있다.

일본 나라에 위치한 도다이지의 사천왕상 중 광목천왕(좌)과 다문천왕(우)

교토 호류지[法隆寺] 금당은 679년에 중건한 건물로 한반도에서 건너온 도래인(渡來人)들이 중심이 되어 지은 것으로 알려져 있다. 금당 안에는 부처님 곁으로 사천왕이 배치되어 있고 또 같은 절 법화당도 같은 형식으로 꾸며져 있다.

또한 도다이지[東大寺] 대불전은 758년에 완공한 법당으로 내부에 사천왕 입상이 배치되어 있다. 이 절 역시 왕인(王仁)의 후손이라고 알려진 교키[行基] 스님이 도래인의 후손들과 지은 것으로 알려져 있다.

이렇게 법당 안에 사천왕을 모시는 형식은 고려에도 이어졌을 것으로 짐작된다. 법당이 작으면 사천왕이 벽화로도 그려졌을 것이니 그러한 유물이 영주 부석사 조사당 벽화이다.

우리나라 문헌 기록으로는 1337년에 취암 대사가 통도사 천왕문을 건립했다는 것이 최초의 기록이지만 원나라에 유학한 스님들에 의해 13세기

장흥 보림사 천왕문

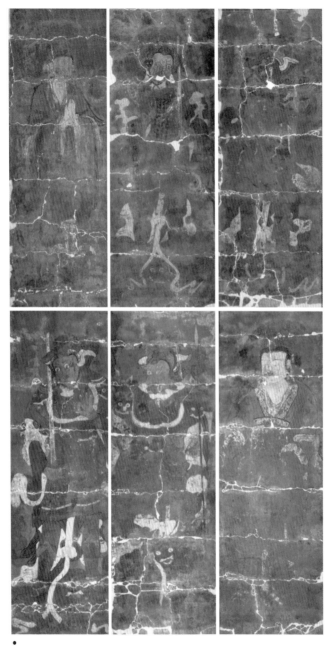

영주 부석사 조사당 벽화(고려시대, 국보), 제석천·범천을 비롯하여 사천왕이 그려져 있다.

후반에는 중국 사찰의 천왕전이 고려에 들어왔을 것으로 추정하고 있다. 그러다가 사천왕이 점차 사찰의 입구로 진출하여 절 구역 전체를 수호하는 임무를 맡게 되면서 이전까지 절 입구를 지키던 금강역사(金剛力士)는 차차 그 위력을 잃게 되었을 것이다.

장흥 보림사 천왕문에 유일하게 남아 있는 생령좌

현재 남아 있는 천왕문의 사천왕상 중에서 가장 오래된 것은 임진왜란 이전인 중종 10년(1515)에 계문(戒門) 스님의 주도로 조성된 전라남도 장흥 보림사의 목조사천왕상이다.

임진왜란 이전의 사천왕상으로는 유일한 문화재로 당시 다른 전각들은 일본군에 의해 전부 소각되었는데 사천왕상은 기적적으로 살아남았고, 1666년과 1777년에 중수한 기록도 남아 있어 귀한 유물이다. 아쉬운 점은 사천왕 발아래 깔려 있는 8개의 생령좌(生靈座)가 다 없어지고 하나만 남아 있다는 점이다.

물론 고려시대 천왕문과 함께 나타난 사천왕상은 조선시대에도 그대로 전승되어 많은 사찰에 남아 있었겠지만 왜군의 조직적 사찰 방화로 다 없어졌다. 임진왜란 당시 남원의 의병장으로 활약한 조경남(趙慶男, 1570~1641)이 남긴 『난중잡록(亂中雜錄)』에 보면 정유재란에 전라도로 들어온 왜군들이 남원성을 에워싸고 성을 공격할 때 만복사의 사천왕을 수레에 싣고 서문에 와서 시위하는 장면이 나온다. 만복사는 고려시대의 절로 오백나한이 있는 큰 절이었지만 이때에 불타고 절터만 남아 있다. 사천왕상 또한 전투 중에 인멸되었을 것이다. 결국 남원성도 함락되어 많은 군사와 백성이 죽었고 그때 죽은 만여 명의 사람을 묻은 무덤이 지금 남원의 만인의총(萬人義塚)이다.

●
양산 신흥사 대광전(위)과 공주 마곡사 대광보전의 사천왕 벽화(아래)

　　　　　　　　　　　　　　사찰 속 숨은 조연들

이러한 기록을 보더라도 임진왜란 이전 큰 사찰은 천왕문을 다 갖추고 있었으리라 짐작되지만 전부 불타 버리고 장흥 보림사 한 곳에만 사천왕상이 남게 되었을 것이다.

보림사 사천왕상을 제외하고 지금 남아 있는 사천왕상은 전부 임진왜란 이후에 조성된 것으로 현재 16곳의 고찰에 남아 있다. 물론 개별 사찰에서는 사천왕을 벽면에 그리는 고려의 풍습을 이어 법당의 내외벽에도 사천왕이 그려졌을 테지만 현재는 양산 신흥사 대광전 내벽의 벽화와 공주 마곡사 대광보전 외벽 등에서 확인되고 있다.

보림사 사천왕상을 비롯해 조선시대의 모든 사천왕상이 신라와 고려시대의 경우와 확연히 다른 모습을 보여주는 것이 하나 있다. 바로 머리에 쓰고 있는 화관(花冠)이다. 조선시대 이전에는 무사용 투구나 두건 같은 것을 쓴 것이 많이 등장하지만 조선시대 천왕문의 사천왕은 한결같이 화려한 꽃이 장식된 화관을 쓰고 있다. 꽃들 사이로 비천이 날고 용과 봉황이 어울린다. 그 사이사이에는 새빨간 화염 무늬가 곳곳에 피어난다.

또 사천왕의 기다란 머리카락은 마치 보살들처럼 귀를 감싸고 내려와 어깨까지 흘러내린

●
화관을 쓴 장흥 보림사 목조 사천왕상
(조선시대, 보물)

다. 간단히 말하자면 자애로운 모습의 보살들이 쓰고 있는 화려한 보관을 긴 머리를 가진 사천왕이 완전 무장한 모습으로 머리에 쓰고 있는 것이다. 이런 모습은 어떤 의미가 있는 것일까?

이는 사천왕이 악귀를 굴복시키기 위한 무섭고 위압적이기만 한 존재가 아니라 중생을 따뜻하게 품어 불법 세계로 인도해 주는 선신(善神)의 역할도 겸하고 있다는 점을 상징적으로 표현한 것이다. 악귀도 결국 성불해야 할 중생이다. 삼악도의 중생도 모두 성불의 길을 가야 한다. 불법을 수호하는 임무를 지닌 사천왕은 악귀를 쫓아내는 것만이 아니라, 보살들처럼 나쁜 중생도 포용해 깨달음의 세계로 인도해야 한다. 결국 무기와 꽃이라는 상반된 요소를 융화시켜 나쁜 중생이든 착한 중생이든 모두 다 이끌어 불도(佛道)의 길로 안내한다는 불교적 의미가 담겨 있다 하겠다.

악귀를 조복하다

사천왕은 부처님과 부처님 법을 보호하고 사찰을 지키는 수문장으로서 악귀를 물리쳐야 할 임무를 가지고 있다.

사천왕 발밑에 깔려 있는 악귀는 서역에서부터 나타나기 시작했지만 그 이후 중국을 거쳐 한반도에 상륙한 이후에도 항상 사천왕 조각에 등장하는 중요한 요소가 되었다.

원래 사천왕이 딛고 서 있는 대좌는 여러 가지가 있다. 연꽃 위에 서 있는 연화좌, 구름 위에 서 있는 운좌(雲座), 바위 위에 서 있는 암좌(巖座) 등이 그것인데, 그중 악귀를 딛고 선 생령좌는 인간, 아귀, 축생 등 모든 중생을 대좌로 사용하는 양식이다.

사찰 속 숨은 조연들

감은사지 서 삼층석탑 사리장엄구(통일신라시대, 보물) 외함

불교에서는 육도윤회라고 하여 중생이 살았을 때 지은 업에 따라 6가지 삶의 세계를 윤회하며 계속 이어진다고 한다. 지옥, 아귀, 축생, 아수라, 인간, 천(天)의 6가지 중생의 삶이 바로 육도(六道)다.

　　하늘세계인 천은 28천으로 나누어지는데 맨 아래에 있는 하늘세계가 바로 사천왕이 살고 있는 사천왕천(四天王天)이고 그 위가 수미산 정상부에 있는 도리천, 즉 33천이다. 곧 사천왕천과 도리천은 땅 위에 있는 천상세계이고, 나머지 26개의 천은 허공중에 시설된 천상세계다. 그래서 사천왕천과 도리천은 지상에 있는 천상세계라 하여 "지거천(地居天)"이라 하고, 나머지 26천은 허공중에 있는 천상세계라고 하여 "공거천(空居天)"이라고 한다.

　　지하의 지옥세계부터 차례대로 거슬러 올라 28천을 다 오르면 마지막 천상세계인 비상비비상처천(非想非非想處天)에 이른다. 거기서 한 단계 더 오르면 바로 윤회가 끊어진 부처님 세계가 된다. 열반(涅槃)의 세계, 피안(彼岸)의 세계가 바로 그곳이다.

　　그래서 이러한 갖가지 세상에 대한 구조는 바로 마음 수행의 단계를 불교적 시각으로 표시한 것이라고도 이야기한다. 마음 닦음의 정도에 따라 지옥도 되고, 아귀도 되고, 천인도 되고, 종국에는 다시 윤회하지 않는 열반의 세계에도 갈 수 있다는 것이다. 중생의 최종 목표는 생사가 끊어진 열반에 세계에 이르는 것이고 그러기 위해 부처님 가르침을 따라 수행해 나가야 한다.

　　어쨌든 사천왕은 첫 번째 하늘세계의 천왕으로서 그 아래 세계에 살고 있는 모든 중생, 지옥에서부터 인간계에 이르는 모든 중생을 대좌로 쓸 수 있다. 악귀뿐만 아니라 축생인 동물도 그 대좌로 삼은 것이 실제로 만들어져 있다. 그 예로 경주 감은사지 서탑 사리함 외함에는 산양을 딛고 서 있는 사천왕의 모습이 나타나 있다.

　　한편 사천왕은 중국으로 처음 들어올 때 부처님 곁에 나란히 서 있는 모

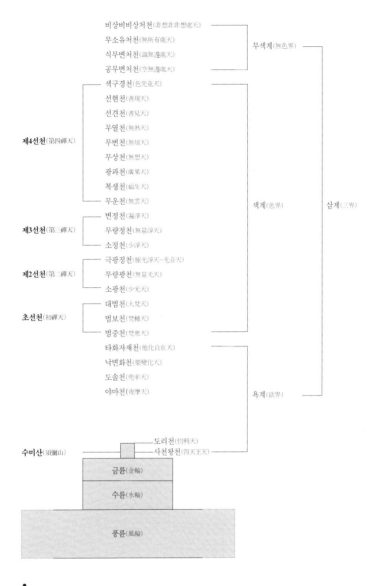

비상비비상처천(非想非非想處天)
무소유처천(無所有處天)
식무변처천(識無邊處天)
공무변처천(空無邊處天)

무색계(無色界)

색구경천(色究竟天)
선현천(善現天)
선견천(善見天)
무열천(無熱天)
무번천(無煩天)
무상천(無想天)
광과천(廣果天)
복생천(福生天)
무운천(無雲天)

제4선천(第四禪天)

변정천(遍淨天)
무량정천(無量淨天)
소정천(少淨天)

제3선천(第三禪天)

극광정천(極光淨天 - 光音天)
무량광천(無量光天)
소광천(少光天)

제2선천(第二禪天)

대범천(大梵天)
범보천(梵輔天)
범중천(梵衆天)

초선천(初禪天)

색계(色界)

삼계(三界)

타화자재천(他化自在天)
낙변화천(樂變化天)
도솔천(兜率天)
야마천(夜摩天)

욕계(欲界)

도리천(忉利天)
사천왕천(四天王天)

수미산(須彌山)

금륜(金輪)

수륜(水輪)

풍륜(風輪)

● 사왕천과 도리천은 지거천, 그 위의 천상세계는 공거천이다.

습으로 나타났지만 후대로 가면서 걸터앉은 모습으로도 등장하게 된다. 이러한 양식은 원나라 때 자리 잡은 것으로 알려져 있으나 왜 앉게 되었는지는 확실히 알 수 없다.

우리나라 고찰에 남아 있는 조선시대의 사천왕 조각도 두 곳을 빼고 전부 앉아 있는 형식인데 자세히 보면 한쪽 다리를 들고 있다. 중국 사찰도 사천왕 좌상 중에는 한 다리를 들고 있는 모습이 많다. 사천왕이 이런 자세를 취하게 된 데에는 전설이 있다.

명나라를 세운 홍무제 주원장(朱元璋, 1328~1398)은 안휘성의 가난한 농부의 막내아들로 태어났는데 원나라 말기로 국정이 몹시 어지러울 때였다. 17살이 되던 해 심한 가뭄과 메뚜기 떼의 기승, 전염병의 창궐로 부모와 형을 잃은 주원장은 먹고 살기가 어려워 삭발하고 황각사에 들어가 허드렛일을 하며 지냈다. 가장 힘들었던 일이 앉아 있는 사천왕상의 다리 사이에 있는 먼지를 청소하는 일이었다. 절도 형편이 어렵기는 마찬가지, 결국 절에 온지 50여 일 후에는 탁발승으로 나서기도 했다.

훗날 명나라를 세우고 황제가 된 다음에는 모든 절의 사천왕상을 청소하기 편하도록 반드시 한 발을 들고 있는 형상으로 만들라고 명령을 내렸다. 이에 명나라의 영향을 크게 받은 조선에서도 사천왕상의 한 다리를 든 모습으로 조성하게 되었다.

이 전설이 사실인지 여부는 확인할 수 없지만 앉아 있는 자세로 사천왕상을 조성하면서 발밑에 있는 생령도 자연히 둘로 늘어나게 되었다. 또 사천왕이 한 다리를 들고 있다 보니 한 생령좌는 사천왕 발에 깔려 있는 형태로 만들고, 다른 생령좌는 무릎을 꿇은 채 사천왕의 한 발을 받쳐 주고 있는 자세로 만든 것이 많다. 이러한 자세는 이미 사천왕에게 항복하고 이제부터는 사천왕의 뜻을 순수히 받들어 모시겠다는 악귀의 마음을 표현한 것이다.

순천 송광사 소조사천왕상(조선시대, 보물) 중 다문천왕상. 한 쪽 다리를 들고 있다.

순천 송광사 소조사천왕상 중 다문천왕상의 생령좌 부분.
생령좌의 복부에 산양의 얼굴이 묘사되어 있다.

　　불교의 교리상 모든 중생은 부처님의 가르침으로 기필코 성불(成佛)할
존재이고 악귀 또한 그 마음을 돌려 성불의 길로 나아가야 하기 때문에 그러
한 교리적 배경 속에서 이러한 모습이 출현하였을 것이다.

　　특이하게 신라시대의 산양을 생령좌로 밟고 있던 사천왕의 모습은 사라
지고 산양의 얼굴이 생령좌의 복부에 표현되어 있는 모습이 나타난 곳도 있다.
순천 송광사와 양산 통도사 북방 다문천왕의 발아래 무릎을 꿇고 있는 생령좌
가 그것인데 독자들도 이 절들에 갔을 때 찾아보는 묘미가 있을 것이다.

　　이 무릎 꿇은 생령좌에 대해서 사천왕에 소속된 팔부신장들이 사천왕
을 받드는 모습이라고 이야기하기도 하는데 필자는 잘못된 해석이라고 생각

　　　　　　　　　　　　　　　　　　　　　　　　　사찰 속 숨은 조연들

한다. 관련 전문 학자들의 논문을 읽어 봐도 역시 그렇다.

밟혀 있는 생령들도 그 모습이 제각각이다. 배가 밟힌 생령도 있고, 등이 밟힌 생령도 있다. 새 부리처럼 뾰족한 입 모양에 날개도 있고, 손가락·발가락을 세 개씩 갖춘 생령이 있는가 하면, 악기를 들고 있는 생령도 있다. 또한 악귀나 요괴의 모습이 아니라 평범한 사람의 모습을 갖춘 생령도 있다.

이러한 갖가지 모습의 생령좌를 크게 나눈다면 야차(夜叉)형과 인간형으로 분류할 수 있다. 야차형은 달리 표현하면 요괴형으로 머리에 뿔이 솟거나 이빨이 튀어나온 험악한 모습으로 등장하거나, 눈동자가 튀어나올 듯 크거나, 짐승 머리 가죽을 쓴 기괴한 모습으로 표현된다. 새의 모습을 닮은 생령도 있고, 혀를 내민 모습을 한 경우 등 괴이한 모습이 많다.

야차형 생령좌가 16~17세기에 많이 나타난다면 18세기 초반에 이르면 인간형 생령좌가 많이 등장한다. 사람 모습을 갖춘 생령이라 관복을 입거나 관모를 쓴 모습이 자주 보인다. 다른 세상 요괴가 아니라 이 세상 악인(惡人)으로 대체된 것이다. 아마 조선시대 후반으로 갈수록 탐관오리의 폐해가 늘어났던 이유 때문으로 보인다. 또 악녀·음녀상으로 보이는 생령좌가 있는가 하면 왜군이나 청군같이 우리 백성을 괴롭힌 외국 병사들의 모습도 보인다.

곧 시대가 내려갈수록 인간형 생령좌가 많이 등장하는데 1725년에 조성된 안성 칠장사 사천왕상의 경우 모든 생령좌가 인간형임을 알 수 있다. 이는 조선시대 후반으로 갈수록 양반이나 관리의 수탈이 점점 심해지면서 심리적으로 이들을 벌주고 싶은 백성들의 마음이 사천왕의 인간형 생령좌로 나타났다고 추정된다.

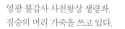

영광 불갑사 사천왕상 생령좌.
짐승의 머리 가죽을 쓰고 있다.

● 관리의 모습을 한 남해 용문사 사천왕상의 생령좌(좌)와 악녀의 모습을 한 고창 선운사 사천왕상 생령좌(우)

● 왜군 형상의 영광 불갑사 사천왕상 생령좌(좌)와 청나라 병사 형상의 안성 칠장사 사천왕상 생령좌(우)

사찰 속 숨은 조연들

현재 남아 있는 조선시대 17개 사찰의 사천왕상 중에서 나무로 만든 곳은 9곳이고, 나머지 8곳은 나무 뼈대에 진흙으로 형태를 만들었다. 대개 임진왜란 이후부터 1700년대 중반까지 불교를 지키고 백성을 보호하며 국가를 호위하자는 염원을 담아 조성된 문화재들로 300~400년의 나이를 지닌 문화유산들이다.

　　머나먼 인도에서 출발해 서역과 중국을 거쳐 한반도에 들어온 사천왕은 앞으로도 절의 영역을 지키고 불법을 지키는 수호신장으로서 긴 생명력을 이어갈 것이다.

금강역사

부처님의 호위무사

큰 절에 가면 금강역사를 모신 금강문을 만나게 된다. 합천 해인사나 보은 법주사, 구례 화엄사, 하동 쌍계사 등의 고찰에서 일주문 다음에 만나는 문이 바로 금강문이다. 그렇다고 큰 절마다 금강문이 다 있는 것은 아니다. 금강문은 사찰마다 있기도 하고 없기도 하다.

금강문에는 금강역사 두 분이 좌우로 갈라 서 있고 같은 건물 안에 코끼리를 탄 보현보살과 사자를 탄 문수보살이 나뉘어 배치되어 있는 게 일반적이다. 금강문이 없는 절에서는 금강역사를 법당이나 사찰 건물 대문의 양쪽 문에 그려 넣는 경우도 많다.

곧 금강문이 절에 배치된 위치로 보아서 금강역사는 사찰을 지키는 수문장이거나 법당을 지키는 수호신장인 것은 확실한데 왜 절에 따라 있기도 하고 없기도 한 것일까?

한편 금강역사는 각각 무기를 한 가지씩 지니고 있는데 그 무기가 절마다 다른 경우가 많다. 삼지창을 든 금강역사도 있고, 칼을 든 금강역사가 있는가 하면, 금강저를 들거나 육모 방망이 같은 것을 든 금강역사도 있다. 금강역사는 왜 이렇게 다양한 무기를 들고 있는 것일까?

원래 금강역사(金剛力士, Vajrapani)는 '금강저(金剛杵, Vajra)를 가지고 있는 역사(力士)' 라는 뜻이다. 그래서 "금강신(金剛神)", "집금강(執金剛)"이라고도 부른다. 우리가 '금강'이라 하면 '금강석(Diamond)'을 상상하듯이 금강저는 모든 것을 다 깨부술 수 있는 천하무적의 무기이며, 또한 무엇으로도 파괴할 수 없는 강력한 무기이다. 그러나 이 금강저는 본래 금강역사의 소유물이 아니었다. 이 금강저의 원 소유자는 제석천이다.

석가모니 부처님이 이 세상에 나실 때는 인도에서 바라문교가 가장 융

김제 금산사 금강문

성할 때였고, 그 바라문교의 신들 중에 가장 힘이 센 신이 바로 제석천과 범천이었다. 후일 불교 교단이 성립되고 그 세력이 커지면서 이 두 신은 불교에 귀의하게 되고 여러 경전에 그 이름이 등장하게 된다.

범천이 이 우주를 창조한 신이라면 제석천은 번개, 천둥, 폭풍, 비를 관장하는 신으로 그 상징적 지물이 바로 금강저였다. 마치 북유럽신화 속 번개와 천둥의 신 토르(Thor)가 갖고 있는 '묠니르'라는 망치와 닮은꼴이다. 희랍신화 최고의 신인 제우스(Zeus)도 번개를 다스리는 신인 것처럼 천둥·번개를 관장한다는 것은 만물의 생명을 주관한다는 의미가 깃들어 있다.

우리 고대신화에 환인(桓因)의 아들 환웅(桓雄)이 하늘에서 태백산으로 내려오면서 풍백(風伯), 우사(雨師), 운사(雲師)와 함께 3,000의 무리를 이끌고 왔다고 하였는데 일연 스님(1206~1289)이 '환인은 곧 제석'이라고 주를 단 것

•
보은 법주사 금강역사상

청동 금강저

도 제석천의 이러한 권능을 알고 있었기 때문이라고 추정해 볼 수 있다.

어쨌든 바라문교 경전인 『리그베다』에서는 이 제석천의 권능에 대하여 '금강저를 손에 쥔 제석천은 가는 자, 오는 자, 뿔 있는 것, 뿔 없는 것, 그 모든 것의 왕이시라. 그만이 실로 왕으로서 모든 백성을 지배하고 일체만물을 감싼다'라고 찬탄한다. 곧 만물을 주재하는 신인 제석천이 권위의 상징으로 갖고 있는 것, 그것이 바로 금강저이다. 그래서 "Vajrapani"라는 말은 곧 '금강저를 가진 인물'이란 뜻이고 이를 한문으로 번역하여 "금강역사"라고 한 것이다.

그러나 천하무적 제석천은 자신이 가지고 있는 금강저를 금강역사에게 넘겨주게 된다. 이는 제석천이 불교에 유입된 후 차츰 권능이 약화되면서 본래 자신이 가지고 다니던 금강저를 힘이 부족해 들지 못하고 대신 힘 센 야차가 그 금강저를 들게 되면서 자연스럽게 주인이 바뀌게 된 것이다.

『대보적경(大寶積經)』「밀적금강역사회(密跡金剛力士会)」에는 '밀적금강역사가 자신이 갖고 다니던 금강저를 땅에 던지고 아사세왕, 제석천, 목건련존자에게 금강저를 '들어보라'고 하지만 결국 아무도 들지 못하고 다시 밀적금강역사가 자기의 오른손으로 가볍게 금강저를 들어 허공에 던지니 금강저는 허공에서 일곱 번을 빙빙 돌고 도로 밀적금강역사의 오른손에 내려와 머물렀다'고 하였다. 왜 이러한 내용의 경전이 출현했을까?

그것은 바로 불교의 전파 때문이었다. 석가모니 부처님이 열반에 든 후 불교는 점차 발생 지역인 중인도 외의 다른 지역으로 퍼져나갔다. 석가모니 부처님은 35세에 깨달음을 이룬 후 주로 자신의 고국과 가까운 이웃 나라에서 전법 활동을 하였다. 잘 알려져 있듯이 석가모니 부처님은 마가다국, 코살라국 등에서 45년 동안 전법하여 일생을 보낸 후 쿠시나가라에서 적멸에 들었다. 그 후 이 위대한 성자의 가르침은 널리 퍼져 나갔고 인도 서북부 간다라 지방까지 이르렀다. 간다라는 지금의 아프카니스탄 동부, 파키스탄 북부의 페샤와르, 탁실라 등을 중심으로 하는 지역으로 실크로드 세계 무역로의 요충지로서 상업이 번창한 곳이었다.

그러나 기원전 326년 알렌산더대왕 (BC 356~323)이 동방원정으로 이곳을 점령하였으며 이후 300여 년 가까이 그리스계 왕국의 지배하에 놓이게 되어 그리스 헬레

간다라 양식의 석불입상(2~3세기, 파키스탄, 독일 아시아미술박물관 소장)

사찰 속 숨은 조연들

니즘문화가 꽃피었던 곳이다.

불교가 간다라 지방에 유입되었다는 것은 석가모니 부처님이 낯설고 험한 타지에 들어갔다는 의미도 된다. 같은 문화권에서 활동하던 불교가 국가도 다르고, 인종도 다르고, 문화·종교도 다른 외국으로 퍼져나가게 된 것이다.

석가모니 부처님이 인도에 계실 때에는 아난 존자가 최근거리에서 평생을 시봉하였다. 그러나 이제 물설고 낯선 타향으로 나가게 되니 어떠한 일이 벌어질지 예측할 수가 없게 되었다. 신변 안전을 위해 힘센 호위무사가 꼭 필요했다. 이때 발탁된 호위무사가 바로 금강역사다.

『근본설일체유부비나야약사(根本說一切有部毘奈耶藥事)』권9에는 금강역사가 왜 부처님을 수호하는 역할을 맡게 되었는지 그 내용이 밝혀져 있다.

"내가 만약 아난비구와 함께 북천축국으로 가서 (누구를) 조복시키는 일을 한다면 성취하기가 어려울 것이니 이번에는 금강수야차(金剛手夜叉)와 함께 그곳으로 가서 굴복시켜야겠다." (…) 그때 세존께서는 금강수야차에게 말씀하셨다. "너는 나와 함께 북천축국으로 가서 아발라용왕을 굴복시키도록 하라."

앞서 말한 것처럼 제석천에게서 금강저를 물려받은 야차는 야차들의 우두머리가 되었고 '금강저를 지니고 있는 야차'라 하여 "금강수야차", "집금강야차(執金剛夜叉)", "금강야차(金剛夜叉)", "금강수(金剛手)", "지금강(持金剛)"이라고도 부르니 다 금강역사와 같은 호칭이다.

이 금강역사가 가진 금강저는 번개를 마음대로 쓰는 능력이 있기 때문에 악한 용(龍)들은 금강역사에게 항복을 하게 된다. 고대로 올라갈수록 천지조화 중에서 가장 강력한 힘을 가진 것은 바로 번개였다. 지금도 번개를 막을

붓다의 생애를 표현한 이 부조에는 장면마다 금강저를 든 바즈라파니, 즉 금강역사가 등장한다
(쿠산왕조 시기, 파키스탄 또는 아프가니스탄, 미국 워싱턴프리어갤러리 소장).

사찰 속 숨은 조연들

수 있는 무기가 없듯이, 옛날에는 그러한 번개에 맞설 장수나 악룡은 없다고 생각되었기 때문이다. 그래서 금강역사가 악룡을 퇴치하는 내용이 증일아함경(增一阿含經)이나 『대당서역기』에 실려 있다.

사실 여기에서 악룡은 불교를 믿지 않는 무리를 상징적으로 나타낸 것으로 석가모니 부처님은 어디를 가던 그 지역 사람들의 마음을 감화하여 불교에 귀의하게 하였다는 것을 우회적으로 표현하고 있는 것이다.

이렇게 부처님의 호위무사로 등장한 금강역사는 점차 그 임무가 확대되어 부처님을 도와 다른 사람들을 교화하는 임무도 갖게 된다. 곧 석가모니 부처님이 깨달음을 얻기 위해 출가했을 때부터 열반에 들 때까지 부처님 곁을 떠나지 않고 근거리에서 밀착해 수호하는 역할과 부처님의 교화가 성공적으로 진행되도록 돕는 역할도 맡게 된 것이다.

그러나 부처님을 밀착 경호하는 금강역사는 함부로 모습을 드러내지 않는다. 은밀하게 활동하는 비밀 경호원인 셈이다. 누구의 눈에도 띄어서는 안 된다. 그래도 꼭 필요할 때는 모습을 드러낸다. 그래서 "밀적금강역사(密跡金剛力士)"라고도 하니 '비밀스러운 자취를 가지고 있는 금강역사'라는 뜻이다.

우선 부처님에게 우호적인 사람들의 눈에는 금강역사가 보이지 않는다. 이미 부처님에게 우호적이니 그 모습을 나타낼 필요가 없다는 뜻이다.

그럼 언제 그 모습을 나타내는가?

부처님에게 적대적인 사람들이 나타났을 때 금강저를 가진 최고수 금강역사가 보이게 된다. 지상 최고의 무기인 금강저를 손에 쥔 금강역사를 보고 적대적인 사람들은 그 위신력에 놀라고 풀이 꺾여 적대적인 마음을 내려놓을 수밖에 없다. 물론 부처님은 자신의 경호원이 어디에 있는지 알아야 하기 때문에 금강역사를 볼 수 있다.

사찰 속 숨은 조연들

이런 연유로 부처님은 험한 타국에서도 안심하고 전법의 길을 계속 갈 수 있었던 것이다.

밀적금강역사를 보통 '부처님의 모든 비밀한 사적(事蹟)을 들으려는 서원이 있기에 밀적이라고 부른다'고 해석하지만 필자는 '부처님에게 적대적인 사람들이 나타났을 때만 금강역사가 나타나 그 위신력으로 그들을 조복케 한다'는 해석이 좀 더 마음에 와닿는다.

헤라클레스 금강역사

석가모니 부처님이 활동하던 시기에는 아직 문자가 없었다. 그러한 까닭에 부처님이 입멸한 이후 제자들에 의해 경전 결집이 이루어졌고 암송에 의해 그 가르침이 이어졌다. 또 성스러운 부처님의 모습을 어떠한 상(像)으로도 나타낼 수 없다고 생각하였다. 따라서 부처님을 상징하기 위해 불탑, 보리수 잎, 법륜(法輪), 발바닥 문양, 보좌(宝座) 등을 이용하였다. 그러한 시간이 몇백 년 흘러갔고 이 시대를 보통 "무불상시대(無佛像時代)", 곧 '불상이 없었던 시대'라고 부른다. 그러나 간다라 지방으로 불교가 흘러들어 오자 불교는 새로운 전환점을 맞게 된다. 불상이 출현한 것이다.

앞서 말한대로 간다라 지방은 그리스 문명이 뿌리내린 곳이어서 그리스 신화에 등장하는 신들의 모습을 만들어 모셨다. 조각 방식 역시 그리스 문명에 큰 영향을 받고 있었다.

기원전 80년경 무렵에는 이 지역에 쿠샨왕조가 들어섰고 서기 2세기경 불교에 심취한 카니슈카(Kaniska)대왕이 출현하면서 불상 조성은 더욱 활발하게 전개되었을 것으로 믿어진다. 그래서 불교사에서 간다라는 불상 조성

인도 산치대탑 탑문 부조. 불상 대신 부처님을 상징하는 법륜의 형상이 새겨져 있다.

의 발상지로 중요한 위치를 차지한다.

간다라 지역은 대승불교가 일어난 시발지이기도 하다.

외지에서 들어온 불교의 가르침대로 따라 배우고 수행하면 이민족, 이교도, 다른 나라 사람들도 깨달음을 이룰 수 있을까? 대답은 '예스'다. 만약 '노'라고 한다면 지금 인도의 힌두교처럼 국제성을 띄고 세계로 퍼져 나갈 수 없었을 것이다.

석가모니 부처님의 가르침이 훗날 문자로 기록되어 불경이 완성되고, 그가 가르친 계율과 수행 방법에 의지해 자기 성취의 길로 나아간 불교는 스리랑카, 태국, 라오스 등 동남아 지역으로 퍼져 나갔다.

그와 반대로 간다라 지방과 서역으로 전파된 불교는 다른 종교, 다른 문화를 가진 다른 민족들을 교화해야만 했다. 자연히 모든 중생은 성불할 수 있다는 이론 위에서 천불, 만불이 등장하게 되고 항상 남도 구제하고 자신도 깨달음을 구해야 하는 보살사상도 일어나게 된다. 바로 대승불교가 일어나 꽃

사찰 속 숨은 조연들

간다라 양식의 석조보살입상

피게 되었고, 이러한 불교가 실크로드를 거쳐 중국으로 들어가게 된다.

그래서 지금도 남방의 불교 국가에서는 부처님이 석가모니 부처님 한 분뿐이지만 북방의 우리나라를 비롯한 중국, 일본 등에서는 수많은 부처님 이 등장하게 된 것이다. 간다라를 대승불교의 고향이라고 하는 이유이다.

어쨌든 그리스 문명이 오랫동안 뿌리내린 간다라 지역은 자연히 그리 스의 조각 양식을 이어받았고 그리스처럼 신화에 나오는 제우스·아테나·헤 라클레스·아틀라스 신상을 만들어 모셨다.

이러한 문화적 토양 위에서 불교가 들어오자 신상을 만들 듯 불상이 만 들어지게 된다. 그런 까닭에 그 조각 양식이 자연히 그리스의 조각상을 닮을 수밖에 없었다.

물결무늬 머리카락, 콧수염, 깊은 눈, 옷 주름 등이 그리스풍을 계승했다 면 불상을 감싼 가사, 기다란 귓밥, 머리카락을 묶은 육계, 미간의 백호 등은 역시 불교의 영향을 받은 것이다. 그리스 문명과 인도 문명이 서로 어울린 결 과이다.

대승불교의 발상지처럼 부처님뿐만 아니라 여러 보살상은 물론 금강역 사상도 만들어졌다. 간다라 지역에서 만들어진 금강역사는 그 수를 헤아릴 수 없을 정도로 많다.

인도 본토에서 발견된 금강역사도 있지만 그 숫자가 매우 적기 때문에 금강역사는 역시 간다라에서 꽃피웠다고 말할 수 있다. 간다라의 금강역사 는 그리스의 조각상처럼 보통 머리를 풀어 헤치고 몸에는 장신구가 없다. 상 반신은 벗고 하의만 걸치거나 위아래가 붙은 원피스 같은 옷을 입기도 한다. 물론 그리스풍의 옷 주름과 양식을 가지고 있다. 또 노인의 모습도 보이는가 하면 다양하고 젊은 청년의 모습으로도 나타난다.

가장 압권인 것은 헤라클레스의 모습을 닮은 금강역사가 등장한다는 점이다.

간다라 지역은 그리스문화의 영향으로 신화 속의 막강한 용장(勇將) 헤라클레스가 알려져 있었고 부처님의 호위무사로 이보다 더 좋은 모델도 없었던 탓이다. 헤라클레스는 네메아의 사자를 죽인 후 사자 머리 가죽을 투구처럼 쓰고 다녔는데 부처님을 호위하는 금강역사에 바로 이 헤라클레스의 모습이 나타나기도 한다. 그래서 금강역사의 기원은 헤라클레스라는 주장도 나오게 되었다.

그런데 인도의 금강역사상과 간다라의 금강역사상은 차이가 있다. 인도의 금강역사는 꽃으로 엮은 머리 장식을 머리에 얹고 작은 망토를 두른 모습으로 나타난다. 결정적인 것은 금강저의 모양이 다르다. 간다라의 금강저는 손으로 쥘 수 있게 가운데가 가늘고 양쪽으로 사각의 모서리가 있는 모양인데 반해 인도의 금강저는 마치 아령처럼 양쪽이 뭉뚝한 스타일이다. 물론 같은 점도 있는데, 금강역사 한 분이 금강저를 쥐고 부처님을 밀착 수호하는 모습으로 나타난다는 점이다.

이러한 여러 가지 정황으로 보아 금강역사의 조각은 간다라에서 먼저 만들어지고 나중에 그 영향으로 인도에서도 소량 조성되었다고 이야기하기도 한다.

이렇게 간다라에서 수없이 나타난 금강역

2~3세기에 조성된 대영박물관 소장의
이 부조에는 하단 왼쪽에 짐승의 가죽을 쓴
금강역사의 모습을 볼 수 있다. 이는
헤라클레스의 도상을 차용한 것으로 보인다.

금강역사상(6세기 말~7세기, 인도,
미국 메트로폴리탄미술관 소장)

중국 키질석굴 제77굴 금강역사 벽화

사의 모습은 실크로드를 따라 점차 서역으로 옮겨간다. 서역은 지금의 중앙아시아에서 중국 신장성에 이르는 지역으로 '서역 36국'이라 불릴 정도로 작은 나라들이 많이 몰려 있던 곳이다. 나라가 많은 만큼 국제 정세의 변화도 심한 곳이어서 전쟁도 자주 일어나 국가의 흥망도 심했다. 또한 인도와 달리 사계절이 있고, 다만 겨울이 길어 몹시 추운 곳이었다.

자연히 불교를 따라 이곳에 진출한 금강역사의 모습도 달라지게 된다. 불안정한 정세에 따라 강력한 무장의 복장을 차려 입게 된 것이다. 금강역사뿐 아니라 사천왕도 이곳에서 갑옷으로 무장한 모습으로 나타나는 것으로 보아 긴박한 국제관계와 추운 날씨에서 영향을 받은 것으로 추정해 볼 수 있다.

서역의 금강역사도 인도·간다라와 같이 부처님 곁에 홀로 서 있다. 그러나 실크로드를 따라 중국으로 들어간 후 중대한 변화가 나타난다. 두 명의 금강역사가 등장한 것이다.

사찰 속 숨은 조연들

둘로 분신한 금강역사

서역에서 외투형 갑옷을 입고 홀로 부처님을 지키던 금강역사는 실크로드를 따라 험한 산맥과 사막을 건너 마침내 중국에 도착했다.

실크로드의 출발점이자 종착역인 둔황의 막고굴 석굴 사원은 서기 300년대에 조성되기 시작했다고 알려져 있는데 북위(北魏)시대에 조성된 제257굴에 외투형 갑옷을 입은 금강역사가 부처님 왼쪽에 홀로 서 있어 금강역사가 서역으로부터 들어왔다는 증거가 된다.

이보다 이른 시기의 금강역사로 알려진 것은 병령사 석굴에 있다. 병령사 석굴은 돈황에서 장안으로 이어지는 주요 통행로 인근에 있는 사원으로 서진(西晉)시대에 조성되기 시작했지만 북위시대에 조성된 불보살상도 많이 남아 있다. 특히 5세기 초에 만들어진 제169호 굴의 금강역사는 짧은 외투형 갑옷에 양쪽이 뭉뚝한 금강저를 들고 홀로 서 있다. 한편 북위시대 후기에 이룩한 금탑사 석굴 중 서굴(西窟)에도 역시 외투형 갑옷을 입은 금강역사가 부처님 왼쪽에 홀로 서 있는 것으로 보아 서역에서 처음 들어온 금강역사는 독존(獨尊)이었음을 알 수 있다.

금강역사가 서역에서 들어왔다는 것을 증명해 주는 도상으로는 조익관(鳥翼冠)도 있다. 조익관은 독수리의 날개 모습으로 관을 장식한 것으로 독수리의 용맹성을 차용한 머리 관이다. 서역에서 유행하던 관으로 이 조익관을 쓴 금강역사가 5세기 후반에 조성된 운강석굴에서도 보인다.

그러나 부처님 곁에 홀로 서서 부처님을 지키던 금강역사는 중국에서 차츰 그 역할에 변화가 오게 된다.

우선 불교가 서역을 거쳐 중국에 들어오면서 부처님의 위상도 달라졌다. 석가족의 왕자로 태어나 출가하여 깨달음을 얻은 후 많은 중생을 교화한

중국 운강석굴 제10굴의
조익관을 쓴 금강역사상

중국 둔황 막고굴 257굴의
금강역사상

뒤 돌아가셨다는 역사적 인물로서의 의미는 적어지고 많은 불보살의 등장과
함께 훨씬 더 초월적 존재로 격상된 것이다. 간단히 말하자면 금강역사가 지
근거리에서 밀착 경호를 하지 않아도 어느 누구도 부처님에게 위해를 가할
수 없다는 신성불가침의 존재로 인식하게 된 것이다.

　게다가 중국은 역사적으로 한(漢)나라 때부터 분묘 내의 석굴 입구에서
문을 지키는 문신(門神)이나 역사(力士)상을 배치하는 풍습이 있었다. 고구려
의 고분들도 역시 문 양쪽에 무장을 한 장수를 그려 놓은 경우도 많고 고분
안에도 곳곳에 역사상을 벽화로 남겨 놓았다. 그 시대의 주거형 건물이 남아
있지 않지만 당시 사람들의 가옥 문에도 이러한 문신들이 있었을 것으로 생
각해 볼 수 있다.

　문 좌우에 문지기가 서서 문으로 들어오는 사악한 것들을 물리친다는 관
념은 어느 지역, 어느 시대에서나 통용되는 보편적 사고방식이었을 것이다.

　이러한 문화적 배경 속에서 금강역사는 부처님 곁을 떠나 사찰의 수호

사찰 속 숨은 조연들

중국 둔황 막고굴 제194호 내 금강역사상

신장으로서 산문(山門)으로 나오게 되고 차차 좌우 대칭으로 두 분이 모셔지게 된다.

이에 대하여 『금광명경문구신기(金光明經文句新記)』에서는 '지금 가람[사찰]의 문에 두 금강역사가 서게 된 것은 대칭을 이루기 위해 후세의 사람들이 그렇게 한 것이며 그 본래 실상은 한 분의 금강역사만 있었던 것이다'라고 밝히고 있다.

결국 중국에 도착할 때도 한 분이었던 금강역사가 산문으로 나오면서 두 명으로 불어나고 좌우로 갈라 서서 악하고 삿된 것들이 들어오지 못하도록 강력한 수문장의 임무를 맡게 된 것이다.

시간이 흘러가면서 금강역사의 복장과 무기도 달라졌다. 6세기 초반이 되면 갑옷을 벗어버리고 천의(天衣)를 X자형으로 걸친 채 기다란 몽둥이를 잡고 있는 금강역사가 석굴의 양쪽을 지키는 모습으로 나타난다.

이후에는 두 금강역사가 석굴의 양쪽 문뿐만 아니라 탑의 문 좌우나 탑

● 고구려 고분인 장천 1호분 전실 동쪽벽 입구 양옆에 선 문지기

● 공주 마곡사 해탈문 양쪽에 선 금강역사상

사찰 속 숨은 조연들

의 몸돌에 새겨진 문짝[門扉] 양쪽에도 나타나고, 사리를 담은 사리함의 문비 좌우에도 나타날 정도로 많이 활용되었다.

또 금강저를 쥔 모습에도 변화가 왔다. 석굴 입구의 좌우에 배치되어 사찰과 부처님을 호위하는 역할을 맡게 되면서 금강저를 들지 않은 손이 무예를 하는 듯한 자세로 변하고 금강저 대신 삼지창이나 칼이 등장하기도 한다.

당나라 때에 이르면 아예 금강저를 쥐지 않고 양손으로 권법을 하는 듯한 자세가 등장한다. 간다라에서 헤라클레스를 모델로 했다는 설처럼 신체도 점차 보디빌더와 같은 근육질의 몸매로 바뀌어 간다.

8세기에 이르면 금강역사는 다시 한 번 변화된 모습이 나타난다. 이제는 아예 웃옷을 걸치지 않고 간단한 하의만 걸친 채 완성형 근육질의 몸매를 뽐내며 멋진 권법 자세를 취한 모습이 등장하는 것이다.

이러한 금강역사상이 당나라를 통해 들어오면서 신라에 등장한 곳이 바로 경주 석굴암 석굴 입구에 있는 2기의 금강역사상이다. 751년에 짓기 시작해 20여 년 뒤에 완공된 석굴암은 우리나라 불교조각사에서 가장 우수한 작품으로 평가받고 있듯이 입구의 금강역사상 역시 우리나라를 대표한다.

힘차게 휘날리는 치마와 천의 자락, 부드럽고 안정된 자세와 적당한 근육, 위압적이지 않은 얼굴 모습 등은 눈초리가 무섭고 위압적인 자세, 과장된 근육을 보여주는 중국이나 일본의 금강역사와는 차별화된 모습을 보여준다.

그럼 두 금강역사의 손을 떠난 금강저는 어디

금강역사상(당나라 시기, 중국, 미국 워싱턴프리어갤러리 소장)

경주 석굴암 석굴 내 금강역사상

에 있을까? 바로 석굴암 내부 본존불 앞쪽에 배치되어 있는 제석천이 지니고 있다. 금강저의 원소유자가 제석천이기 때문이다.

경주 석굴암 석굴
제석천상의 금강저 부분

이보다 앞선 금강역사상은 경주 분황사 모전석탑에서 만날 수 있다. 석탑의 사방에 있는 탑 문 양쪽에 자리한 금강역사상은 모두 8기나 된다. 분황사 모전석탑은 634년에 완공되었다는 확실한 기록이 있는 탑인데 권법 자세도 조금 약하고 X자로 교차된 천의가 상체 어깨까지 얹혀져 있어 석굴암 금강역사보다 앞선 시대의 금강역사상임을 보여주고 있다.

이 금강역사들의 권법 자세를 보고 태권도의 원류가 되는 수박(手搏) 자세를 본 뜬 것이라고도 한다. 하지만 수박은 이미 중국 한나라 역사서인『한서(漢書)』「예문지(藝文志)」에도 검도(劍道) 38편, 수박(手搏) 6편이라는 기록이 있고, 더욱이 한나라 묘의 화상석에도 수박을 하는 장면이 많이 보여 우리나라 고대의 무예 자세라는 주장은 조금 더 연구가 필요하다.

그러면 왜 중국에 처음 도착할 때 외투형 갑옷을 입었던 금강역사가 갑옷을 벗고 상반신을 드러내게 되었을까? 이에 대해서는 아직까지 확실한 정설이 없다. 다만 금강역사는 무적 불패의 금강저를 갖고 있는 장수이니 갑옷을 입든 벗든 상관없는 데다, 또 갑옷을 차려입은 사천왕이 등장함에 따라 홀가분한 권법 자세를 취하기 위해서 차츰 웃옷을 벗게 된 것이 아닌가 추측할 뿐이다.

경주 분황사 모전석탑(신라시대, 국보)의 금강역사상

아금강과 훔금강

요즈음 절에 가면 만나게 되는 금강역사 중 입을 벌리고 있는 쪽을 "아(阿)금강역사", 굳게 다물고 있는 "훔(吽)금강역사"라 한다. 이것은 어디로부터 유래된 것일까?

아(阿, a)는 입을 열어서 내는 최초의 소리로 산스크리트어[梵語]의 첫 글자에 해당하며, 훔(吽, um)은 입을 닫는 소리로 산스크리트어의 끝 글자에 해당한다. 이는 일체 만물의 시작과 끝을 의미하기 때문에 중요한 상징으로 쓰인다. 곧 우주의 시작과 끝이지만 본질적으로는 하나라는 의미를 지닌다. 시작이 있으면 끝이 있고, 끝은 다시 시작점이 되어 계속 시작과 환원을 이어나간다는 것이다.

일본 나라 도다이지 금강역사상

하동 쌍계사 금강문(조선시대, 경남 유형문화재) 금강역사상

　　하지만 인도, 간다라, 서역에는 이러한 아금강역사와 훔금강역사가 존재하지 않는다. 결국 이 문제는 하나였던 금강역사가 둘로 분신(分身)하며 후대에 덧붙여진 의미가 아닌가 한다. 왜냐하면 한나라 묘의 양쪽 문에 새겨진 두 문신의 모습에 이미 아금강과 훔금강의 얼굴이 확실하게 나타나 있기 때문이다. 이러한 양식은 금강역사가 사찰의 수호신장으로 그 임무가 바뀌게 되면서 그대로 차용되어 나타나고 후일 불교적 의미로 재해석되면서 차츰 굳어져 간 것으로 보인다.

　　또 아금강역사를 "나라연금강(那羅延 金剛)"이라 하고, 훔금강역사를 "밀적금강"이라 부르기도 하는데 밀적금강은 금강역사가 독존이었을 때부터 부르던 이름이었으나 나라연금강은 늦게 발탁되어 등장한 이름이다. 원래 제석천의 권속 중에 힘이 장사인 나라야나(Narayana)가 있어 이를 음역해 "나라연나(那羅延那)", "나라연천(那羅延天)", "나라연금강"이라 하였기에 제석천의 금강저를 물려받은 밀적금강과 짝을 맞춘 것으로 생각된다.

『대일경(大日經)』에는 수많은 이름의 금강역사가 등장하는데 나라연금강은 힘의 세기가 코끼리의 백만 배나 된다고 하기 때문에 밀적금강과 필적할 수 있는 역사로 인정되었다고도 믿어진다.

또한 아와 훔에 'a'는 창조, 'u'는 유지, 'm'은 파괴를 의미하고 이 셋이 서로 이어지면 순환한다는 것이 인도의 고대사상이었다. 여기에 신을 대입하면 'a'는 창조의 신 브라만, 'u'는 유지의 신 비슈누(Vishnu), 'm'은 파괴의 신 시바(Siva)라고 한다. 그래서 세 글자를 합하면 옴(唵, aum)이 되고, 이 '옴'은 진리 자체를 한 글자로 표현하는 가장 성스러운 문자로 불교 진언의 첫머리를 가장 많이 장식하기도 한다.

금강저의 진화와 요령

중국에 들어온 금강역사는 한 분에서 두 분으로 발전하여 널리 퍼졌고 신라·일본에까지도 유입되었다. 그러나 8세기 중엽 이후로 유행하던 금강역사상은 점차 그 모습을 감추게 되고 그 자리를 사천왕상이 이어받게 된다. 불탑의 출입문 양쪽이나 석탑 1층 몸돌 문짝 조각 양쪽에 당당히 서 있던 금강역사가 사라지고 몸돌 4면에 사천왕상이 각각 나타나게 된 것이다. 불탑에는 사천왕상뿐만 아니라 팔부중상과 십이지신상도 등장하게 되는데 이러한 변화가 생기게 된 원인은 7세기 중후반『금광명경』이 들어오고 사천왕신앙이 폭발적으로 커지면서 나타난 현상으로 파악되고 있다.

●
경주 장항리 서 오층석탑(통일신라시대, 국보) 1층 몸돌에는 각 면마다 문을 지키고 서 있는 한 쌍의 금강역사상이 조각되어 있고(좌), 구례 연곡사 북 승탑(고려시대, 국보) 탑신부에는 사천왕상이 조각되어 있다(우).

『금광명경』에 의하면 사천왕은 부처님과 불법, 그리고 불법을 숭앙하는 국가까지도 보호하는 강력한 힘을 가지고 있는 것으로 기술되어 있다. 곧 『금광명경』을 받들어 믿고 유포하면 사천왕이 불법과 이 세상을 보호하고, 나라에 전쟁·흉년·질병 등의 재난을 반드시 소멸시켜 임금과 국민을 보호해 준다는 것이다. 금강역사의 보호 영역이 불법과 사찰이라면 사천왕의 경우 그 영역이 국가로까지 확대된 것이다.

한 예로 신라가 삼국통일 후 674년에 당나라 군의 침략을 막고자 유가종의 명랑법사가 임시방편으로 가설 법당을 짓고 밀교의 비법을 써서 당나라 배를 침몰시켰다고 전해지는데, 5년 뒤 그 자리에 사천왕사를 완공하였다. 아마도 이러한 사건들이 사천왕신앙이 강력히 전파되는 데 일조했을 것이다. 그 후 한국사찰에서의 금강역사는 사천왕에게 수문장의 지위를 빼앗기고 그 위력이 줄어들긴 했지만 꾸준히 그 생명력을 이어왔고 절에 따라 금

평창 월정사 금강문. 월정사 금강문은 좌우 문짝에 금강역사상을 새겼다.

강문이나 법당 안팎의 벽화에서 그 모습을 나타내며 지킴이의 임무를 유지하고 있다.

일본 역시 금강역사신앙을 받아들인 후 지금까지도 계속 사찰의 수문장 임무를 고수하고 있다. 607년에 세운 오사카 사천왕사도 백제의 장인들이 지으면서 사천왕이 들어왔지만 금강역사의 자리를 빼앗지는 못했다. 일본은 아직까지 큰 절이든 작은 절이든 거의 모두 두 분의 금강역사를 모시고 있다. 물론 이는 아금강과 훔금강이며 오랜 전통을 지켜온 만큼 뛰어난 입체 조각상들이 아주 많다. 그러나 과장된 근육과 무서운 얼굴을 한 금강역사가 흔해서 구수하고 친근한 인상을 가진 우리나라의 금강역사와는 대조적인 모습을 보인다.

일본에서는 금강역사를 흔히 "인왕역사(仁王力士)"라 하고, 문도 "인왕문"이라고 하는데 금강역사라는 말이 금강저를 들고 있어서 나온 이름인 만큼 금강역사라고 불러야 맞는 말일 것이다. "인왕역사"라는 호칭은 경전상의 근거도 약하기 때문이다. 일제강점기를 거치며 우리나라에서도 이 호칭을 함께 쓰는데 필자는 금강역사로 통일해야 한다고 생각한다.

동남아시아의 불교사원에서도 무장을 한 역사가 기다란 몸뚱이로 법당 양쪽 입구에서 보초를 서고 있는데 흔히 "야크샤(Yaksa)"라고 부른다. 인도에서 온 말로 한문으로 번역하면 "야차(夜叉)"이며, 금강역사도 원래 야차 출신이어서 "금강야차"라고도 부르기 때문에 결국 유래가 같은 수문장이라고 하겠다. 그러나 이 야차는 금강저를 든 것이 아니라 도깨비 방망이 같은 몽둥이를 들고 있기 때문에 "집장야차(執杖夜叉)"라고 부른다. 그 유래도 명확히 밝혀져 있다. 『근본설일체유부비나야잡사』에 급고독장자가 기원정사를 지은 후 벽에 어떤 그림을 그려야 좋은지를 부처님께 여쭙자 부처님은 '문의 양쪽에는 마땅히 집장야차를 그려라'는 말씀과 함께 그릴 내용들을 이어 말씀하

일본 닌나지[仁和寺] 인왕문.
사찰 초입에 자리한 인왕문 양쪽에 금강역사상이 자리하고 있다.

시는 장면이 나온다. 이 내용을 바탕으로 몽둥이를 든 집장야차가 조각으로
나타나서 동남아시아 사찰 법당의 문지기로 서 있게 된 것이다. 곧 금강역사
와는 다른 역사적 배경이 있는 존재이다.

　　우리나라의 경우 금강역사가 금강저뿐만 아니라 삼지창, 칼, 혹은 긴 창
도 들고 있어서 다양한 무기를 들고 있는 것으로 진화해 왔다. 곧 금강역사는
팔대금강으로 분신하고 각기 다른 무기를 들었기 때문이다. 또 그러한 도상
들이 신라시대의 금강역사상에서부터 전해져 내려오기도 했다.

　　그럼 금강역사가 들었던 금강저는 어떻게 변해 왔을까?

　　앞선 내용에서 보았듯이 간다라의 조각에 나타난 금강저를 보면 제석
천이 들었든, 금강역사가 들었든 가운데가 가늘고 양쪽으로는 사각의 굵기
가 점점 굵어지다가 끝부분에 이르면 수직으로 잘린 듯한 형태를 보이고 있
다. 세련되었다기보단 조금 둔한 모습이다.

사찰 속 숨은 조연들

●
태국 방콕에 위치한 불교사원 왓 프라캐우의 야크샤상

금강저는 산스크리트어로 "바즈라(Vajra)"라 하고, 음역하여 "발절라(跋折羅)", 티베트어로는 "도르제"라 한다. 금강저는 의역된 표현이다. 앞서 이야기했듯 금강저는 고대 인도의 신 인드라의 강력한 무기로 번개를 상징한다. 번개가 모든 것을 파괴하듯 금강저는 무엇이든 다 물리칠 수 있다. 인도인들은 제석천이 금강저를 휘둘러 온갖 나쁜 것을 물리치고 선한 것을 지킨다고 믿어 왔다. 이 금강저가 불교에 수용되면서 불법을 지키는 금강역사나 동진보살(위태천), 사천왕 등의 지물로도 나타난다.

한편 금강저는 불교 교리의 발달과 함께 깨지지 않는 반야지혜로 중생의 번뇌를 단박에 쳐부수는 상징적인 무기로 탈바꿈하게 된다.

특히 티베트불교에서는 수행에 꼭 필요한 법구(法具)로 자리잡았다. 그래서 티베트밀교를 "바즈라야나(Vajrayana)"라고 부르고 "금강승(金剛乘)"이라고 번역한다. 대승을 "마하야나(Mahayana)", 소승을 "히나야나(Hinayana)"라고 부

르는 데 대한 차별적 호칭으로 쓴 것이다. 비로자나 부처님의 가르침은 금강처럼 견고한 진리라는 의미를 가지며, 이를 상징하는 것이 바로 금강저인 것이다.

7세기 신라시대에도 밀교가 들어와 일파를 이루었고 후일 티베트밀교가 불교의 중요한 한 갈래로서 원나라 불교의 구심점이 되었으므로 고려도 원나라의 지배를 받으며 그 영향을 많이 받았다.

오늘날 한국불교에서 사십구재나 복장의식, 점안의식 등에 금강저를 중요한 법구로 쓰고 있는 것이 모두 그러한 유풍 때문이다.

금강저도 시대에 따라 점점 다양한 형태로 진화하게 되는데 우리나라를 비롯한 일본이나 동남아시아에서 쓰는 금강저의 형태는 중간 부분이 잘록하여 손으로 잡기 쉽도록 되어 있고 양 끝은 창끝처럼 길게 돌출된 고부(鈷部)로 되어 있다.

금강저는 이 고부의 가지 수에 따라 여러 가지가 있는데 칼끝처럼 양 끝이 날카롭게 되어 있는 것을 "독고저(獨鈷杵)"라고 부른다. 이 독고저는 자비

고려시대에 제작된 독고저(위)와 오고저(아래)

를 상징한다.

가지 수가 세 개인 것은 "삼고저(三鈷杵)", 다섯 개인 것은 "오고저(五鈷杵)"라고 하는데 가운데에 있는 칼날만 직선으로 뻗어 나오고 나머지 칼날들은 갈퀴처럼 휘어져서 중심부로 향하고 있다. 앞에서 말했듯 이 칼날들은 번개가 치는 불꽃을 상징하기 때문에 중생의 번뇌를 일시에 소멸시킬 수 있는 힘을 나타낸다.

삼고저의 가지가 셋인 것은 몸[身]과 입[口]과 마음[意]을 닦는 세 가지 수행의 진리법을 의미한다고 하기도 하고, 부처님·보살·불보살들을 옹호하는 금강의 신장들을 의미한다고도 한다.

오고저는 '오방불(五方佛)'을 상징한다. 물론 가운데가 비로자나불이고, 동서남북으로 아촉불, 아미타불, 보생불, 불공성취불이다. 밀교에서는 비로자나불이 근본 부처님으로서 다양한 불보살의 모습으로 변화해 나타난다고 하기 때문이다. 또한 오방불이 상징하는 부처님의 다섯 가지 지혜, '오지'도

• 티베트에서 제작된 금강령(위)과 조선시대에 제작된 금강령(아래)

사찰 속 숨은 조연들

함께 의미한다. 가지가 아홉 개인 구고저(九鈷杵)도 있는데 이러한 금강저들은 지금도 밀교의식에서 여전히 사용되고 있다.

우리나라에서는 고려시대 유물로 남겨진 금강저와 함께 금강령(金剛鈴)도 많이 소장되어 있는데 아래는 종 모양, 손잡이는 금강저로 되어 있는 것을 말한다.

밀교에서 금강저는 지혜를 상징하고, 금강령은 방편을 상징하는 법구로 한 쌍을 이루고 있다. 특히 금강령은 소리로서 모든 중생을 깨달음의 세계로 인도한다는 의미가 있다. 그래서 "금강요령(金剛搖鈴)"이라고도 불렀다. 흔들어야 소리가 나기 때문이다.

이 금강령은 의식 집전의 용도로 계속 사용되었지만 억불정책을 쓴 조선시대에 들어와 점차 간략화되어 단순해졌다. 그리하여 그 명칭도 "금강요령"에서 "금강"이 떨어져 나가고 "요령"이라는 이름만 남게 된 것이다.

결국 사찰 초입에서 만나는 금강역사도 그 내력이 만만치 않지만 금강역사가 지닌 금강저도 오랜 세월 속에 수많은 변천을 거치며 지금에 이르게 되었다.

팔부신중과 팔부신장

불교의 수호신

불교가 발생한 인도는 고대로부터 많은 신들이 존재하고 있었다. 모든 사상과 종교의 고향이라는 별명이 있을 만큼 인도는 오랜 신화와 함께 다양한 종교가 태어났고, 그에 따라 헤아릴 수 없는 신들도 출현했기 때문이다.

그런 인도에서 기원전 5세기경 위대한 성자 석가모니가 "싯다르타"라는 이름으로 태어났다. 그는 출가 수행하여 깨달음을 이루어 붓다가 된 이후 중생에게 가르침을 베풀었고, 그 가르침은 '불교'라는 위대한 종교가 되었다.

불교는 차차 인도에 있던 기존의 신들을 배척하는 대신 그 신들이 모두 부처님의 가르침에 감화되어 믿고 따르게 되었다고 주장하며 기꺼이 수용하였다. 자연히 인도 고대의 신들은 불교 속에 일정한 자리를 차지하게 되었으며 불교를 지키는 역할도 맡게 되었다.

힌두교의 주요 세 신도 마찬가지다. 인도신화에서 세상을 창조하는 위대한 신인 브라흐마는 '범천'이 되었고, 유지의 신 비슈누는 '비뉴천(毘紐天)'이 되었으며, 파괴의 신 시바는 '대자재천(大自在天)'이 되었다. 벼락을 무기로 싸움마다 승리하는 인드라는 '제석천'이 되었으며, 악한 신을 무찌르는 용맹한 스칸다(Skanda)는 '위태천(韋馱天)'이 되었다. 금강역사, 사천왕도 모두 같은 경로를 밟았다. 한편 이 주요 신들의 부인도 모두 불교에 편입되었고, 시바와 파르바티 사이에 태어난 아들이자 현재 힌두교에서 가장 숭앙받는 신 가네쉬(Ganesh)도 불교에 편입돼 '환희천(歡喜天)'이 된다.

브라흐마상(10세기, 캄보디아, 미국 메트로폴리탄미술관 소장)

불교에 편입된 인도 고대의 신

브라흐마	▶	범천	비슈누	▶	비뉴천
시바	▶	대자재천	인드라	▶	제석천
스칸다	▶	위태천	사라스바티	▶	변재천
락슈미	▶	길상천	파르바티	▶	지모신
가네쉬	▶	환희천			

불교에 편입된 신의 부인은 여성성을 드러내기 위하여 브라흐마의 부인 사라스바티(Sarasvati)는 "변재천녀(辯財天女)", 비슈누의 부인 락슈미(Lakshmi)는 "길상천녀(吉祥天女)"로 불리기도 한다. 이처럼 인도의 다양한 신들은 선신이든 악신이든 불교에 귀의했을 뿐만 아니라 불법을 수호하는 역할도 맡게 된다.

나아가 불교가 서역과 실크로드 위의 여러 지역·나라를 거쳐 중국으로 건너오면서 다른 종교의 신이나 민간신앙의 토속신까지 함께 수용하고, 중국으로 건너온 이후에도 중국의 재래신이 불교에 편입됨에 따라 무수한 신들의 무리가 부처님과 그 가르침을 지키게 되었다. 이러한 신들의 무리를 통틀어 "호법신중(護法神衆)"이라고 한다. 곧 호법신중이란 인도 고대의 신들과 그 밖의 지역에서 불교에 들어온 모든 신을 함께 일컫는 광범위한 호칭이다.

이 중에서도 특히 무장한 모습의 여러 신들을 "외호신장(外護神將)"이라고 부른다. 호법신중 가운데서도 무력으로 적

인드라상(9세기, 스리랑카, 미국 메트로폴리탄미술관 소장)

사찰 속 숨은 조연들

●
〈서울 봉은사 판전 신중도〉(조선시대, 서울시 유형문화재)

을 항복시키며 불법을 수호하는 장수의 의미가 부여된 것이다. 물론 대표적인 외호신장은 금강역사와 사천왕이다. 사찰의 경우 그들의 위치는 절의 입구가 되는데, 법당의 부처님을 중심으로 외곽 지역을 지키는 무장이라는 뜻이다.

신중은 부처나 보살보다 낮은 위계의 신들이지만 불법 수호의 역할을 지니고 있어 나중에는 불교를 믿는 나라와 백성의 수호라는 의미가 더해진다. 전쟁에서의 승리, 또는 국난 극복의 임무도 맡게 된 것이다. 이러한 무장으로서의 능력은 개인의 현실적 고통을 퇴치해 달라는 소망으로까지 확대되어 신중신앙이 생겨나게 된다.

신라에 신중신앙을 들여온 의상 대사

우리나라에서 신중신앙이 펼쳐지는 데 큰 역할을 하신 분이 바로 신라의 의상 대사(625~702)이다.

의상 대사는 불교의 경전 가운데 부처님이 깨달은 내용을 그대로 담고 있다고 하여 가장 심오한 경전이라 평가되는 『화엄경』을 신라에 들여온 장

영주 부석사 선묘각 벽화

사찰 속 숨은 조연들

본인이다. 이 경전을 소의경전으로 하여 생긴 종파를 "화엄종(華嚴宗)"이라 부를 정도로 중요한데, 불교경전 중 많은 신중들의 이름을 나열해 놓은 것 또한 『화엄경』이다.

80권 『화엄경』을 간략히 엮은 게송인 「용수보살약찬게」에는 『화엄경』에 등장하는 여러 신중의 이름을 차례로 언급한다. 집금강신(執金剛神)부터 대자재왕(大自在王)까지 나열된 39위(位)의 신중들을 보통 "화엄신중(華嚴神衆)"이라고 한다.

의상 대사가 등장하는 『삼국유사』 「전후소장사리(前後所藏舍利)」조에는 대사가 신중의 보호를 받는 장면이 나온다.

의상 대사가 당나라로 건너가서 종남산 지상사(至相寺)에 머물며 스승인 지엄 존자(600~668)에게 수학할 때였다. 마침 이웃 정업사에 도선 율사(道宣律師, 596~667)가 있었는데 항상 하늘에서 내려온 공양을 받았다. 재를 올릴 때에도 하늘의 주방에서 음식을 보내왔다. 하루는 도선 율사가 의상 대사를 청하여 재를 올렸다. 그런데 의상 대사가 와서 자리에 앉은 지 오래되었는데도 하늘의 공양이 오지 않았다. 의상 대사는 헛되이 빈 발우로 돌아갔다.

그때서야 하늘의 사자가 나타났다. 도선 율사가 '오늘은 어째서 늦었느냐'고 물으니 사자가 '온 골짜기에 신병(神兵)이 가로막고 있어서 들어오지 못했다'고 말하였다. 도선 율사는 의상 대사에게 신중의 호위가 있는 것을 알고 그의 도가 자신보다 우월한 것에 탄복하였다. 도선 율사는 그 하늘의 공양 음식을 그대로 두었다가 다음 날 지엄 존자와 의상 대사를 다시 재에 청하고 자세히 그 사유를 말하였다.

사실 남산율종의 도선 율사는 당나라에 신중신앙이 정착하는 데 큰 역할을 하신 스님이다. 계율을 닦아 익히는 것을 수행의 큰 줄기로 삼는 율종(律宗)의 스님이지만 『속고승전(續高僧傳)』을 남길 만큼 역사에도 밝았다. 특

현재의 양양 낙산사 홍련암은 의상 대사가 신중의 보살핌을 받으며
정진한 곳으로, 의상 대사가 관음보살을 친견한 곳으로 유명하다.

히 스님이 지은『도선율사감통록』은 자신이 수행하면서 천인들과 감통(感通)한 이야기들을 적어 놓은 것인데, 여기에 위태천에 대한 자세한 언급이 있어 위태천이 신중들 속에서 중요한 자리를 차지하게 된다.

이처럼 의상 대사는 감통에 밝은 도선 율사에게서 '천신이 보호하고 있는 스님'이라고 인정을 받았다. 신라로 귀환할 때도 의상 대사를 사모하던 선묘 낭자가 스스로 죽어 변한 용의 보호를 받으며 서해 바닷길을 무사히 건넜고, 영주 부석사 창건을 할 때도 이 용의 도움으로 무사히 완공할 수 있었다. 물론 선묘 낭자의 이름을 따 "선묘룡"이라고 이름을 붙였지만 신중의 하나인 용신의 도움을 받았다는 뜻이 아닌가.

또 의상 대사가 관세음보살을 친견하려고 양양 낙산사 해변의 굴에서 7일 기도를 할 때도 신중들이 굴 안으로 인도해 들어가서 공중으로부터 수정염주를 받았고, 동해의 용으로부터도 여의보주 한 알을 받았다고『삼국유사』에 기록되어 있다. 결국 의상대사는 수행의 과정 중에도 항상 신중의 보살핌을 받으면서 정진했다는 것을 알 수 있다.

원래 "감통(感通)"이란 말이 '수행의 힘이 높은 고승이 초인적인 기미를 스스로 알아 느껴 통하는 것'을 의미하고, 또 불교의 신앙 체계에서 일어나는, 헤아릴 수 없고 생각할 수도 없는 영험을 '감통'이라고 해석하기 때문에 의상 대사의 이러한 감응들도 모두 그의 수행력에서 비롯된 것이라 말할 수 있다.

우리나라의 신중신앙

사실 한반도에서 신을 받들어 모신 것도 오랜 역사를 갖고 있다.

삼국시대 때 신라와 백제는 수도를 수호하는 신들이 머무는 삼산(三山)을 두어 제사를 지내왔다. 신라의 삼산은 골화산(骨火山), 나력산(奈歷山), 혈례산(穴禮山), 백제의 삼산은 일산(日山), 부산(浮山), 오산(吳山)이다. 고구려도

지리산은 신라인들에게 있어 국토 수호신의 거처 중 하나였다.

삼산을 두었을 것으로 생각되지만 기록이 없어 확인할 수는 없다.

신라는 삼국을 통일한 후 당나라의 오악(五岳)제도를 받아들이지만 삼
산은 그대로 유지시켜 삼산오악을 두게 된다. 곧 삼산은 예전처럼 수도를 지
키는 신들의 거처로 삼았고, 오악은 나라 전체를 지키는 국토 수호신의 거처
로 삼은 것이다. 오악은 지금의 토함산, 지리산, 계룡산, 태백산, 팔공산이다.

삼산에서는 큰 제사인 대사(大祀)를 지냈고, 오악에서는 중간 규모의 제
사인 중사(中祀)를 지냈다. 한편 중사는 네 군데 바다와 네 군데 강 등에서도
모셨는데, 곧 바다의 신과 강의 신에도 제사를 지낸 것이다. 그리고 작은 규
모의 제사인 소사(小祀)는 금강산, 북한산, 설악산, 화악산 등 전국 스물네 곳
의 명산에서 모셨다.

사찰 속 숨은 조연들

　이로써 불교가 들어오기 이전부터 우리 민족은 산천과 바다에 제사를 지내는 풍속이 있었으며, 그것이 차차 제도화되었음을 알 수 있다. 그런 가운데 불교가 우리 땅에 들어오면서 우리 강산의 신들은 불교의 많은 신중 가운데 하나로 포섭되어 간다. 다시 말해 『화엄경』에 등장하는 39위의 화엄신중을 기본으로 중국과 우리 산천의 신들이 흡수되고, 신중의 수가 점차 늘어나게 되는 것이다.

　신라에 정착된 신중신앙은 사천왕사 창건 등으로 이어지고, 고려시대에도 천왕전(天王殿)이 있었을 만큼 계속 이어진다. 실례로 왕건이 남긴 「훈요십조」 제6조에는 '하늘과 오악, 명산, 대천, 용신 등에 제사하되 의식 절차를 함부로 가감하지 말고 군신이 함께 경건히 행하라'고 명하고 있다. 고려에서

절집의 외호신

〈해인사 대적광전 신중도〉(조선시대)

　　　　　　　　　　　　　　　　　　　　사찰 속 숨은 조연들

는 또한 마리지천(摩利支天) 도량, 제석 도량, 인왕 도량 등 각종 재난을 없애기 위해 신중을 모시는 의식을 국가적 차원에서 열었다.

조선시대 들어서는 호법신중에 대한 개인 신앙이 점차 확대되면서 신중들도 법당 내부 오른쪽이나 왼쪽 벽에 탱화로 제작되어 걸리게 되고 중단(中壇)에 자리 잡게 된다. 그래서 부처님 모신 곳을 "상단(上壇)", 신중을 모신 곳을 "중단", 돌아가신 영가를 모신 곳을 "하단(下壇)"이라 하여 삼단 체제로 정비된다. 보통 상단을 "불단(佛壇)", 중단을 "신중단(神衆壇)", 하단을 "영단(靈壇)"이라고 하니, 이는 불단에 누굴 모셨는지를 중심으로 부르는 호칭이 되겠다.

1800년대 이후에는 신중의 수가 더 늘어 104위가 된다. 조선조 말인 이 시기는 국정의 문란으로 개인의 살림살이가 어려워지자 신중신앙이 크게 확대되었고, 그에 따라 많은 신중탱화가 조성되었다. 그만큼 갖가지 소망을 빌기 위한 신중의 수도 늘어난 것이다.

이들 가운데는 하늘의 북극성, 북두칠성, 28숙(宿) 별자리는 물론, 사방 호위신인 청룡·백호·주작·현무까지도 신중 대열에 들어온다. 민간을 지켜 오던 재래신도 모두 신중에 포함되니 절의 경내를 수호하는 토지신, 집을 지키는 옥택신(屋宅神), 뜰을 지키는 정신(庭神), 우물을 지키는 정신(井神), 부엌을 지키는 조왕신, 화장실을 지키는 측신(厠神), 맷돌방아를 지키는 애신(磑神), 전염병을 주관하는 두창고찰신(痘瘡痼擦神)까지 이 세상에서 돌아다니는 모든 신들을 망라하고 있다. 그러므로 호법신중은 천지 간 어느 곳에나 두루하여 없는 곳이 없다. 이는 그만큼 신중신앙이 일반 서민들과 밀접하

〈밀양 표충사 대원암 조왕도〉
(대한제국시대, 경남 문화재자료)

게 연결되어 있었다는 증거이기도 하다.

지금도 음력 초하루부터 초삼일까지 신중기도를 올리는 사찰이 많은 것을 보면 신중신앙은 아직도 현재진행형이다. 세속에서의 생활이 여의치 않으니 자신은 물론 내 가족의 건강과 무탈을 비는 사람은 언제든 있을 것이 므로 신중신앙은 계속 유지될 것이다.

인도 출신의 신, 팔부신중

불교에서 가장 많이 언급되는 신중의 무리는 바로 '팔부신중(八部神衆)'이다. 이들도 물론 104위 신중에 포함된다. 하지만 중국이나 한국에서 유입된 토속신이 아니라 인도에서부터 먼 길을 달려온 인도의 신이다. 그런 내용이 『법화경』「서품」에 뚜렷이 실려 있다.

〈영취사 영산회상도〉 부분. 상단 좌우로 신중의 모습을 볼 수 있다.

석가모니 부처님이 『법화경』을 설하는 법회를 왕사성 영취산에서 열 때 '수많은 제자들과 보살들과 함께 천, 용, 야차, 건달바, 아수라, 가루라, 긴나라, 마후라가 등이 모두 모여 한결같은 마음으로 부처님을 뵈었다'고 하였다. 여기에 등장하는 '천(天), 용, 야차(夜叉), 건달바(乾達婆), 아수라(阿修羅), 가루라(迦樓羅), 긴나라(緊那羅), 마후라가(摩睺羅伽)'가 바로 팔부신중이다. 그런데 팔부신중이란 이 8위의 신들을 구체적으로 일컫는 표현은 아니다. 다시 말해 여덟 종류로 나눌 수 있는 '신들의 무리'란 의미로서 "팔부(八部)"라 하는 것이다. 곧 '천'에는 제석천을 비롯해 범천, 대자재천 등 많은 천신(天神)이 있고, '용'에는 여덟 용왕이 있다. '건달바'의 경우 네 명의 건달바왕, '아수라'에는 네 명의 아수라왕, '가루라'는 네 명의 가루라왕 등 많은 왕들이 포함되며, 또한 각 왕들이 거느리는 권속들도 헤아릴 수 없이 많다. 결국 『법화경』의 내용은 수많은 천신과 왕이 그들을 따르는 무리를 거느리고 와서 법회에 참석했다는 의미이다. 다만 그 무리를 대표하는 상징성을 드러내기 위해 한 명씩으로만 표현하고 있을 뿐이다. 또 그래야만 그림이나 조각으로 신중을 나타낼 때 훨씬 수월하기 때문이다. 이렇게 법회에 참석하기 위해 모인 여덟 종류의 팔부신중이기 때문에 "불타 팔부신중", "불타 팔부중"이라 부르고, 천과 용이 앞머리에 등장하므로 "천룡팔부(天龍八部)"라 부르기도 한다.

우리 사찰 곳곳에 새겨진 팔부신중

팔부신중에 대한 신앙은 신라시대에 이미 자리를 잡았다. 8세기 후반에 이르면 석탑 기단부 면석에 사방으로 각 두 구씩 여덟 구의 팔부신중을 조각하는 양식이 나타나기 시작하는 것이다.

사실 삼국통일 이전의 석탑에서는 신중 조각이 잘 나타나지 않는다. 대표적으로 백제의 석탑인 익산 미륵사지 석탑이나 부여 정림사지 오층석탑에

●
양양 진전사지 삼층석탑(통일신라시대. 국보). 이 석탑의 위층 기단에는 사면에 2위씩 팔부중이 새겨져 있다.

사찰 속 숨은 조연들

경주 원원사지 서 삼층석탑(통일신라시대, 보물). 이 석탑의 위층 기단 사면에는 3위씩 십이지신상이 새겨져 있다.

는 조각이 없다.

한편 신라의 삼국통일 초기 석탑에도 조각이 없거나 있더라도 금강역사를 문틀 조각 옆에 배치하는 형식이었다. 앞선 백제의 두 탑의 경우와 마찬가지로 조각이 드러나지 않은 감은사지 동·서 삼층석탑이 한 예이다. 또한 선덕여왕 3년(634)에 낙성된 것으로 추정되는 경주 분황사 모전석탑의 사방에 여덟 구의 금강역사가 조각되어 불탑을 지키고 있지만 이들은 팔부신중에 포함되지 않는다. 경주 장항리 서 오층석탑도 이러한 예에 속한다.

이후 통일신라의 대표적인 석탑으로 보통 '석가탑'이라 불리는 불국사 삼층석탑이 770년대에 완공된 이후 탑의 기본형으로 정착되어 한동안 조각이 없는 양식이 유행하다가 통일신라 후반기로 가면서 다시 석탑에 조각상이 등장하게 된다. 그 과정에서 몸돌 문짝 옆에 새겨졌던 금강역사는 그 자리를 사천왕에게 내어주게 되고, 탑 기단부 면석에는 팔부신중이나 십이지신장이 들어서게 된다. 경주 원원사지 동·서 삼층석탑과 양양 진전사지 삼층석탑이 그러한 모습을 잘 보여준다.

이처럼 팔부신중은 점차 석탑 조각 양식의 하나로 나타난다. 원래 팔부신중은 경전상에서 부처님 법회에 동참하는 모습으로 나타났지만, 후일 부처님과 불법을 보호하는 임무도 맡게 되면서 부처님을 상징하는 불탑에도 이러한 의미가 반영된 것이다.

그러한 내용을 잘 담아낸 석조건축물이 바로 석굴암이다. 석굴암 입구 초입에는 양쪽으로 네 명씩 팔부신중이 서로 마주보며 도열해 있다. 팔부신중을 지나면 정면을 향하고 있는 금강역사가 멋진 권법 자세를 양쪽에서 뽐내고 다시 그 안쪽에 사천왕이 둘로 나뉘어 서로 마주 보고 있다. 호법신중들이 법회 외곽에서 3중의 철통 경비 라인을 치고 있는 셈이다.

고려시대에도 팔부신중은 예천 개심사지 오층석탑의 경우처럼 석탑의

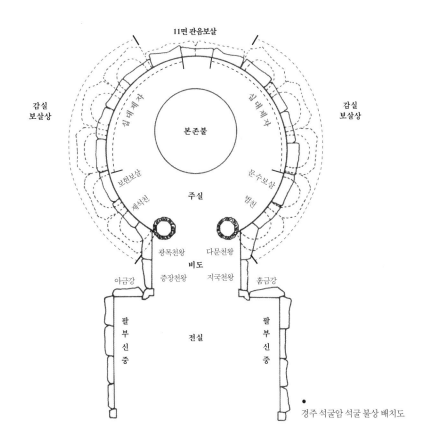

11면 관음보살

감실
보살상

십대제자

본존불

십대제자

감실
보살상

보현보살

문수보살

제석천

주실

범천

광목천왕

다문천왕

비도

아금강

증장천왕

지국천왕

훔금강

팔
부
신
중

전실

팔
부
신
중

경주 석굴암 석굴 불상 배치도

부조로 나타나지만 불화나 벽화, 사경 등에서 개별적으로 그려지는 경우가 많았다. 물론 사찰 전각의 벽화로 많은 수의 신중상을 그렸다는 기록도 남아 있다. 팔만대장경 목판을 조성한 사찰로 알려진 강화도 선원사에 대한 기록이 그것이다.

『동문선』권65의 「선원사비로전단청기(禪源寺毘盧殿丹靑記)」에 의하면 충숙왕 12년(1325) 비로전 법당 내부 서쪽 벽에 40위의 신중상을 그렸다는 내용이 나온다. 그린 이는 노영(魯英)으로 되어 있는데 이 화사가 1307년에 그린 〈노영 필 아미타여래구존도〉가 남아 있으니 벽화에도 불화처럼 섬세하고 화려한 솜씨를 발휘했을 것이다.

다양한 모습의 팔부신중

신중이 벽화로 그려진 예는 영주 부석사 조사당 벽화에서 확인할 수 있다. 사천왕과 함께 제석천, 범천이 그려져 있는 이 벽화는 1337년 세워진 영주 부석사 조사당에 있었으니 고려 말기에도 여전히 벽화가 그려졌음을 알 수 있다.

조선시대에 들어와서는 벽화보다 탱화가 점차 늘어나기 시작하고 조선 후기에 이르러 대대적으로 유행하면서 상·중·하단에도 각 단에 맞는 탱화가 자리를 잡게 된다. 중단에 거는 신중탱화도 여러 종류가 있지만 위태천을 중심으로 팔부신중을 그린 탱화가 제일 흔한 편이다. 그럼 팔부신중은 어떻게 유래했고, 어떤 모습을 하고 있을까?

〈신중도〉(조선시대)

1. 천

'천'은 천계(天界)에 거주하는 여러 신(神, Deva)을 통틀어 말한다.

불교에서는 이 세상이 크게 세 가지로 나누어져 있다고 한다. 바로 욕계(欲界), 색계(色界), 무색계(無色界)다. 욕계는 욕심으로 이루어진 세상으로 지옥부터 아귀, 수라, 축생, 인간계를 포함하고 낮은 단계의 여섯 개 하늘세계가 있어 이를 "욕계 6천(天)"이라 부른다. 색계는 욕망과 번뇌는 없으나 육체에 대한 집착을 완전히 떨치지 못한 존재의 하늘세계를 말하며 18천이 있다. 무색계는 육체에 대한 집착도 벗어난 정신의 세계로서 네 개의 세계, 즉 4천으로 구성된다. 그리하여 욕계와 색계, 무색계를 모두 합해 "28천"이라 부르니, 이 중 가장 아래쪽에서 두 번째인 도리천은 수미산 정상에 있고, 나머지 하늘세계는 허공 중에 시설된 세계이기 때문에 우리가 살고 있는 지상에서 가장 높은 곳에 있는 도리천의 주인인 제석천을 모든 하늘세계의 대표자로 내세운다.

경주 석굴암 석굴 팔부중상 중 제5상

평창 상원사 목조제석천왕상
(조선시대, 강원 유형문화재)

제석천은 보통 오른손에 금강저를 들고 왼손은 허리에 대고 있으며, 머리에 보관을 쓴 조각으로 나타나지만 팔부신중의 천은 보통 오른손에 금강저나 검을 든 모습으로 흔히 나타난다. 탱화에서는 화려한 보관을 쓰고 머리 뒤에 둥근 광채가 있는 두광(頭光)을 갖춘 여성적인 모습으로 자주 등장한다.

2. 용

팔부신중 가운데 용은 사실 인도신화에 나오는 나가(Naga)로 신격화된 뱀신이다. 이 신이 중국으로 건너와 번역되는 과정에서 그 모습이 가장 가까운 용으로 바뀌었다. 인도의 나가는 사람의 얼굴에 뱀의 꼬리를 가진 형상을 한 신이지만, 중국의 용은 머리에 뿔이 있고 몸통은 뱀과 같으며 네 다리에는 날카로운 발톱이 있는 상상의 동물이다. 또한 용은 큰 바다에 살며 구름을 부르고 비를 내리는 신통력이 있다고 믿어졌다.

경주 석굴암 석굴 팔부신장 중 제4상 용

팔부신중의 하나인 용은 8대용왕의 총칭으로 여덟 용왕의 이름이 『법화경』에 나와 있다. 팔부신중으로서

석탑에 나타난 용 조각은 인물상에 용
모양의 관을 쓰고 있거나 몸에 얹고 있
는 모습으로 흔히 나타나고, 신중탱화
에서는 용의 얼굴을 닮은 인물상으로
표현되기도 한다. 동그랗게 튀어나온
눈에 용의 수염과 닮은 모습의 인물상
이 있다면 그 인물이 바로 용왕이다.

〈제석신중도〉(조선시대)의 용왕 부분

3. 야차

야차는 "Yaksa"를 음역한 말로 고대
인도의 경전 『베다』에 등장하는 신이
다. 원래는 사람을 잡아먹는 포악한
귀신이었지만 불교에 귀의하여 팔부
신중의 하나가 되었다. 재물을 지키는
수호신이기도 해서 자신에게 공양을
잘하는 사람에게 재물복을 주거나 아
이를 갖게 한다고도 한다. 사자, 코끼
리, 호랑이 등 다양한 동물의 머리를
가진 인물상으로도 나타나고 방패나
삼지창, 검을 쥔 모습으로도 나타난다.
머리 위로 불꽃무늬가 솟아오르거나
염주를 입에 문 모습으로도 나타나는
등 다양한 형상을 보인다. 신중탱화에
서는 험상궂은 얼굴에 귀 뒤로 붉은

경주 석굴암 석굴 팔부중상 중 제6상 야차

갈퀴가 있는 형상으로 흔히 등장한다.

4. 아수라

아수라는 육도의 하나인 아수라세계
에 머무는 귀신들의 왕으로 "Asura"를
음역한 말이다. 아수라는 싸우기를 좋
아하는 세계여서 전쟁이 끊이지 않아
항상 괴롭고 참혹한 풍경을 드러낸다.
우리가 흔히 쓰는 "아수라장"이란 말이
바로 여기에서 나왔다. 아수라는 보통
세 개의 얼굴과 여섯 개의 팔을 지닌
모습으로 나타나는데 부처님께 귀의
하여 불법을 수호하는 팔부신중의 하
나가 되었다. 각 손에는 칼, 해, 달, 금
강저, 새끼줄 등의 지물을 들고 있으
며, 석탑에 조각되어 부처님의 상징인
불탑을 지킨다. 신중탱화에서는 칼을
든 무사형으로 등장하는 경우가 많다.

경주 석굴암 석굴 팔부중상 중 제1상 아수라

5. 건달바

건달바는 "Gandharva"를 음역한 명칭
으로 술과 고기를 먹지 않고 오직 향
(香)만 먹는다고 하여 "향신(香神)", "식
향(食香)"으로 의역하기도 한다. 긴나

양양 진전사지 삼층석탑 상층 기단에
새겨진 아수라상

사찰 속 숨은 조연들

라와 함께 제석천의 음악을 담당하는 신이며, 항상 부처님이 설법하는 자리에 나타나 정법을 찬탄하고 부처님을 수호한다.

인도신화에서는 천상의 신성한 물인 소마(Soma)를 지키는 신인데, 이 소마는 신령스러운 약이기도 해서 건달바를 '훌륭한 의사'라고도 일컫는다. 악기를 연주하거나 사자 머리 가죽을 쓴 모습으로 조각되기도 하는데 신중 탱화에서는 무장한 장수의 모습으로 나온다. 흔히 우리가 사용하는 '건달'이라는 용어도 '건달바'에서 온 말로 아무 일도 하지 않고 빈둥빈둥 노는 사람이나 불량배란 의미로 전용되었다.

경주 석굴암 석굴 팔부중상 중 제3상 건달바

6. 가루라

가루라 역시 인도신화에 나오는 큰 새로 새 중의 왕이며 뱀이나 용을 잡아먹고 산다. 원래 이름은 "Garuda"인데 중국에서 음역하며 "가루라"가 되었다. 가루다는 비슈누 신이 타고 다니는 새이기도 하다.

머리와 날개가 황금빛이어서 "금

경주 석굴암 석굴 팔부중상 중 제8상

시조(金翅鳥)"라고도 하고 미묘한 날개를 가지고 있다고 해서 "묘시조(妙翅鳥)"라 부르기도 한다. 입은 독수리의 부리와 닮았고 수미산 꼭대기에 앉아서 날개로 바닷물을 친 다음 순식간에 바다 밑의 용 새끼를 물어 먹는다고 한다. 사람의 수명을 연장시키는 능력이 있다고도 한다.

한 손에는 뱀, 다른 한 손에는 칼을 든 모습이나 새 부리를 가진 인물상으로 석탑에 나타나기도 한다. 신중탱화에서는 부리를 가진 얼굴에 용을 물고 있기도 하고 손에 쥐고 있기도 하다.

잘 알려져 있는 인도네시아 항공사 '가루다(Garuda)항공'이 이 신의 이름을 딴 것이며 인도나 네팔의 비슈누 신전 입구에 있는 날개 달린 인물상이 바로 이 신이다.

● 〈천룡신중도〉(조선시대) 부분. 새의 얼굴을 한 가루라가 등장한다.

7. 긴나라

긴나라도 건달바와 같이 음악의 신으로, "긴나라"라는 명칭은 "Kimnara"를 음역한 것이다. 인간은 아니지만 부처님을 만날 때마다 사람의 모습을 취하기 때문에 "인비인(人非人)", "의인(疑人)"으로 부르기도 하고 음악의 신이어서 "악신(樂神)"으로 부르기도 한다. 인도신화에서는 설산에 살며 미묘한 음성으로 노래하고 춤추며 여러 신들과 중생을 감동시킨다고 한다.

반은 사람이고 반은 새의 모습인 '반인반조(半人半鳥)'로 알려져 있으나 다양한 모습으로 나타난다. 말 머리에 사람의 몸으로 조각되기도 하고, 새의 머리를 가진 인물상으로도 나타나기도 한다. 사람에 가까운 형상에 머리에 뿔이 하나 있다고도 한다.

경주 석굴암 석굴 팔부중상 중 제7상

8. 마후라가

마후라가는 "Mahoraga"를 음역한 명칭이다. 뱀의 신으로 큰 배와 가슴으로 기어다닌다고 해서 "대흉복행(大胸腹行)"이라 의역하기도 하고, 그것을 줄여서 "복행(腹行)"이라 하기도 하는데, 용의 무리에 딸린 음악 신이다.

땅속의 요괴를 모두 쫓아내는 능력이 있어서 사찰 외곽을 지키는 가람신이 되었다. 우리나라도 예전에 집을

경주 석굴암 석굴 팔부중상 중 제2상

•
예천 개심사지 오층석탑(고려시대, 보물) 남측면 부분.
하층 기단에는 십이지신상, 상층 기단에는 팔부중, 그 위로 1층 탑신에 금강역사상을 새겼다.

사찰 속 숨은 조연들

지키는 구렁이를 "업신(業神)", "업구렁이"라 해서 함부로 죽이지 않았는데 이와 비슷한 성격을 지녔다.

　　몸은 사람이고 머리는 뱀인 모습으로 나타나거나 한 손에 뱀을 잡고 있는 모습으로 조각된다. 신중탱화에서는 뱀 모양의 모자를 쓰고 있는 형상으로 등장하기도 한다.

이 팔부신중도 사천왕이나 십이지신상처럼 저마다 수호하는 방위가 있다. 보통 동쪽은 용과 야차, 남쪽은 아수라와 건달바, 서쪽은 천과 가루라, 북쪽은 마후라가와 긴나라가 배치되어 있는데, 석탑에도 대개 이러한 순서대로 배치되어 있는 경우가 많다.

　　그러나 팔부신중은 『법화경』에 나오듯 부처님 법회에 동참하는 모습으로 등장하였으므로 그들에게 주어진 방위란 애초 정해져 있지 않았다. 또한 팔부신중의 방위에 대한 경전상의 전거도 별로 없다. 아마도 석탑에 조각하기 위해 일정한 기준을 정하다 보니 이러한 순서대로 배열되었을 것이다. 그래서인지 방위가 다른 팔부신중도 몇몇 석탑에서 발견된다.

사천왕 팔부신장

지금까지 살펴본 팔부신중은 "불타 팔부신중"이라 일컬어지며 『법화경』에 등장하는 신중들이다. 그런데 우리가 "팔부신중"이라 일컫는 신중은 이들만 있는 것이 아니다.

　　팔부신중 가운데는 『화엄경』에 나타난 39위의 화엄신중에 포함된 팔부신중이 있는가 하면 사천왕에 소속된 팔부신중도 있다. 후자의 경우 사천왕도 수많은 무리를 부하로 거느리고 있는데 대표적인 여덟 무리를 뽑아 "팔부 신중"이라 부르는 것이다. 곧 사천왕 한 명당 거느리는 두 무리의 신중이 있으니 모두 합해 여덟 무리가 되므로 "팔부신중"이라 한다. 그래서 팔부신중이라 하면 그것이 '불타 팔부신중'인지 '사천왕 팔부신중'인지 정확히 알 수가 없다.

그러나 사천왕 팔부신중은 사천왕을 따라 부처님과 부처님의 법을 보호하고 사악한 것들이 들어오지 못하도록 지키는 임무를 수행하기 때문에 마치 군대의 무장병처럼 활동한다. 장수의 복장을 한 채 사천왕을 보필하는 전투병의 역할을 맡고 있는 것이다.

그래서 이 책에서는 사천왕에 소속된 팔부신중을 "팔부신장(八部神將)"이라 부르기로 하겠다. "신장(神將)"이란 표현이 사천왕에 소속된 부하 장수란 뜻에 잘 부합한다고 여겨지기 때문이다. 이들 팔부신장은 사천왕에 소속된 귀신의 무리라 하여 "팔부귀중(八部鬼衆)", 또는 "팔부중귀(八部衆鬼)"라고도 한다.

신라시대 당나라로 건너간 원칙 스님(613~696)이 지은 『인왕호국반야경소(仁王護國般若經疏)』에 사천왕이 거느린 팔부신장이 차례대로 등장한다. 동방 지국천왕은 건달바와 비사사 무리를 거느리고, 남방 증장천왕은 구반다와 폐려다 무리를, 서방 광목천왕은 용과 부단나 무리를, 북방 다문천왕은 야차와 나찰 무리를 거느리고 있다. 참고로 이들 역시 많은 무리를 통칭해 부르는 이름인데 석탑에 새겨지는 팔부신중은 불타 팔부신중인 경우가 대부분으로 사천왕 팔부신장은 조각으로 만나기 어렵다. 한편 불타 팔부신중과 겹치는 경우, 즉 건달바, 용, 야차를 확인할 수 있다. 하지만 이름이 겹치는 경우라도 그 방위는 서로 다르다.

방위	사천왕	불타 팔부신중	사천왕 팔부신장
동방	지국천왕	용·야차	건달바·비사사
남방	증장천왕	아수라·건달바	구반다·폐려다
서방	광목천왕	천·가루라	용·부단나
북방	다문천왕	마후라가·긴나라	야차·나찰

위의 표에서 확인할 수 있듯 양쪽에 같이 등장하는 건달바, 용, 야차가 방위는 서로 다르다. 앞에서도 말했듯이 탑에 새겨지는 불타 팔부신중도 탑마다 방위가 다른 경우가 있으니 이는 경전을 근거로 정확히 정해진 것은 아니기 때문이다. 그럼 이제 불타 팔부신중의 경우와 겹치는 건달바, 용, 야차를 제외하고 나머지 사천왕 팔부신장에 대해 살펴보자.

1. 비사사(毘舍闍)

동방 지국천왕 휘하의 귀신이다. "Pisaca"의 음역이며 "비사차(毘舍遮)"라고도 한다. 시체의 고기와 사람의 피를 먹는다고 하여 "식혈육귀(食血肉鬼)"라 의역하기도 한다. 고대 인도의 『베다』에는 지국천왕이 그 권속으로 건달바를 부린다고 묘사되어 있는데 후대의 불교경전에서 비사사가 추가되었다. 지국천왕을 도와 참된 도리를 파괴하고 선한 백성을 괴롭히는 자들을 물리치는 역할을 맡고 있다.

2. 구반다(鳩槃茶)

남방 증장천왕의 수하이다. "구반다"란 "Kumbhanada"를 음역한 말로서, 이는 사람의 정기를 빨아먹는 귀신이다. 몸이 뚱뚱한 탓에 항아리를 닮았다고 하여 "옹형귀(甕形鬼)", "동과귀(冬瓜鬼)"라 한다. 여기서 동과(冬瓜)는 길고 뚱

〈보석사 감로도〉(조선). 감로도란 아귀도에 빠진 영혼들을 구제하기 위해 의식을 베푸는 장면을 그린 불화이다.
불화 중앙에 자리한 커다란 존재가 아귀이다.

사찰 속 숨은 조연들

뚱한 수박처럼 생긴 호박의 한 종류이다. 말 머리에 사람의 몸을 가진 이 귀신은 사람을 가위에 눌리게 하는 귀신으로도 알려져 있다.

3. 폐려다(閉戾多)

"폐려다"는 "Preta"를 음역한 말로 "비리다(卑利多)", "벽협다(薜荔多)" 등으로도 쓴다. 우리가 흔히 부르는 "아귀(餓鬼)"라고 의역하니, 배가 산처럼 크지만 목구멍은 바늘처럼 좁으므로 항상 배고픈 귀신이다.

이 귀신들이 사는 아귀세계는 지옥·축생과 함께 세 가지 괴롭고 거친 삶의 세계를 뜻하는 삼악도(三惡道)의 하나이다. 삼악도에 떨어지면 자신의 고통 때문에 수행할 마음을 낼 수가 없다. 지옥은 육신이 끊임없는 고통을 반복하는 세계이고, 아귀는 항상 목마르고 배고픈 고통을 당하는 세계이며, 축생은 동물의 세계로 항상 다른 동물을 잡아먹거나 잡아먹히는 불안의 세계이기 때문이다.

폐려다는 불교에 귀의하여 남방 증장천왕의 권속이 되었다.

4. 부단나(富單那)

"부단나"는 "Putana"를 음역한 말로 역시 아귀의 한 종류다. 더럽고 고약한 냄새가 난다고 하여 "취귀(臭鬼)", "취예(臭穢)"라고 번역하기도 한다. 사람과 축생을 괴롭힌다고 하는데 불교에 들어온 후 서방 광목천왕의 부하가 되었다.

5. 나찰(羅利)

"나찰"은 인도의 고대 악신 "Raksasa"를 음역한 말로 "나찰사(羅利娑)"라고도 부른다. 푸른 눈과 검은 몸, 붉은 머리털을 하고서 사람을 잡아먹기 때문에 "식인귀(食人鬼)"라고 의역한다. 지옥에서는 죄인을 못살게 구는 옥졸로 등장

양산 신흥사 대광전(조선시대, 보물) 벽화 일부.
구반다와 마후라가, 상왕, 천이 함께 그려져 있다.

사찰 속 숨은 조연들

하며, 소 머리를 한 나찰과 말 머리를 한 나찰을 특별히 "우두나찰(牛頭羅刹)", "마두나찰(馬頭羅刹)"이라 부른다. 여자 나찰은 "나찰녀(羅刹女)"라 하는데 아름다운 외모로 사람들을 매혹시켜 잡아먹는다고 한다. 갖가지 나쁜 짓을 저지르는 악귀지만 불교에 들어와 북방 다문천왕의 권속이 된다.

사천왕 팔부신장이 석탑에서 함께 나타나는 경우는 전해지는 것이 없고, 신중탱화 속에서도 사천왕 팔부신장을 가려보기 쉽지 않다.

한편 벽화에서도 팔부신중이나 팔부신장을 만나기가 쉽지 않은데 남방 증장천왕 소속의 구반다가 마후라가와 함께 그려진 벽화가 우리나라에 남아 있다. 양산 신흥사 대광전 내부 벽화 중에 구반다, 마후라가, 상왕(象王), 천(天)이 함께 그려진 그림이 그것이다. 이 법당에는 아수라로 보이는 벽화도 있다.

또한 순천 선암사 원통전 내부에도 불타 팔부신중의 가루라와 긴나라 그림이 남아 있고, 속초 신흥사 극락보전 외부 목재에도 가루라 그림이 보인다. 모두 귀중한 우리 문화유산들이다.

●
속초 신흥사 극락보전(보물)에
그려진 가루라

緊
横
羅

순천 선암사 원통전(조선시대, 전남 유형문화재) 내 기둥에 그려진 가루라(좌)와 긴나라(우)

위태천과 예적금강

신중들을 호령하다

여기 젊고 든든한 장군이 있다. 사천왕처럼 화려한 장군 복장을 하고, 특이하고 멋진 투구를 썼다. 그 투구 양쪽은 새의 깃털로 장식해 공중을 나는 듯하다. 소년같이 느껴지는 동안(童顏)에 두 손은 공손히 합장을 하고 섰는데 팔에 긴 금강저를 가로로 가볍게 얹고 있다. 주변의 인물들이 하나같이 험상궂거나 괴이한 풍모를 갖고 있으니 이 젊은 장군의 모습이 더욱 빛난다. 이 근사하고 잘생긴 장군은 누구일까? 바로 조선시대 후기 신중탱화에서 많이 만나볼 수 있는 위태천(韋駄天)이다.

"위태천"은 인도 고대의 신 "Skanda"를 음역한 말에서 나왔다. "새건타(塞建馱)", "건타(建馱)"라고도 음역하였는데, 건타의 '건(建)' 자를 잘못 표기하여 '위(違)' 자가 되고, 이 글자에서 받침이 떨어져 나가 '위(韋)' 자로 변한 것이라고 추정한다. 그래서 "위태(韋駄)"가 되고 여기에 천신(天神)으로서의 존칭이 붙어 위태천이 되었다. 후일 중국에서는 "위타(韋陀)장군", "위(韋)장군"으로도 불리게 된다.

"동진(童眞)보살"이라고도 하는 위태천은 신중을 지휘하는 대장군으로서 삿된 무리를 물리치는 일의 모든 책임을 맡고 있는 젊은 사령관이다. 이처럼 젊은 장군이 어떻게 모든 신중을 호령하는 자리에 올라왔을까? 위태천의 내력을 살펴보자.

위태천의 탄생

위태천을 인도에서는 "쿠마라(Kumara)"라고도 하는데, 이는 전쟁의 신인 '전신(戰神)'을 뜻한다. 인도의 2대 서사시인 「마하바라타」, 「라마야나」에도 스칸다가 등장하지만 4~5세기 인도의 시인 칼리다사가 쓴 「쿠마라삼바바」에

파주 보광사 대웅보전 외벽에 그려진 위태천

스칸다의 출생 이야기가 기록되어 있다. 그가 쓴 「쿠마라삼바바」가 바로 '전쟁 신의 탄생'이라는 뜻이기도 하다.

　　인도신화는 워낙 복잡하고 스칸다의 출생 이야기도 여러 가지 전하고 있으나 잘 알려진 이야기를 간추리면 다음과 같다.

　　파괴의 신 시바는 사랑하는 부인 사티가 죽은 후 세상을 한 번 뒤집어엎고 히말라야에 들어가 명상에 몰두하고 있었다. 사티는 죽기 전 남편 시바에게 다시 환생할 것을 약속했고, 그 약속대로 사티는 히말라야의 신 히마바트(Himavat)의 딸 파르바티(Parvati)로 태어났다.

　　파르파티가 아름다운 여인으로 성장해 시집갈 때가 되자 히마바트는 딸에게 어울리는 남편감을 찾아주려고 하였다. 그러나 성자 나라다가 나타나 '파르바티 운명의 짝은 정해져 있으니 바로 시바'라고 알려준다. 결국 히마바트의 주선으로 파르바티는 친구들과 함께 명상 중에 있는 시바의 시녀로 들어가게 된다.

　　그러는 사이 천상세계에 큰 문제가 발생했다. 악마 타라카(Taraka)가 피나는 고행 끝에 창조의 신 브라흐마에게서 강력한 힘을 부여받았기 때문이다. 오만해진 타라카는 악마의 군대를 거느리고 신들을 해칠 뿐 아니라 그들의 부인까지 빼앗아 갔다. 그러나 강력한 타라카의 무력 앞에 어떤 신도 싸움에 나설 수 없었다. 마침내 타라카는 신과 성자뿐 아니라 인간에게도 잔악한 범죄를 저지르기 시작했다.

　　신과 성자들은 브라흐마를 찾아가 타라카를 물리칠 수 있는 방법을 묻지만 브라흐마는 '시바의 아들만이 그를 물리칠 수 있다'고 말한다. 결국 부인 사티를 잃고 히말라야에서 오직 명상에 빠져 있는 시바를 어떻게든 결혼시켜 아들을 낳게 해야 하는 과제가 신들에게 떨어진 것이다.

　　여러 신들이 의논한 끝에 사랑의 신 카마(Kama)가 나서기로 했다. 카마는 봄의 여신 바산타(Vasanta)를 데리고 시바의 처소에 가서 명상에 빠져 있는 시바에게 사랑의 꽃화살을 쏘았다. 시바는 명상에서 깨어나 자신의 명상을 방해했다고 분노하며 카마와 바산타를 죽여 재로 만들어 버렸다. 그리고 시바는 명상을 방해받지 않는 곳으로 홀연히 떠나 버린다.

명상에서 깨어난 시바가 자기를 돌아보지도 않고 훌쩍 떠나 버렸다는 사실을 안 파르바티는 자신의 정성이 부족한 탓이라고 비통해하며 다시 시바를 만나기 위해 고행의 길을 떠난다.

그러던 어느 날 파르바티는 늙은 수도승을 만나 그에게 시바를 만나려면 어떻게 해야 하는지 물었다. 수도승은 '시바를 만나기 어려우니 고향으로 돌아가서 좋은 남자를 만나 결혼하라'고 권한다. 하지만 파르바티는 '여전히 내가 사랑하는 사람은 시바뿐'이라고 대답한다. 그러자 파르바티의 대답을

동제소마스칸다상(11세기 초, 인도, 미국 메트로폴리탄미술관 소장). '소마스칸다'란 남인도에서 유행한 도상으로 시바(좌)와 배우자 파르바티(우), 그리고 아들 스칸다(중)로 이루어져 있다.

사찰 속 숨은 조연들

들은 수도승은 본래의 모습인 시바로 변하였고, 둘은 서로 이어져 부부가 된다. 한편 시바는 자기가 죽었던 사랑의 신 카마와 봄의 여신 바산타를 다시 재생시킨다. 그리하여 인간 세상에도 다시 사랑과 봄이 돌아와 새 생명이 태어난다.

이후 시바와 파르바티 사이에서 아들이 태어나니 이 신이 바로 스칸다이다. 그는 하늘로 올라가 악마 타라카의 목을 치고 악마군을 물리친다. 스칸다는 대단한 위력을 가지고 있어 창을 땅에 꽂고 뽑을 때 산과 강이 진동하며, 비슈누 신을 제외하고는 아무도 그 땅에 꽂힌 창을 뽑을 수 없다고 한다.

이 이야기처럼 시바와 파르바티 사이에서 태어난 스칸다는 인도에서 비교적 늦게 등장한 토속신이다. 태어난 지 3일 만에 하늘의 악마들을 제압하였다고 하여 동자나 소년의 모습으로 표현되기도 하는 스칸다는 여섯 어머니의 젖을 먹고 컸다는 설화도 있어 얼굴은 여섯, 팔은 열둘인 상으로도 나타난다. 또 태어났을 때 가루다가 선물한 공작새를 탄 모습으로 표현되기도 하는데, 실제 인도의 스칸다 조각상을 보면 창을 들고 서 있거나 공작새를 타고 앉아 있는 모습들이 보인다. 다른 신중과 마찬가지로 서역과 실크로드를 거쳐 중국 둔황에 도착한 스칸다 역시 둔황 막고굴 285굴이나 운강석굴 등에서 공작새를 탄 모습을 볼 수 있다.

●
공작새를 탄 스칸다(11~12세기, 네팔, 미국 메트로폴리탄미술관 소장)

인도의 신화를 옮겨 놓은 신중도

스칸다는 시바의 아들로 태어나면서 결혼하지 않은 채 영원히 총각으로 남겠다고 맹세하였다. 스칸다의 다른 이름인 "쿠마라"는 '왕자', '아이', '젊은이'라는 뜻이어서 "동진보살"이라 의역한 것이다. 동진(童眞)은 '거짓 없는 참된 마음을 가진 어린아이'를 뜻하므로, 동자의 참된 성품을 본성으로 하여 여색을 가까이하지 않고 깨끗한 행을 닦겠다고 맹세한 호법신중이기에 위계를 더 높혀 "동진보살"이라고도 한다.

스칸다와 관련한 다른 전설도 눈에 띈다. 제석천을 비롯한 여러 천신들이 악마 타라카를 물리칠 용사를 찾고 있을 때 스칸다가 나타났다. 제석천 또한 막강한 힘을 가진 신중들의 왕인지라 스칸다의 무력을 시험해 보기로 하는데, 스칸다는 제석천과의 싸움을 가볍게 이긴다. 그 위신력으로 신중의 지도자로 부상하자 제석천이 자신들을 이끌어 줄 왕이 되어 줄 것을 청한다. 그러나 스칸다는 신의 권좌 같은 것엔 관심이 없었다. 여기에서 타협안이 하나 나온다. 형식적인 왕의 권좌는 제석천이 그대로 갖되, 실질적인 신중 통솔권을 스칸다가 갖는 것이다. 스칸다는 신중의 사령관으로 임명되어 하늘로 올라가 악마 타라카와 그의 군대를 단번에 무찌르게 된다.

이러한 신화 속 사건은 후일 신중탱화의 내용에도 그대로 반영된다. 제석천룡탱화, 곧 제석천과 범천, 천룡팔부신중이 그려진 탱화를 보면 제석천과 범천이 화면 위에 자신의 권속을 거느린 채 나란히 서 있고 하단 중앙에 위태천을 그린 다음 양옆으로 여러 신중을 배치하고 있는 것을 흔히 볼 수 있다. 위계상으로는 제석천과 범천이 상단에 있지만 실제로 모든 호법신중을 다스리는 대장은 스칸다, 바로 위태천임을 표현한 것이다.

〈신중도〉(조선시대). 상단 중앙의 두 보살형 신중이 제석천과 범천, 하단 중앙의 신중이 위태천이다.

도선 율사와 위장군

위태천은 5세기경 처음으로 중국에 소개되었다. 다만 그 위상이 반영되지 않은 듯한데, 북량(北涼, 397~439)의 담무참(曇無讖, 385~433)이 번역한『열반경』권7에 위태천이 범천·대자재천 등과 함께 언급되었으나 여러 천신 중의 하나로만 소개되어 있다. 또 이 스님이 번역한『금광명경』권3「귀신품(鬼神品)」에도 다른 천신들과 함께 '큰 힘을 갖고 용맹하여 항상 세간을 보호하느라 밤낮으로 (세간을) 떠나지 않는다.'라고만 되어 있어 특별히 다른 천신들과 차별화된 능력은 나타나지 않는다. 결국 이 시기 위태천이 호법신중의 하나로만 인식되었을 뿐 독자적인 신앙 대상은 아니었음을 알 수 있다.

불법과 가람의 수호신

그러나 당(唐) 시대에 들어서면서 위태천의 위상은 점점 높아지게 된다. 고종 대에 종남산에서 수행하던 도선 율사가 계율종을 펴기 시작해 결국 "남산율종(南山律宗)"이라는 종파를 세운다. 이 도선 율사가 지은『감통록』은 그가 수행하며 천신들과 감통한 이야기를 기록한 책인데 여기에 위장군(韋將軍)에 대한 자세한 내용이 나온다.

이에 따르면 여러 천인들이 나타나 도선 율사와 문답을 나누는데 그 천인들이 하나같이 '위장군의 휘하'라고 말한다. 특히 비(費) 씨 성을 가진 천인은 위장군의 수행력과 위엄에 대해 도선 율사에게 다음과 같이 자세히 이야기한다.

> 저는 가섭불 때에 남방 증장천왕의 위장군 휘하에서 태어났는데 그
> 당시 모든 하늘세계가 욕망과 쾌락에 취해 있었으나 저는 깨끗한 행
> 을 닦으며 계율을 공경하였습니다. 위장군도 동진범행을 닦아 하늘

사찰 속 숨은 조연들

의 욕락을 누리지 않았습니다.

사천왕은 한 왕마다 휘하에 여덟 장군을 거느리니 모두 서른두 명의 장군이 있고 이런 장군들이 사대주의 출가한 수행자 모두를 보살핍니다. 그중에서 남섬부주의 사람들은 비록 범죄를 짓는 사람도 많으나 교화하면 잘 따라주어 마음을 쉽게 조복받을 수 있었습니다.

그러므로 부처님이 열반에 들어가실 때에 (장군들에게) 직접 부촉하시되 '불법의 수행자를 수호하여 마귀의 꾀임에 빠지지 않도록 하라. 만약에 수호하지 않으면 파계할 것이니 누가 내가 가르친 법대로 수행하겠는가'라고 하셨습니다. 이러한 까닭으로 (서른두 장군들은) 불법을 따르는 이가 계를 파하는 실수를 해도 불쌍히 여겨 수호해 주며 한 가지라도 조그마한 착한 행을 하면 모든 허물을 잊고 또한 수호하여 줍니다.

위장군은 서른두 장군 가운데서도 가장 크게 (수행자를) 수호하니 마귀나 마녀가 수행자를 깔보거나 현혹하면 위장군은 한달음에 달려가서 그들을 제거합니다. (보고할) 일이 있을 때는 사천왕의 처소로 가는데 그 즉시 사천왕이 모두 자리에서 일어나 그를 맞이합니다. 위장군이 동진범행을 닦고 정법을 수행하기 때문입니다. 또한 여래께서 제정하신 계율에도 정통하여 알지 못하는 것이 없습니다.

비록 천인의 입을 빌려 위장군이 어떤 존재인지를 말하고 있지만 위장군은 어린아이와 같은 청정함을 지닌 채 계율을 철저히 지키고 또한 계율에 관해서도 높은 학덕이 있는 천신임을 밝힌다.

이는 곧 도선 율사가 남산율종이라는 계율종의 종파를 만든 스님으로서 위장군을 어떠한 존재보다도 중요하게 인식하고 있었다는 점을 보여준다.

중국 항저우에 위치한 영은사의 위태천상

계율에 관해 정통한 천신이다보니 위장군은 도선 율사가 알고 있는 계율과 의식에 대해 잘못된 곳을 모두 지적하고 고치도록 도와주었으며 또한 도선율사의 경·율·론에 대한 여러 가지 의문점도 모두 해결해 주었다고 한다.

이러한 내용이 『대당자은사삼장법사전(大唐慈恩寺三藏法師傳)』, 곧 인도까지 유학하고 돌아와 불교 전파와 번역에 큰 업적을 남긴 현장 스님의 전기에도 실려 있다.

결국 부처님께서 내린 불법 수호의 임무를 부촉받은 위장군이 도선 율사가 세운 율종의 율문(律文)을 증명해 주었다는 것은 부처님에게 간접적으

사찰 속 숨은 조연들

● **위태천상**(명나라 시기, 중국, 미국 메트로폴리탄미술관 소장)

로 인정받았다는 것이고, 또한 도선 율사로서는 자신이 세운 종파의 입지를 더욱 공고히 한다는 의미가 있었을 것이다.

이 도선 율사의 『감통록』 이야기는 결과적으로 위장군이 호법선신으로서 계율을 철저히 지키는 천신이자 수행자의 수호자이며, 모든 신중의 대장군으로 자리매김하는 계기를 마련해 주었다. 비록 『감통록』에서는 위장군으로만 기록되어 있어서 위장군이 위태천과 동일 인물인지는 확인되지 않았지만, 송나라에 이르러서는 위장군이 위태천과 같은 천신으로 인식되어 각종 문헌에 인용됨으로써 위장군은 위태천을 지칭한 것으로 굳어졌다.

송대에는 위태천이 중국불교의 대표 신중인 20천신 중 하나가 됨으로써 점차 사찰을 수호하는 임무도 맡게 된다. 인도신화에서도 위태천은 그 위력에 있어 강력한 제석천의 힘을 넘어섰기 때문에 중국에 와 사찰 수호신으로 등장하는 데 큰 무리는 없었을 것이다. 그래서 송나라 때에 절을 지으면 이 위태천을 안치해 불법 옹호의 대장으로 삼게 되었다. 이러한 양식은 명·청대에까지 그대로 계승되어 왔음을 지금 중국의 사찰에 가 보면 쉽게 알 수 있다. 중국 사찰은 우리나라 사찰의 일주문격인 패방(牌坊)이 있고, 그다음 천왕전이 자리한다. 이 천왕전은 주로 법당과 마주보고 있는 경우가 많다.

우선 이 천왕전에 들어서면 포대화상이나 미륵불을 마주하게 되는데 포대화상은 중국에서 미륵불의 화현이라고 보기 때문에 결국 같은 존재다. 양쪽으로는 우리나라처럼 사천왕이 나뉘어 자리 잡고 중앙에는 법당을 마주보고 위태천이 당당히 서 있다. 미륵불과 등을 서로 맞대고 있는 모양새다.

현재는 사천왕보다 더욱 당당하고 화려하게 꾸민 위태천도 많고, 금빛 갑옷을 입었다고 전해져 금빛으로 치장한 위태천도 많이 볼 수 있다.

사찰 속 숨은 조연들

부처님 사리의 수호신

한편 송나라 때는 가람 수호 역할 외에 또 하나의 중요한 임무가 추가된다. 바로 부처님 사리 수호이다. 이 일도 역시 도선 율사와 관계가 있다.

『송고승전(宋高僧傳)』에 실려 있는 도선 율사의 전기에는 북방 다문천왕의 다섯 태자 중 한 명인 나타태자(哪吒太子)가 하늘에서 가져온 부처님의 치아 사리를 도선 율사가 받아서 장안 숭성사(崇聖寺)에 공양하였다고 한다.

당나라 수도 장안에는 대장엄사(大藏嚴寺), 천복사(天福寺), 흥복사(興福寺)를 비롯하여 숭성사 등 네 군데 사찰에서 부처님 치아 사리를 봉안하고 있었는데 때때로 이 치아 사리를 공개하고 공양하는 법회를 열기도 하였다. 이러한 내용이 당나라 때 장안을 다녀온 일본의 옌닌[圓仁, 795~864] 스님이 쓴 『입당구법순례행기(入唐求法巡禮行記)』라는 순례여행기에 잘 나타나 있다.

그런데 훗날『송고승전』의 내용과는 달리 나타태자는 이야기에서 빠지고 위태천이 도선 율사에게 부처님 치아 사리를 전해준 것으로 바뀌게 된다. 남송시대(南宋時代, 1127~1279) 선종이 유행할 당시의 규칙과 제도, 풍습 등을 자세히 기록해 놓은『선림상기전(禪林象器箋)』에 '위태천이 다문천왕이 바친 부처님 치아 사리를 받들어 이 세계를 비추고 도선 율사의 넘어짐을 부축하였다'고 하였다. 여기에 나오는 부처님 치아 사리에 대해서는 불교경전에 이미 언급이 있었다. 바로『열반경후분(涅槃經後分)』의 기록인데, 여기에는 부처님이 열반하신 후의 다비(화장)와 사리 분배 등을 기록하고 있다. 그런데 이 경전에 부처님 치아 사리를 도둑맞았다는 이야기가 실려 있다.

부처님이 열반에 드신 후 다비식을 끝내고 제석천이 사리를 취하여 천상으로 돌아가 탑에 공양하려고 하였다. 그때 두 명의 몹시 빠른 첩질귀(捷疾鬼)가 무리 중에 숨어 있다가 한 쌍의 치아 사리를 훔쳐 달아났다. 경전의 기록은 여기까지고 잃어버린 치아 사리의 행방에 대해서는 언급이 없었다. 바로 이 대목에서 위태천이 등장한다. 이때 위태천이 재빨리 첩질귀를 추격하여 치아 사리를 되찾아와서는 도선 율사에게 주었다는 것이다. 일본의 고대 소설인 『태평기』에도 이 이야기의 각색된 내용이 실려 있다.

나타태자가 주었든, 위태천이 주었든 도선 율사에게 넘어간 부처님 치아 사리는 숭성사에 봉안되었고 훗날 일본으로 건너오게 된다. 부처님 치아 사리를 봉안하려는 일본 스님들의 노력으로 이 사리는 1255년 담해(湛海) 스님에 의해 장안에서 이운되어 교토[京都] 센뉴지[泉涌寺]에 봉안되었고, 이때 사리 수호 신장인 위태천 조각상도 송나라에서 같이 모시고 왔다. 지금도 이 부처님 진신사리는 센뉴지 사리전에 봉안되어 있고 위태천 조각상도 그대로 보관하고 있다.

●
부처님 치아 사리를 모시고 있는 탓인지 센뉴지는 황실 사찰인 "미테라[御寺]"라고 불린다. 천왕과 황족의 무덤이 많이 자리한 이곳 대부분의 건물이 지정문화재이며 황실을 관리하는 궁내청(宮內廳)이 지금도 직접 관리하는 중요 사찰이다.

이런저런 사연들로 남송시대에는 위태천이 공공연하게 사리 수호의 임무를 맡게 되었고 그에 따라 더 많은 조각상이 조성되었다. 위태천의 이러한 사리 수호 임무는 경전 수호로까지 확대된다. 부처님의 사리를 진신사리(眞身舍利)라 하고, 부처님의 말씀을 기록한 경전을 법사리(法舍利)라 하므로 사경이나 목판본 등의 경전에 수호 신장으로 나타나게 되는 것이다.

처음에는 『법화경』의 수호 신장으로 뚜렷하게 나타나기 시작했는데 이것도 도선 율사가 『법화경』을 널리 알리기 위하여 쓴 서문과 관계 있는 것으로 본다. 남송·원·명시대 『법화경』의 사경은 앞부분에 도선 율사의 서문을 넣고 본문을 시작하는 것이 일반적인 양식이었으며, 책의 뒷부분에 흔히 위태천 도상을 넣었다.

차츰 『법화경』뿐만 아니라 『법화경』을 수지하는 신자나 『법화경』을 강설하는 스님까지도 위태천이 수호한다는 믿음이 생겨나고, 종국에는 모든 경전의 수호자로 나타나게 되면서 사경이나 목판본 경전의 앞이나 뒤에 수호 신장 도상으로 굳어지게 된다.

이렇게 영험이 많은 천신으로 위태천의 위상이 올라가면서 일반 백성도 받들어 모시게 되고 병의 완치를 빌거나 주방을 관장하는 역할도 맡게 되는 등 신앙의 대상이 되면서 수호 영역도 더 넓어지게 된다.

지금도 중국사찰에서 위태천은 모든 신중을 통솔하는 호법신이자 사찰 영역을 지키는 가람 수호신으로서 천왕전이 있는 사찰에서는 항상 전각의 중앙에 서서 법당을 바라보며 불보살들을 지킨다.

경전의 수호신, 위태천

중국 송나라 때 위태천신앙이 크게 일어나고 점차 여러 영역으로 확대됨에 따라 송나라와 교류하던 고려에도 자연히 그 영향이 미치게 된다.

중국 화림사에 자리한 위태천상

고려시대 목판본으로 1981년 보물로 지정된『묘법연화경』은 충렬왕 12년(1286)에 간행된 경전이다. 이 경전 앞머리에는 영산회상변상도와 함께 위태천 목판화가 등장하고 있다.

잘 알려져 있다시피『묘법연화경』은 부처님이 영취산에서 설법하신 내용을 담은 경전으로 이 법회를 보통 "영산회상(靈山會上)"이라 부른다. 이러한 경전의 내용을 축약해 그림으로 그려 누구나 쉽게 알 수 있도록 만든 것을 "변상도(變相圖)"라고 한다. 이 변상도를 판각하여 찍은 후 이를 경전의 앞머리에 부착하는 방식이 경전 제작의 형식으로 굳어지게 되는데 여기에 위태천이 경전 수호자로 등장한 것이다.

이『묘법연화경』은 비록 원나라가 세워진 후 제작된 것이긴 하지만 송나라 양식을 그대로 이어받은 것으로 보인다. 위태천의 도상도 젊은 청년의 모습에 깃털로 장식된 투구와 갑옷을 갖추었고 합장한 팔뚝 위에는 금강저가 걸쳐져 있다.

이보다 정확히 10년 앞서서 제작된 경전도 있다. 물론 위태천 도상이 그려져 있는 사경 책이다. 일본 교토박물관이 소장하고 있는『감지은자(紺紙銀字) 문수사리문보리경(文殊師利問菩提經)』1권이 그것이다. 글자 그대로 감색의 종이에 은으로 쓴 경전으로 그 내용은 문수사리보살이 부처님에게 깨달음에 대해서 묻고 답하는 형식이다.

경전 뒤편에 충렬왕 2년(1276)에 왕이 직접 발원했음을 알리는 내용이

사찰 속 숨은 조연들

있고, 앞쪽 본문 글 앞부분에 금으로 위태천을 그려 넣었다. 머리 뒤쪽으로는 화염문이 치열하고 합장한 손가락 사이로 금강저를 가로로 얹었다. 가벼워 보이는 갑옷 차림에 천의 자락이 요란하게 휘날리지만 근육질의 두 다리는 당당하고 굳세게 버티고 섰다. 경전의 수호자로서 느껴지는 위엄에 어느 누구도 감히 대적할 수 없을 듯하다.

사실 위태천은 빠르기에 있어 누구에게도 지지 않는다. 앞서 이야기했듯 빠르기로 소문난 첩질귀가 훔쳐 간 부처님 치아 사리를 날랜 솜씨로 뒤쫓아가 되찾아 온 천신 아닌가. 곧 위태천의 상징 코드는 쾌속(快速), 스피드이다. 전광석화와 같이 빠른 다리를 "위태천 주행(走行)"이라 하는데, 일본 프로야구에서 발 빠른 선수를 이렇게도 부른다. 그만큼 재빨리 달려와 잡귀를 쫓아내는 능력이 있는 천신이다.

그렇기 때문에 일본에서 위태천은 평생 지팡이가 필요 없는 강한 다리를 상징하면서 건강을 기원하는 대상이 되었고, 점차 집이나 점포를 수호하고 가족과 재산을 지켜주는 천신으로까지 자리매김하였다.

조선시대 선비 이옥(李沃, 1641~1698)의 문집인 『박천집(博泉集)』에도 "여위태천왕신법(如韋駄天王信法) 도처개시(到處皆是)"라는 문구가 있다. '위

『감지은자 문수사리문보리경』(고려시대, 일본 중요문화재)

태천왕신법처럼 모든 곳에 (즉시) 이른다'는 뜻이니 위태천은 누구보다도 빠른 솜씨로 어디에든 도착한다는 것이다. 곧 위태천의 빠른 솜씨는 민간에서 인용할 정도로 오랫동안 우리 문화 속에 남겨져 있었다.

충정왕 2년(1350)에 제작되어 현재 국립중앙박물관에 소장되어 있는 절첩본『대방광불화엄경』사경의「세주묘엄품(世主妙嚴品)」변상도를 보면 역시 맨 앞부분에 위태천이 금강저를 짚고 서 있는 모습을 그렸고, 그다음에「세주묘엄품」의 법회 장면을 축약해서 그려 놓았다.

호림박물관 소장의『상지금니 대방광원각수다라요의경(橡紙金泥 大方廣圓覺修多羅了義經)』변상도에도 경전 맨 앞 한 면에 위태천 도상이 금으로 그려져 있고, 그다음 다섯 면에 원각 법회의 내용이 역시 그림으로 그려져 있다. 경전 수호신으로서의 도상을 잘 나타내고 있는 이 변상도는 1357년에 만들어진 것이다.

이외에도 한국이나 일본에 고려시대에 만들어진 경전 중에 위태천 도상이 실린 것이 많이 남아 있다. 그러한 사경이나 목판본 경전들을 볼 때 고

『상지금니 대방광원각수다라요의경』(고려시대, 보물)

사찰 속 숨은 조연들

려 말까지도 경전에는 위태천이 수호신장으로 계속 자리 잡고 있었음을 알수 있다.

조선시대 들어서도 이러한 전통은 그대로 유지되었다. 태종 5년(1405)에 간행된 목판본『묘법연화경』권5~7은 1988년 보물로 지정된 문화재인데, 이 경전에도 앞머리 한 칸에 공손히 합장한 채 팔로 무기를 받들고 있는위태천의 모습이 잘 나타나 있다. 깃털 장식 투구와 갑옷도 고려시대의 양식을 그대로 이어받았다.

이러한 양식은 조선시대 후기까지 다양한 경전에 나타나지만 위태천의위치가 경전의 앞머리나 뒷부분 등 이곳저곳으로 자리를 이동하게 된다. 한편 조선시대에도 사경의 전통이 이어지기는 했지만 고려시대처럼 크게 유행하지는 못했는데, 국가 이념이 유교로 바뀐 데다가 손으로 직접 쓰는 사경을 하고자 하는 사람도 자연히 줄어들었기 때문이다. 대신 조선시대에는 목판본 인쇄물이 크게 유행하면서 불교경전도 목판본으로 찍어내게 된다. 그래도 변상도와 함께 위태천상도 목판에 조각해 인쇄하였기 때문에 위태천은경전 수호신장의 임무를 조선시대 말까지 지킬 수 있었다.

국립중앙박물관 소장의『대방광불화엄경보현행원품』은 조선 후기의목판본 경전으로 역시 앞부분에 위태천상을 배치하고 있다. 그뿐만 아니라위태천의 내력을 한 면 이상 할애하여 기록하고 있다. 이는 조선시대 불교계에서 위태천이 어떻게 인식되었는지를 증명해 주는 것이라고 하겠다. 그 기록에 '위태천이 3주(洲)의 불법을 옹호하며 깨끗한 동진행(童眞行)을 닦는다'거나 '석가여래에게 큰 서원을 발하기를 부처께서 세간에 출현하실 때 불법을 구하고 보호하리라' 하였다. 머리에는 봉황깃 투구를, 발에는 검은 신을,몸에는 황금 갑옷을 입었다'라고 쓰여 있어 중국에서부터 전해져 온 위태천에 대한 관념도 그대로 유지되었음을 알 수 있다.

『묘법연화경』 권5~7(조선시대, 보물) 변상도

사찰 속 숨은 조연들

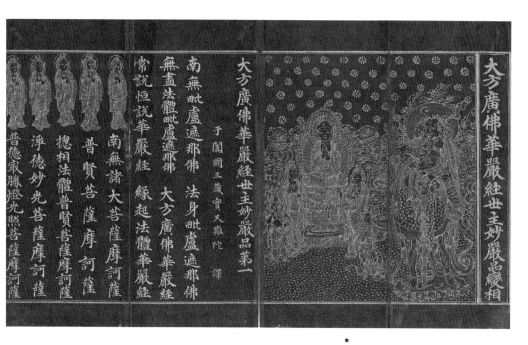

大方廣佛華嚴經世主妙嚴品變相

常說恒說華嚴經　緣起法體華嚴經

無盡法體毗盧遮那佛　大方廣佛華嚴經

南無毗盧遮那佛　法身毗盧遮那佛

大方廣佛華嚴經世主妙嚴品第一

于闐國三藏實叉難陀　譯

南無諸大菩薩摩訶薩

普賢菩薩摩訶薩

惣相法體普賢菩薩摩訶薩

淨德妙光菩薩摩訶薩

普德寂勝燈光照菩薩摩訶薩

『대방광불화엄경 세주묘엄품』(고려시대) 변상도

妙法蓮華經

變相

신중탱화 한가운데 선 신중의 지도자

다만 신중신앙은 조선시대 후기로 가면서 점차 부상하기 시작한다. 이는 일반 백성들이 난해한 불교 논리나 교리를 공부하기보다 삶 가까이에서 자신들을 지켜 줄 수호신, 복이나 장수 등을 빌 사복신(賜福神)을 필요로 하는 데 기인한 것이다. 1800년 정조가 죽은 이후 안동김씨 문중에 권력이 집중되고, 매관매직, 관리들의 가렴주구, 서원의 횡포, 전염병의 기승으로 백성들의 삶이 피폐해졌기 때문이다. 우리 민족이 고대부터 믿어 온 산신·칠성신·용신 신앙이 절집에 개별 건물로 들어와 정착한 것과 신중신앙이 부상하게 된 것은 궤를 같이한다. 곧 불교의 호법선신들이 모두 함께 모여 "신중(神衆)"이라는 이름을 갖게 되고 기도의 대상으로 승격하게 된 것이다.

신중은 불교의 수호신이지만 그 의미를 넓혀 보면 불교 신도의 수호신이기도 하다. 우리 민속의 신들처럼 가족을 보호하고, 재앙을 쫓아주며, 복을 내려주는 존재로서 신중에 접근해 간 것이다.

불교의 근본 가르침은 스스로 수행해 깨달음을 얻는 것이지만 누구나 사는 동안 행복하기를 바라는 마음은 예나 지금이나 변함이 없다. 시대가 어지러우면 더욱 그러하듯이 조선 후기의 신중신앙은 당시 사회 현상에 의해 자연발생적으로 생겨난 것이라고 하겠다. 부처님이나 보살처럼 높은 경지에 있지는 않지만 그분들보다 더 가까이에서 나를 지켜줄 것 같은 신중에 대한 믿음은 결국 불화로 등장해 법당에 걸리게 된다.

초기의 신중탱화에는 천룡팔부 신중탱화가 많이 나타나는데 이들은 경전에 이미 많이 언급된 천신들이었기 때문이다. 자연히 천룡팔부를 포함하여 모든 신중을 통솔하는, 이미 경전의 수호자로 믿어진 위태천을 빼놓을 수 없으므로 신중탱화에 위태천이 등장하게 된다.

그러나 이른 시기의 천룡탱화를 보면 천룡팔부 여덟 신중을 그린 그림

사찰 속 숨은 조연들

〈천룡신중도〉(조선시대)

에 위태천이 슬그머니 끼어든 것처럼 그려져 있다. 영조 41년(1765)에 그려진 국립중앙박물관 소장의 〈천룡신중도〉를 보면 화면 중앙에 용왕을 비롯한 천룡팔부가 모여 있고, 위쪽에는 깃털 장식 투구를 쓴 위태천이 합장한 채 상반신만 겨우 드러내고 있다. 또 구름으로 둘러싸인 천룡팔부 신중과 분리된 채 다른 방향을 응시하고 있다. 천룡팔부 신중은 어떤 급한 현안이 있는지 둥그렇게 모여 서서 한참 갑론을박하는 모습인데, 위태천만 옵저버(observer) 자격으로 참석한 듯 무관심한 표정이다. 누가 보아도 천룡팔부 신중을 이끄는 중심 대장 역할은 아니다.

●
〈제석신중도〉(조선시대)

　이보다 앞서 그려진 〈제석신중도〉에도 역시 그러한 모습이 보인다. 국립중앙박물관 소장의 영조 26년(1750) 제작 〈제석신중도〉는 우수한 불화인데 제석천과 천룡팔부를 중심으로 그린 작품이다. 상단 중앙에는 크게 그려진 제석천이 모란꽃 가지를 양손으로 들고 있고 그보다 낮은 곳에는 두광을 가진 두 천신이 제석천보다 작은 몸집으로 그려져 있다. 아마 범천과 대자재천일 것이다.

　하단 중앙으로는 흰옷을 입은 용왕을 중심으로 팔부신중이 모여 있는데 자세히 보면 합장을 한 위태천의 상반신이 보인다. 크기나 위치로 보아 그

　　　　　　　　　　　　　　　　　　　　　　　　사찰 속 숨은 조연들

저 신중 가운데 하나일 뿐 중요한 직책을 가진 신이 아님을 누구나 쉽게 알아볼 수 있다.

그러나 1800년대에 이르면 위태천이 제석천과 맞먹는 위상을 가지게 됨을 불화를 통해 알 수 있다.

국립중앙박물관 소장의 신중도 가운데는 제석도와 천룡도가 화면을 절반씩 나누어 그려져 있는 것도 있다. 왼쪽에는 천룡신중의 무리를, 오른쪽에 제석천의 무리를 그렸는데 제석천과 위태천의 크기와 위치, 비중이 동등하다. 크게 그려진 제석천, 위태천과 달리 제석천을 따르는 무리와 천룡의 무리는 작게 그려져 배치되어 있다. 이 불화를 보면 위태천이 팔부신중을 다스리는 대장으로 그려졌음을 알 수 있다.

국립중앙박물관 소장의 또 다른 신중도는 순조 17년(1817)에 조성된 불화인데 상단에는 제석천과 제석천을 따르는 무리가 그려졌고, 하단에는 중앙의 위태천을 중심으로 네 명의 신중이 그려져 있다.

〈신중도〉(조선시대)

〈신중도〉(조선시대)

사찰 속 숨은 조연들

이제 위태천은 신중을 거느리는 사령관으로서 정중앙에 자리 잡았다. 위태천이 천계의 왕권을 제석천에게 양보했듯 불화에서도 제석천이 상단에 그려졌지만 모든 신중을 통솔하는 장군은 바로 자신임을 밝히고 있는 듯한 구성이다.

19세기 후반으로 가면서도 신중탱화의 구성은 이러한 양식으로 많이 그려졌고, 신중신앙의 확장으로 한 절에 몇 개의 신중탱화가 걸릴 만큼 많이 조성되었다.

국립중앙박물관 소장의 또 다른 신중도는 철종 3년(1852)에 조성된 불화인데 불화의 주인공이 제석천이라기보다 위태천임을 알 수 있다. 화려하게 무장한 전신을 드러내고 합장한 두 손의 팔뚝에는 커다란 금강저를 얹고 있다. 몸집도 다른 신중들보다 훨씬 크게 그려졌으며 깃털 장식 투구 뒤로는 둥근 광배까지 나타나 있다. 상단에는 얌전하게 모란꽃 가지를 들고 있는 제석천이 그려져 있지만 위태천의 막강한 위력에 그 영역이 줄어든 듯한 모습이다.

이처럼 조선시대 후반으로 갈수록 신중을 지휘하는 위태천의 위상은 점점 커져 갔다. 그 강력한 힘으로 일반 백성의 갖가지 소망을 이루어주기를 바라는 마음이 더 커졌기 때문이라고 볼 수도 있다. 그래서 신중탱화에서도 위태천은 화면 중앙에 자리 잡으며 백성들의 아픈 사연들을 해결해 주는 해결사가 되었던 것이다.

지금 사찰에 걸려 있는 신중탱화는 이처럼 위태천이 하단 중심에 서 있는 양식이 흔하고 새로 모시는 신중탱화도 거의 이 같은 양식을 본받아 그려지고 있다.

예적금강

예적금강(穢跡金剛)은 조선 후기 신중도의 신중 가운데 가장 괴이한 풍모를 지닌 신이다. 머리에는 얼굴 셋이 삼면에 달렸는데 얼굴마다 눈이 세 개다. 팔은 보통 여섯 개인데 손마다 각각 다른 물건을 쥐고 있다. 마치 공포의 아수라처럼 하도 괴이해서 힌두교의 신이 살아 나타난 듯하다. 이러한 풍모 때문에 신중도에서 가장 늦게 나타난 신인데도 불구하고 두드러진다.

이 예적금강도 원래 인도의 신이다. 범어 이름은 "Ucchusma"로 음역하여 "오추사마(烏樞沙摩)", "오추슬마(烏樞瑟摩)" 등으로 부른다. '더러움과 악을 불사른다'는 의미가 있어 "예적(穢跡)"이라 하니 더러운[穢] 자취[跡]를 불로 없애 버리는 금강역사라는 뜻이다. 그래서 "부정금강(不淨金剛)", "화두금강(火頭金剛)"이라 의역하기도 한다.

신중 목각탱에 묘사된 예적금강

사찰 속 숨은 조연들

『능엄경』에는 오추슬마, 즉 예적금강이 부처님께 이렇게 말하는 대목이 있다.

> 저는 성품에 탐욕이 많았으나 부처님이 가르쳐주신 대로 이 몸을 관(觀)하는 수행을 하여 신령한 광명이 안으로 응집해 지혜의 불을 이루었습니다. 이로부터 모든 부처님이 저를 화두(火頭)라 이름하셨고 화광삼매(火光三昧)의 힘으로 아라한이 되었기에 모든 부처님께서 깨달음을 이루실 때에 저는 역사(力士)가 되어 친히 마귀들을 항복받았습니다.

이 경전의 내용을 보면 예적금강은 더러움과 악함을 지혜의 불로 태워 없애고 마귀들을 항복시킨다는 것이니 사찰의 불전(佛殿)이나 의식이 이루어지는 곳을 지켜 그 장소를 청정하게 유지하는 호법신의 성격이 나타나고 있다.

예적금강이 이 세상에 나타나게 된 연유를 밝혀 놓은 경전도 있는데 당나라 때 인도스님 아질달선(阿質達霰)이 번역한 「예적금강설신통대만다라니법술령요문(穢跡金剛說神通大滿陀羅尼法術靈要門)」이 그것이다. 거기에는 다음과 같은 내용이 실려 있다.

> 석가모니 부처님께서 구시나가라 사라쌍수 사이에서 열반에 들려 하시자 헤아릴 수 없는 대중과 천인들이 모두 모여 부처님을 향해 슬퍼하며 머물러 있었다.
> 그때 하늘세계의 제석천 등이 모두 와서 부처님을 뵈었는데 오직 나계범왕(螺髻梵王)만이 천녀(天女)들을 거느리고 놀면서 여래께서 열반에 드신다는 소식을 듣고도 오지 않았다.

이때 모든 대중이 말하기를 '저 범왕이 아만심이 있어 오지 않으니 주문을 잘 쓰는 신선을 보내 잡아 오게 하자'고 하였으나 오히려 그 신선은 범왕을 잡으러 갔다가 죽고 말았다. 다시 금강들을 파견하였으나 7일이 지나도 잡아 오지를 못하였다. 모든 대중이 이 일을 보고 나서 큰 비애를 느끼며 더욱 슬퍼하였다.

이때 부처님께서는 큰 신통력으로 '무너지지 않는 금강역사[不壞金剛]'의 몸을 대중 앞에 나타내시었다. 그러고는 범왕의 처소에 가서 신통력으로 나계범왕의 마음을 발심하게 하여 여래의 처소로 데려왔다. 대중들이 불괴금강의 위력을 찬탄하고 기뻐하자 불괴금강은 대중들에게 '만약 세간 중생이 천, 악마, 일체 외도에게 괴롭힘을 당하는 사람이 있다면 다만 나의 신령한 주문을 외우라. 그러면 내가 스스로 몸을 나타내어 모든 중생의 뜻대로 만족하여 빈궁함을 여의고 항상 안락하게 할 것이다. 여래가 열반에 든 후에도 이 주문을 받아 지니고 맹세코 많은 중생을 제도하고 불법이 멸하지 아니하고 오래 세상에 머물게 하리' 하였다.

이에 불괴금강은 다시 대원만다라니신주예적진언을 설한 후 '여래께서 열반하신 후에 어떤 중생이 이 진언을 받아 지니는 이가 있다면 저는 그의 심부름꾼이 되어 그 중생이 바라는 대로 다 이루게 하겠다'고 굳게 서원하였다.

이러한 내용은 명나라 때 편찬된 『석씨원류(釋氏源流)』에 다시 실렸다. 『석씨원류』는 석가모니 부처님의 여러 행적과 중요 사건들을 담고 있는데 글과 그림을 함께 실어서 독자들이 쉽게 흥미를 느끼고 이해를 할 수 있도록 꾸며진 책이다. 이 책의 「불현금강(佛現金剛)」 조는 바로 부처님이 금강의 몸을 나타

목간본 『석씨원류』 「불현금강」조 변상도

내셨다는 내용으로 앞에서 이야기한 「예적금강설신통대만다라니법술령요
문」을 다시 요약해서 실어놓은 것이다. 곧 예적금강은 부처님이 중생 제도를
위해 변화하여 나타내신 몸으로 그 위신력이 뛰어나 모든 신중을 제압할 수
있다는 것이다.

『석씨원류』는 당연히 조선에서도 간행되었는데 현종 14년(1673)에 불
암사에서 간행된 『석씨원류』에도 똑같이 「불현금강」 조가 있고 부처님이 화
현으로 예적금강의 몸을 나타내는 장면이 한 장의 목판화로 새겨져 있다.

이 그림을 보면 예적금강의 모습이 앞에서 묘사한 대로 한 머리에 얼굴
이 세 개이며, 머리카락이 치솟은 불꽃처럼 무서운 형상을 가졌고, 강력한 완
력을 상징하는 여섯 개의 팔이 있다. 두 손은 공손히 합장하고 네 손에는 각
기 다른 지물을 들고 있어서 막강한 전투력을 자랑하는 듯하다.

신중도에 등장한 예적금강

이런 괴이한 모습의 예적금강이 조선 후기 신중도에 모습을 나타내게 된 것
은 당시 성행했던 수륙재와 같은 불교의식에서 예적금강이 중요한 존재로
취급되고 있었기 때문인 듯하다.

수륙재는 물과 육지를 헤매는 영혼과 배고픈 아귀를 달래고 위로하기
위해 음식을 베풀고 불법을 강설해 그러한 혼령을 좋은 세상으로 인도하려
는 불교의식이다. 중국 양나라 때 시작된 이 의식은 한반도에 건너와 숭유억
불의 조선시대에도 그 명맥을 이어왔고, 현재 두 개 사찰의 국행수륙재가 국
가무형문화재로 지정되어 있다.

이 수륙재를 지낼 때 의식 장소에 설치하는 단에는 정해진 배치도에 따
라 부처님과 신중을 모시게 된다. 영조 15년(1739) 곡성 도림사에서 간행된
배치도를 보면 예적금강을 모시는 예적단(穢跡壇)이 중앙에 있고, 그 아래에

사천왕단, 팔부신중단, 명왕단, 제석단이 있어 이미 예적금강이 신중단에서 상석을 차지하고 있음을 알 수 있다.

조선 후기 불교계의 고승 백파 긍선 스님이 순조 27년(1827)에 기존의 여러 의식집을 집대성해서 펴낸 『작법귀감(作法龜鑑)』에는 예적금강의 주문(呪文)인 예적대원만진언이 '신중에게 바치는 큰 의식[神衆大禮]'에 가장 먼저 등장하여 여러 신중 가운데 최고의 위상을 가진 존재로 부각되었음을 알 수 있다.

한편 고종 8년(1871)에 조성된 〈청도 운문사 비로전 신중도〉는 중앙 위쪽에 예적금강이 자리 잡고, 중앙 하단에는 위태천이 위치했으며, 제석천과 범천은 옆으로 밀려나 있다. 신중도에 늦게 나타나는 예적금강이 제석천과 위태천보다도 더 높은 자리를 차지하는 위계로 올라간 것이다. 이는 예적금강이 단순한 금강역사가 아니라 부처님이 화현으로 나타내신 몸이니 신중들 위에 자리한 것으로 이해할 수 있다. 부처님과 동격으로 대접해 준 것이다.

20세기 초가 되면 예적금강의 위상이 더욱 높아져서 그 몸집이 제석천, 범천, 위태천까지 누르고 상단 중앙에 크게 자리 잡은 신중도가 등장하게 된다. 굴러온 돌이 박힌 돌을 빼듯이 신중도에서 중하게 여겨졌던 천신들이 모두 변방으로 밀려나고 예적금강이 가장 강력한 호법선신으로 자리바꿈을 하게 된 것이다. 1913년에 그려진 〈용주사 대웅보전 신중도〉를 보면 이러한 자리 변화를 한 눈에 확인할 수 있다.

예적금강의 강력한 힘을 상징적으로 보여주는 것이 여러 개의 손에 들고 있는 지물들이다. 금강저, 금강령, 불의 바퀴, 독사, 악룡 등은 모두 악마를 굴복시키고 중생을 구제한다는 목적으로 손에 들려 있으며 그 괴이한 풍모로 더욱 강력한 카리스마를 느끼게 해 준다.

그렇다면 예적금강의 지물은 어떤 의미를 갖는가? 독사나 악룡은 중생을 괴롭히는 악귀를 제거함의 의미이며, 삼매의 불 바퀴는 모든 번뇌를 태워

● 〈청도 운문사 비로전 신중도〉(조선시대)

사찰 속 숨은 조연들

없앤다는 상징적 의미를 가진다. 금강저, 금강령은 깨지지 않는 금강의 지혜로 중생을 깨달음의 세계로 인도하겠다는 뜻이다. 곧 예적금강의 무시무시한 모습은 중생을 괴롭히는 모든 괴로움을 소멸시키고 평안한 세계로 이끌어 가겠다는 의미를 갖고 있는 것이다.

　중생이 사바세계에 살아가려면 여러 인연에 얽히게 되고, 그 얽힌 인연 때문에 몸과 마음이 괴롭다. 안 풀리는 일도 많다. 원하는 대로 흘러가지 않는 것이 바로 세상사이기 때문이다.

　위태천이나 예적금강은 그러한 중생의 갖가지 아픈 사연을 치유해 줄 존재로서 우리 삶에 가깝게 등장한 신들이다. 시대 상황에 따라 그 시대를 살아가는 중생의 요구도 달라지므로 신앙의 대상마저 변화하기 마련이다. 거기에 부응하기 위하여 등장한 신이 위태천이고 예적금강이니 앞으로 또 어떤 신중이 부각될지는 알 수 없는 일이다.

〈용주사 대웅보전 신중도〉(1913)

III

보살과 나한

협시불과 협시보살·나한

협시불과 협시보살

협시란 무엇인가

사찰의 법당 안에는 가운데에 모셔진 부처님을 중심으로 좌우에 각각 한 분의 불보살상을 모시는 경우가 많다. 이때 부처님을 좌우에 모실 때는 "협시불(夾侍佛)"이라 하고, 보살상을 모실 때는 "협시보살(夾侍菩薩)"이라고 부른다.

협시의 "夾" 자는 '좌우에서 돕다'라는 뜻이 있기 때문에 부처님 곁에서 시중하고 돕는 불보살이라는 의미이다. "脇侍(협시)", "挾侍(협시)", "脇立(협립)"이라고도 쓰며, 협시보살을 "협사(脇士)"라고도 하는데 이럴 때는 부처님을 도와 중생을 이끄는 '대사(大士)'라는 뜻이다.

협시불이나 협시보살은 중앙에 모셔진 본존불의 여러 가지 덕성(德性)을 강조하기 위해서 모시는 경우가 많다. 석가모니 부처님 좌우에 모셔진 문수보살과 보현보살이 대표적인 경우다. 잘 알려져 있듯 문수보살은 지혜를 상징하고, 보현보살은 원행(願行)을 상징한다. 석가모니 부처님은 한량없는 지혜를 갖추고, 중생의 구제를 위해 끊임없이 실천함을 나타낸 것이다.

칠곡 송림사 목조석가여래삼존좌상(조선시대, 보물).
이 삼존좌상은 본존인 석가모니불좌상을 중심으로 좌우에 문수·보현보살좌상을 배치하였다.

그러한 상징으로 나타난 두 협시보살은 항상 서로를 돌아보면서 자신의 부족한 점을 살펴나간다. 문수보살은 바른 지혜를 갖추고 보현보살의 끊임없는 발원과 실천행을 따라 배우며, 보현보살은 끝없는 실천 속에서 문수보살의 바른 지혜를 갖추고자 노력한다는 것이다.

이는 사실 모든 수행자나 중생에게 석가모니 부처님이 가르쳐 주고자 하는 핵심 내용이기도 하다. 석가모니 부처님은 이미 바른 지혜로 피나는 정진을 통해 깨달음에 이르셨기 때문에 중생을 어떻게 이끄셔야 하는지를 알고 계신 스승이다. 그 핵심이 바로 지혜와 정진이다.

수행자가 깨달음에 이르려면 올바른 지혜로 오직 정진해야만 한다. 금생에 기필코 대도(大道)를 성취하겠다는 각오가 있어야 한다. 하지만 지혜 없는 정진은 목적 없이 떠도는 배와 같고, 정진 없는 지혜는 열매 없는 나무와 같다.

싯다르타 태자가 6년 동안 고행을 마감한 후에 '고행만이 깨달음으로 가는 올바른 수행은 아니다'라고 판단한 것이 바른 지혜이며, 그러한 판단과 고행의 실천이 밑바탕 되어 깨달음에 도착할 수 있었다고 볼 수 있다. 결국 부처님의 경계에 들어가려면 지혜와 정진이라는 두 가지 덕목은 반드시 갖추어야만 한다.

따라서 문수·보현보살을 절집에 모심으로써 불자들은 사찰에 드나들며 항상 자신을 점검할 기회를 갖는다. 들어갈 때는 지혜와 정진만이 부처님 경계에 들어가는 길임을 자각하고, 나올 때는 지혜와 정진이 부족한 자신을 다시 세우는 기회가 되기 때문이다. 그래서 두 보살을 금강문에 모시기도 하고, 벽화로 그리기도 하며, 단청 속에 숨은 듯 나타나기도, 대웅전에 석가모니 부처님의 협시보살로 모시기도 하는 것이다.

사찰 속 숨은 조연들

순천 송광사의 저녁 예불

보살과 나한

그렇다고 문수·보현보살만이 석가모니 부처님의 협시보살이 되는 것은 아니다. 제화갈라보살과 미륵보살이 나타날 때도 있고, 요즈음에는 지장보살과 관세음보살이 협시보살로 봉안되는 법당도 많아졌다. 시대의 요청에 따라 봉안되는 협시불, 협시보살이 달라지는 것이다.

또한 부처님의 십대제자 중 하나인 가섭 존자와 아난 존자가 협시로 나설 때도 있고, 석가모니 부처님의 협시불로 아미타 부처님과 약사 부처님이 등장하기도 한다.

해남 대흥사 석가여래삼불좌상(조선시대, 보물). 이 삼불좌상은 석가모니 부처님을 중심으로 아미타·약사 부처님을 협시로 모시고 있다.

'겹치기 출연'하는 보살들도 있다. 약사 부처님의 협시보살은 일광(日光)·월광(月光)보살인데, 이 두 보살은 칠성각에 모셔지는 칠성탱화 속의 주존불인 치성광여래의 협시보살로도 등장한다.

협시보살들은 주로 화려한 보관(寶冠)을 쓰고 아름답게 꾸민 옷을 입은 모습으로 등장하는 경우가 많다. 중생의 입장에서 볼 때 부처님은 존귀하지만 너무 멀게 느껴진다. 그러나 세속의 화려한 복장을 한 보살은 중생보다 좀 더 부처님에게 가깝게 다가선 중간적 존재로 인식되므로 한층 친근감을 느끼게 된다. 중생이 정진해 나간다면 보살의 위치에 오르게 되고, 보살의 위치에서 다시 부처님 경지로 갈 수 있다는 희망의 모델로도 다가오게 된다.

사찰 속 숨은 조연들

결국 협시불이나 협시보살은 단순히 부처님 옆에서 시중을 든다는 의미로만 조성된 것은 아니다. 본존불의 덕성을 나타내기도 하고, 현세에서의 스승과 제자 사이임을 증명하기도 하며, 과거와 현재, 미래로 이어지는 삼세(三世)의 인연을 표현하기도 한다. 이제 다양한 협시불, 협시보살의 세계로 들어가 보자.

●
공주 갑사 소조석가여래삼불좌상·사보살입상(조선시대, 보물). 석가모니·아미타·약사 부처님의 삼존좌상과 네 보살입상 등 일곱 존상으로 구성된 불보살상. 부처님 사이사이에 선 네 보살은 부처님과 달리 화려한 보관과 복장을 갖추고 있다.

비로자나삼존(毘盧遮那三尊)

비로자나 부처님(Vairocana)을 법당에 주존불로 모시는 경우에는 양쪽 협시불로 노사나(盧舍那) 부처님과 석가모니 부처님을 모시는 경우가 많다.

비로자나 부처님을 뜻으로 번역하여 "광명변조(光明遍照)"라고 하는데, 마치 태양이 온누리를 비추는 것처럼 부처님의 진리가 우주에 충만해 있다는 뜻을 가지고 있다. '해'를 상징으로 삼기 때문에 밀교 계통에서는 "대일(大日)여래"라고 부른다. 그러한 연유로 빛 광(光) 자가 들어간 법당에는 비로자나 부처님을 모시게 되니, "대적광전(大寂光殿)", "대광명전(大光明殿)" 등이 여기에 해당된다. 다만 사찰의 주 법당이 아닌 경우에는 "비로전", "대적전", "화엄전(華嚴殿)"이라는 당호를 붙이게 된다. "대적(大寂)"은 부처님이 일체의 산란한 마음을 여의고 선정(禪定)에 든 것을 의미하고,『화엄경』의 주존이 비로자나 부처님이듯 화엄장세계의 교주이기 때문에 "화엄"을 당호로 쓰게 된 것이다.

아래쪽 1층 전각이 공주 마곡사 대광보전(백제시대, 보물).
이 전각은 지권인을 한 비로자나 부처님을 모시고 있다.

사찰 속 숨은 조연들

그럼 역사상 현세의 석가모니 부처님이 출현하여 진리광명의 가르침을 중생을 위해 펼치셨는데 왜 비로자나 부처님과 노사나 부처님이 등장하였을까?

역사적 존재였던 석가모니 부처님이 열반에 드신 후 시간이 흐르자 사람들은 석가모니 부처님과 같은 덕성을 갖춘 부처님의 존재를 찾으려고 노력하였고, 그 결실로 나타난 것이 과거불과 미래불이다. 곧 과거의 시간 속에서도 석가모니 부처님처럼 깨달으신 분이 분명 있었을 것이고, 미래에도 반드시 태어날 거라 생각한 것이다. 과거칠불(過去七佛)과 연등(燃燈) 부처님, 미래의 미륵(彌勒) 부처님이 그 부처님들이다.

그러나 과거는 지나갔고, 미래의 미륵 부처님을 만나려면 56억 7,000만 년이라는 장구한 시간을 기다려야만 한다. 지금이라도 찾아가서 친견할 수 있는 부처님은 없을까? 중생이 살고 있는 남섬부주 밖의 다른 세계에도 부처님이 계시다는 믿음 위에 출현한 부처님이 바로 서방정토세계에 계시다는 아미타 부처님이다. 동방유리세계에 계신 약사 부처님도 마찬가지다. 이렇게 다른 국토에 부처님이 계시다는 타방불(他方佛) 신앙은 사방세계에 부처님이 있다는 사방불(四方佛), 모든 세계에 부처님이 계시다는 시방불(十方佛) 신앙으로 발전해 간다.

또한 불교가 인도를 벗어나 다른 국가로 전파되면서 다른 종족, 다른 문화, 다른 종교를 가졌더라도 부처님의 가르침을 따라 수행하면 누구나 깨달음을 얻어 부처가 될 수 있다는 사상으로 확대되어 천불(千佛)·만불(萬佛)사상이 생겨나게 된다.

하지만 이러한 타방의 부처님도 친견하기가 쉽지 않다. 이 세상에 의탁해 살면서 다른 세계로 건너가 친견하기 어렵고, 죽어서 몸을 바꾸어야만 서방의 아미타 부처님도 만나뵐 수 있기 때문이다.

이 시점에서 우리가 살고 있는 이 세계에도 항상 부처님이 계시다는 신앙이 자연스럽게 등장하게 된다. 어디에나 비추는 태양처럼 어디에서나 존재하며 영원불멸의 진리를 상징하는 부처님이 탄생하신 것이다. 바로 비로자나 부처님이다.

상황이 이렇다 보니 지금 세상의 부처님이 비로자나 부처님과 석가모니 부처님, 두 분이 존재하게 되므로 이 관계를 어떻게 설정하느냐는 문제가 발생하게 되고, 교학(敎學)이 발전함에 따라 삼신설(三身說)이 등장하게 된다.

곧 영원한 진리를 상징하는 본체로서의 비로자나 부처님은 법신(法身)이 되고, 이 법신이 중생 교화를 위해 중생의 모습으로 변화하여 나타난 화신(化身)이 석가모니 부처님이 된다. 중생의 바람에 응하여 나타났다고 하여 "응신(應身)"이라고도 한다.

또한 법신은 영원성이 있으나 중생이 볼 수 있는 실제적인 모습이 없고, 화신은 역사적으로 존재하신 석가모니 부처님이지만 육신을 가졌으므로 영원성은 없다. 그래서 화신으로 나타났지만 오랜 수행을 통해서 영원성도 획득한 완전무결한 부처님이 등장하게 된다. 이를 "보신(報身)"이라 하고, 노사

구례 화엄사 목조비로자나삼신불좌상(조선시대, 국보). 가운데 지권인을 한 비로자나 부처님을 중심으로 화려한 보관을 쓰고 설법인을 취한 노사나 부처님과 항마촉지인을 한 석가모니 부처님을 협시로 모셨다.

사찰 속 숨은 조연들

나 부처님이 그 자리에 좌정하게 된다. 아미타 부처님과 약사 부처님도 전생의 수행을 통해 영원성을 가진 부처님이 되었기 때문에 "보신불"이라 부르는 것이다.

그러나 보신불도 중생이 쉽게 친견할 수 있는 부처님은 아니다. 수행의 깊이가 깊어져야만 볼 수 있기 때문이다. 곧 중생이 볼 수 있는 부처님은 중생이 볼 수 있도록 지금 세상에 태어나 생사(生死)의 모습을 보인 석가모니 부처님뿐이다. 그래서 수많은 부처님이 존재하지만 중생이 역사적으로 인식하고 볼 수 있는 화신불은 석가모니 부처님 단 한 분뿐이라고 하는 것이다.

법신·보신·화신을 "삼신(三身)"이라 하고, 중국불교학에서는 이를 체(體)·상(相)·용(用) 삼대(三大)에 배대하게 된다. 진리 당체인 비로자나 부처님은 '본체(本體)'가 되고, 그 본체가 갖춘 여러 가지 덕성을 나타낸 노사나 부처님이 '상(相)'이 되며, 중생을 위해 화현으로 나타난 석가모니 부처님이 '용(用)'이 된다는 것이다.

체·상·용은 본체가 있어 모습과 작용이 있기 때문에 서로 개별적으로 존재하는 것은 아니다. 곧 비로자나 부처님·노사나 부처님·석가모니 부처님은 한 몸으로 묶인 것이다. 그러나 본체가 비로자나 부처님이기 때문에 주존불로 비로자나 부처님을 모실 때에는 좌우에 협시불로 노사나 부처님과 석가모니 부처님을 모시게 된 것이다.

간혹 비로자나 부처님을 주존으로 모실 경우 협시보살로 문수보살과 보현보살을 모시기도 한다. 이는 화현으로 나타나신 석가모니 부처님은 중생과 같이 인연이 다하면 육신의 생명이 다하여 열반에 들어도 그 가르침의 진리는 영원불변의 법신이기 때문이다. 그러한 진리에 도달하기 위해서는 문수보살의 지혜와 보현보살의 행원이 필수 요소이므로 석가삼존 양식처럼 문수·보현보살을 모시게 된 것이다.

합천 해인사 대적광전 목조비로자나삼존불(조선시대. 경남 유형문화제). 비로자나 부처님을 중심으로 문수보살과 보현보살을 모셨다.

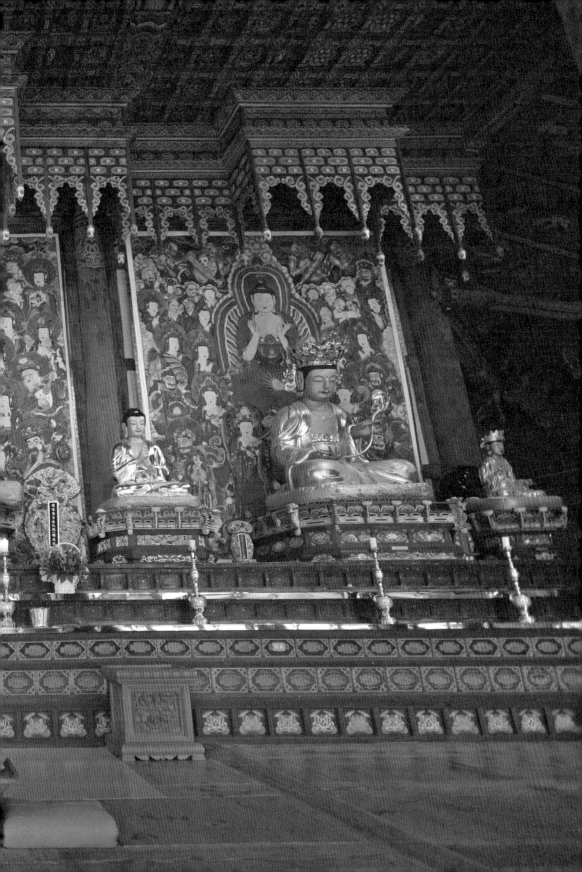

석가삼존(釋迦三尊)

1. 아미타 부처님과 약사 부처님

법당의 주존불로 석가모니 부처님을 모시고 왼쪽에 약사 부처님, 오른쪽에 아미타 부처님을 모신 양식은 조선시대 임진왜란 후기에 많이 유행했다. 이는 당시 사회적으로 혼란한 상황을 반영한 것이다. 다시 말해 당대를 살아가고 있는 중생을 위해 석가모니 부처님을 모시고, 임진왜란·병자호란과 전염병으로 죽은 백성을 위해 아미타 부처님을 모시며, 다치고 병든 중생을 위해 약사 부처님을 봉안하여 사바세계 중생의 고통을 덜어 주려는 의미에서 나타난 양식이다.

이를 시간 관념으로 보면 석가모니 부처님은 현재 이 세계의 부처님이고, 약사 부처님은 과거의 부처님이며, 아미타 부처님은 중생이 가야 할 미래세계의 부처님이기 때문에 시간적으로 과거·현재·미래세의 부처님이 된다. 그래서 이 부처님들을 "삼세불(三世佛)"이라고 부르는 것이다.

중국에서는 약사 부처님이 동방세계, 석가모니 부처님이 이곳 사바세

●
화성 용주사 대웅보전 목조삼세불좌상(조선시대, 경기 유형문화재).
중앙의 석가모니 부처님의 협시불로 아미타·약사 부처님을 모셨다.

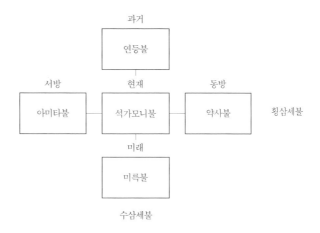

계, 아미타 부처님이 서방세계를 관장하고 있기 때문에 공간적으로 나란히 늘어선 세계의 부처라고 하여 "횡삼세불(橫三世佛)"이라 하고, 연등 부처님·석가모니 부처님·미륵 부처님은 같은 세계에서 순차적으로 나타난 부처님이라고 해서 "수삼세불(竪三世佛)"이라고 한다.

석가모니 부처님을 주존불로 모신 법당을 "대웅전(大雄殿)", "대웅보전(大雄寶殿)"이라고 부른다. '이 시대의 큰 영웅[大雄]인 석가모니 부처님을 봉안한 전각'이라는 뜻이다.

●
예산 수덕사 대웅전(고려시대, 국보). 조성 시기를 정확하게 알 수 있는 우리나라에서 가장 오래된 목조 건물 중 하나. 석가모니불을 중심으로 협시불인 아미타불, 약사불이 모셔져 있다.

하지만 주존불인 석가모니 부처님과 협시불인 아미타·약사 부처님 사이에 높고 낮은 위계는 없다. 각 부처님이 맡고 있는 시간적·공간적 세계가 다르기 때문에 대등한 관계의 부처님들이라고 해야겠다.

2. 문수보살과 보현보살

앞에서도 말했듯이 석가모니 부처님의 협시보살로는 문수·보현보살이 기본이 된다. 협시보살은 부처님과 달리 아름다운 천의(天衣)에 화려한 목걸이와 구슬 장식으로 꾸미고, 화려한 보관을 쓰고 있다. 당시에 아름답게 꾸민 왕족이나 귀족을 모델로 삼았기 때문일 것이다.

탱화에서는 부처님 다음가는 덕을 성취하였으므로 부처님처럼 머리 뒤에 둥근 광채가 빛나는 두광(頭光)을 그려 넣는다.

삼존상으로 모실 때에는 부처님 쪽에서 앞을 바라보았을 때 왼쪽에 문수보살이, 오른쪽에 보현보살이 배치된다. 원래 문수보살이 가지고 있는 지물(持物)은 경전과 칼이고, 보현보살의 지물은 호리병이다. 경전은 반야지혜를 중심으로 취급한 반야경전을 의미하고, 칼은 물론 번뇌를 자르는 지혜의 칼이다. 호리병은 감로수병으로 중생의 고뇌와 질병을 치유한다는 상징이다.

그러나 두 보살을 협시로 모실 때 주로 연꽃을 들고 있는 비슷한 모습으로 조성하기 때문에 어느 분이 문수보살이고, 어느 분이 보현보살인지 잘 모를 때가 있다. 그래서 요즈음에는 두 보살을 쉽게 구분하기 위해 각각 코끼리와 사자를 타고 있는 보살상으로 봉안하기도 한다.

부안 개암사 대웅전 석가삼존좌상(조선시대).
진주 청곡사 대웅전에 모셔진 석가삼존처럼 문수·보현보살을 협시로 모신 전형적인 양식을 보인다.

3. 제화갈라보살과 미륵보살

주로 큰절의 나한전(羅漢殿)이나 영산전(靈山殿)에서는 주존불로 석가모니 부처님을 모시고, 협시보살로 제화갈라(提和竭羅)보살과 미륵보살을 봉안하는 경우가 많다. 이 양식은 석가모니 부처님이 갖춘 덕성을 나타내고자 두 보살을 봉안한 것이 아니라 과거와 현재, 미래에 얽힌 세 불보살의 인연에 따라 봉안한 것이다. 이러한 양식은 국보로 지정된 서산 용현리 마애여래삼존상(일명 백제 서산 마애불)에 나타나 있듯이 백제시대에도 이미 정착되어 꽤 오랜 역사를 이어왔음을 알 수 있다.

과거 세상에 제화갈라보살은 수행하여 깨달음을 얻고 연등 부처님이 되는데, 이 연등 부처님이 석가모니 부처님에게 미래 세상에 부처가 될 것이라고 수기(授記)를 주신 부처님이다. 곧 연등 부처님의 전신(前身)이 제화갈라보살인 것이다.

연등 부처님은 범어로 "Dipamkara"인데 소리나는대로 옮긴 번역이 "제화갈라"이고, 의역하여 "연등불"이라고 한다. 곧 연등불의 전생 수행자 이름도 제화갈라보살인 것이다. 마치 미륵보살이 내세에 성불(成佛)하여 미륵불이 되는 경우와 같다.

중생이 본래 다 가지고 있는 '지혜의 등을 켜 주는[燃燈] 부처님'이라는 의미로 "연등불"이라고 부르며, "정광여래(定光如來)", "등광여래(燈光如來)"라고도 부른다.

과거세에 연등불이 이 세상에 나셨을 때 "선혜(善慧, Sumeda)"라는 수행자가 있었다. 선혜행자는 연등불이 그 나라에 온다는 소리를 듣고 큰 환희심을 내었다. 일찍부터 '무슨 일이 있어도 꼭 부처님을 뵙고 자신의 서원을 여쭙겠다'고 발원해 왔기 때문이다.

그래서 연등불에게 공양할 꽃을 구하러 다녔지만 왕을 비롯하여 모든

서산 용현리 마애여래삼존상(백제시대, 국보)

백성들이 연등불에게 공양할 꽃을 미리 준비해 놓았기에 한 송이도 구할 수가 없었다. 마침 맞은편에서 고삐(Gopi)라는 처녀가 일곱 송이 푸른 연꽃을 감추고 걸어오고 있는 것을 알게 되었다.

선혜행자는 고삐에게 '꽃을 나누어 파시라'고 간절히 사정하였지만 고삐는 이를 거절하였다. 거듭된 선혜행자의 간청에 고삐는 팔지 않으려고 한 송이에 은전 백 닢을 요구하였다.

마침 그에게는 오백 명의 수행자와 문답하면서 감동을 받은 이들이 각각 은전 한 닢씩을 보시해서 받은 오백 닢을 가지고 있었다. 선혜행자는 고삐에게 은전 오백 닢을 주면서 다섯 송이를 달라고 말했다.

고삐는 선혜행자의 말을 듣고 '그렇게 많은 돈을 주고 이 꽃을 사서 무엇을 하려고 하는가'라고 물었고, 그는 '연등불에게 공양하고 성불하여 고통에 허덕이는 중생을 제도하려 한다'고 대답하였다.

고삐는 선혜행자의 말을 듣고 감동하여 조용히 말했다.

"저는 이 꽃을 그대에게 그냥 드리겠습니다. 내게도 한 가지 소원이 있으니 좋은 남자를 만나 결혼하는 것입니다. 저와 결혼해 주십시오."

선혜행자는 이 요구를 듣고 "나는 이미 수행자이니 지금 생에서는 결혼할 수 없고 만약 내세에 만나면 결혼하겠습니다. 다만 내가 다시 수행을 위해 출가할 때는 언제든지 허락하겠다는 조건이라면 당신의 요구를 받아들이겠습니다."라고 대답하였다.

이미 선혜행자에게 마음을 빼앗긴 고삐는 그 뜻에 따르겠다며 일곱 송이 꽃을 그냥 선혜행자에게 주며 '다섯 송이는 행자를 위해, 두 송이는 자기 사랑을 위해 연등불에게 바쳐달라'고 말했다.

하늘을 날 듯 달려간 선혜행자는 기쁜 마음으로 일곱 송이 꽃을 연등불에게 바쳤다. 마침 이때 연등불의 앞길에 진흙탕이 있는 것을 보고 선혜행자

부처님의 전생담으로 연등불과 선혜행자의 일화를 표현한 벽화

는 곧 입었던 사슴 가죽 옷을 벗어 진흙탕을 덮었고, 그것도 부족하자 그 자리에서 머리를 풀어 길을 덮으며 연등불이 그 머리카락을 밟고 지나가기를 원하였다.

그때 연등불은 선혜행자의 구도심을 찬탄하며 "오, 장하다. 선혜여, 그대의 보리심은 갸륵하구나. 그대는 과거 오랫동안 여러 생을 거치며 수행하였고, 몸과 마음을 바쳐 욕망을 버리고 자비로운 행을 닦아 왔다. 이 지극한 공덕으로 오는 세상에서 기필코 부처가 되리니 그 이름을 "석가모니"라 부르리라"고 수기를 내렸다.

이 모습을 지켜본 고삐도 선혜행자의 뜨거운 구도심에 감동하여 함께 엎드려 절하였다. 이러한 인연으로 선혜행자는 다음 생인 이 세상에 태어나 싯다르타 태자가 되었고, 고삐는 그의 부인 야소다라 왕비가 되었다. 전생의 발원대로 싯다르타 태자는 출가하여 성불하였고, '석가족의 성인'이라는 의미의 석가모니 부처님이 되었다.

이러한 이야기들은 『과거현재인과경』이나 『불본행집경』 등에 실려 있어 석가모니 부처님의 탄생은 전생에서의 오랜 수행이 뒷받침된 결과였음을 말해 준다.

그래서 나한(羅漢)을 모신 나한전이나 응진전(應眞殿), 영산전 등에서는 제화갈라보살이 성불하여 연등불이 되고, 연등불이 석가모니 부처님에게 수기를 주었기 때문에 제화갈라보살이 석가모니불 왼쪽의 협시보살로 등장하게 된다. 또 오른쪽에는 석가모니불이 '내세에 부처가 될 것'이라고 수기를 준 미륵보살을 모시게 된다.

미륵보살은 범어로 "Maitreya"인데 음역하여 "미륵(彌勒)"이라 하고, 의역하여 "자씨보살(慈氏菩薩)"이라고 한다.『미륵상생경』,『미륵대성불경』등에 의하면 미륵보살은 석가모니불에게 수기를 받고 현재는 도솔천(兜率天)에 머무르며 천인(天人)들을 위해 설법하고 있다. 지구의 나이보다도 더 긴 세월이 지난 후 이 인간계로 하생(下生)하여 용화수(龍華樹) 아래에서 성불하며, 그 이름이 "미륵불"이 된다고 하고, 세 번의 법회를 통해 수많은 중생을 제도한다고 한다. 곧 석가모니 부처님이 도솔천에서 호명(護明)보살로 대기하시다가 하생하여 마야부인의 태중에 들어 싯다르타 태자로 태어났듯이 미륵보살도 같은 경로를 밟고 있는 중이다.

이렇게 과거·현재·미래를 이어가며 수기를 주고 받았기 때문에 이러한 석가삼존을 "수기삼존"이라고 부른다. 주로 나한을 모신 법당에 이러한 양식으로 나타난다고 이야기했지만 대웅전에 모시는 경우도 있는데 부산 범어사 대웅전 목조석가여래삼존좌상과 안성 칠장사 대웅전 목조석가삼존불좌상, 여수 흥국사 대웅전 목조석가여래삼존상이 그 예이다.

안성 칠장사 대웅전 목조석가삼존불좌상(조선시대, 경기 유형문화재)

4. 아난 존자과 가섭 존자

석가모니 부처님이 이 세상에 계실 때의 제자인 아난 존자와 가섭 존자를 협시존(夾侍尊)으로 모신 경우도 있다. 잘 알려져 있듯 아난 존자는 석가모니 부처님의 사촌동생으로 원래 이름은 "아난다(Ananda)"이며, 보통 "아난(阿難)"이라고 부른다. 아난 존자의 형이 당시 불교 교단의 말썽꾸러기인 제바달다(提婆達多)이며, 그의 원래 이름은 "데바닷타(Devadatta)"로 간략하게 "조달(調達)"이라고도 부른다. 이 형제는 석가모니 부처님의 부친인 정반왕(淨飯王)네 형제 중 막냇동생인 감로반왕(甘露飯王)의 아들로 알려져 있다.

아난 존자는 석가모니 부처님이 55세 때 시자(侍者)가 되어 석가모니 부처님이 돌아가실 때까지 25년간 모든 법문을 다 듣고 외웠기 때문에 "다문제일(多聞第一)"이라고 불린다. 처음 시자가 되었을 당시 나이는 25세였다. 젊고 똑똑한 미남이어서 여난(女難)도 많이 겪은 인물이었는데 부처님이 열반하시고 마하가섭 존자가 주도한 첫 번째 결집(結集) 때까지도 깨달음을 얻은 아라한이 되지 못하였다.

이때는 아직 문자가 없던 시절이라 꼭 아난이 참여해 부처님의 법문을 암송해 주어야 했다. 그 내용을 500명의 제자들이 듣고 '그 암송이 맞다'고 인증해야만 결집이 마무리되는 순서로 되어 있었다. 그러나 아난 존자는 결집 참여 자격에 미달했기 때문에 문제가 발생한다. 곧 이 중요한 결집 모임에 자격 미달인 아난을 참여시킬 것인가, 참여시키지 않을 것인가 하는 문제로 논쟁이 벌어졌다. 결국 아난 존자는 본인의 수행력으로 짧은 시간 안에 아라한의 경지에 들었고, 마하가섭 존자의 인가를 받아 결집에 참여하여 석가모니 부처님의 법문을 암송하였다. 일설에는 결집이 열리고 있는 칠엽굴에 설치된 문짝의 열쇠 구멍을 통해서 날아 들어갔으며 이로써 아라한이 되었음을 증명했다고도 한다.

〈영취사 영산회상도〉(조선시대)

가섭(迦葉) 존자의 이름은 "카샤파(Kasyapa)"인데 석가모니 부처님 제자들 중에는 1,000명의 제자들과 함께 부처님께 귀의한 가섭 삼형제도 있어서 혼동을 피하기 위해 "마하가섭", 또는 "대가섭"이라고 부른다. 석가모니 부처님보다 다섯 살 연하로 제자들 가운데 나이가 가장 많았던 탓에 항상 노인의 모습으로 묘사된다.

마하가섭 존자는 처음 출가하였을 때 자신의 새 가사를 부처님의 누더기 가사와 바꾸어 입었다. 이후 극도로 검소하고 소박한 생활을 평생 유지하며 살았다. 바라문 출신으로 대부호의 아들이었지만 출가한 뒤 다 헤진 누더기 가사만 입었으며, 지붕 밑에 머물지 않고 산과 들에서 자며 오로지 걸식해 먹었다. 적은 것으로 만족하고 의식주에 대한 집착과 욕심을 털어 버렸기에 "두타(頭陀)제일"이라 칭송한다. 여기에서 "두타(dhuta)"란 '모든 것을 털어 버리다'란 의미이다.

석가모니 부처님이 영취산에서 법회를 열면서 아무 말 없이 대중들에게 연꽃 한 송이를 들어 보였을 때 오직 가섭 존자만이 미소를 지었고, 석가모니 부처님은 "나에게 정법안장(正法眼藏) 열반묘심(涅槃妙心)이 있으니, 이를 가섭에게 부촉하노라."고 말씀하셨다. 이를 "염화시중(拈花示衆) 가섭미소"라 하고, 간단히 "염화미소(拈花微笑)"라고 부른다.

〈영취사 영산회상도〉 부분.
본존 석가모니불 좌우로 아난·가섭 존자가 시립하고 있다.

화순 쌍봉사 대웅전 목조삼불존상(조선시대, 전남 유형문화재).
아난과 가섭을 석가모니 부처님의 협시로 봉안했다.

　　선종(禪宗)에서는 이를 두고 불교의 깨달음을 이심전심(以心傳心)으로 전했다고 해서 가섭 존자를 석가모니 부처님 다음의 1대 조사(祖師)로 모시게 된다. 또한 석가모니 부처님의 모든 법문을 듣고 외웠지만 뒤늦게 가섭의 인가를 받고 결집에 참여한 아난 존자는 2대 조사가 되었다. 그러나 교종(敎宗)에서는 경전을 중요시하기 때문에 암송으로 경전 성립의 가장 중요한 근거를 제공한 아난 존자를 교종의 제1대 조사로 꼽는다. 같은 이유로 1차 결집에서 계율(戒律)을 암송한 '지계(持戒)제일' 우바리 존자는 율종(律宗)의 제1대 조사가 되었다.

　　아난 존자와 가섭 존자를 협시존으로 모시는 양식은 조선시대에 이르러 나타났다. 이는 국가정책으로 인해 선종과 교종이 강제적으로 통폐합되어 통불교(通佛敎)가 되면서 등장한 양식으로 본다. 곧 선종과 교종을 대표하는 인물들을 협시존으로 정한 데서 불교계가 처한 시대적 상황이 어떠했는지를 가늠해 볼 수 있는 것이다.

이같이 가섭·아난 존자를 삼존으로 모신 곳은 화순 쌍봉사 대웅전이나 군산 동국사 대웅전에서 찾아볼 수 있지만 보통은 나한들을 모신 법당에서 살펴볼 수 있다.

이처럼 석가삼존은 문수·보현보살을 모시는 것이 기본 양식이지만 시대적 변화에 따라 여러 양식이 등장하게 된다. 그런데 이러한 양식들을 고려해 특이한 구성을 보여주는 법당도 있다. 바로 경주 불국사 대웅전이다.

불국사 대웅전은 주존불이 석가모니불이고, 협시보살은 제화갈라보살과 미륵보살이다. 그런데 협시보살 바깥쪽으로 가섭 존자와 아난 존자를 봉안했다. 수미단에만 다섯 분이 계신 것이다.

경주 불국사 대웅전(조선시대, 보물)에 봉안되어 있는 오존불상

사찰 속 숨은 조연들

문수보살과 보현보살이 보이지 않지만 대신 문수·보현보살을 상징하는 코끼리와 사자를 조각해 들보 위에 안치했다. 곧 불국사 대웅전은 석가모니불의 협시보살과 협시존을 총동원해 법당 내부를 꾸민 것이다.

정작 문수·보현보살상은 법당 외벽에 그려져 있다. 대웅전 현판 뒤쪽, 공포와 공포 사이 포벽에 동쪽에는 문수보살상이, 서쪽에는 보현보살상이 그려져 있다. 또한 대웅전 뒤쪽 처마 아래에도 문수·보현보살상이 그려져 있다. 법당 내부와 외부를 석가모니불 협시보살과 협시존으로 꾸민 독특한 법당이다.

경주 불국사 대웅전 들보에 위치한 코끼리상과 사자상

경주 불국사 대웅전 외벽에 그려진 문수보살과 보현보살 벽화

아미타삼존(阿彌陀三尊)

1. 대세지보살과 관음보살

나이 많은 불교신자들이 가장 많이 염송하는 명호가 "아미타불"일 것이다. '아미타 부처님께 귀의한다'는 뜻의 "나무아미타불"을 일심(一心)으로 염송하면 극락정토(極樂淨土)에 갈 수 있다는 믿음 때문에 오랜 세월 불자들로부터 사랑받았기 때문이다. 특히 '관세음보살'을 함께 부르는 "나무아미타불관세음보살"은 염불의 대명사이다.

그럼 아미타불은 누구신가?

아미타불은 서방정토 극락세계를 관장하시는 부처님이다. 전생에 수행할 때 이름은 "법장(法藏)비구"였고, 48종의 큰 원(願)을 세워 오랫동안 수행해 결국 깨달음을 이루고 아미타 부처님이 되었다.

48대원(大願) 중에서 18번째는 "염불왕생원(念佛往生願)"으로 '지극한 마음으로 내 이름을 부르는 이는 반드시 극락정토에 왕생하게 한다'는 것이다. 한편 19번째는 "임종현전원(臨終現前願)"으로 '내 극락정토에 태어나려는 중

●
영주 부석사 무량수전(고려시대, 국보)

생은 그들이 임종할 때 내가 그들을 스스로 맞이하겠다'는 의미이다.

지식, 빈부, 직위에 관계없이 누구나 일심으로 "나무아미타불"을 염송하면 반드시 극락정토에 태어날 수 있다는 신앙은 일반 백성에게 크게 어필했다. 결국 쉽고 단순한 염불신앙이 성행하게 되면서 아미타불을 모신 전각도 많이 세워지게 되었다. 극락전(極樂殿), 무량수전(無量壽殿), 미타전(彌陀殿)이 모두 아미타불을 모신 전각이다.

아미타불의 범어로 "Amitabha"라 하는데 이를 의역하여 "무량수불(無量壽佛)", "무량광불(無量光佛)"이라고 한다. 『불설무량수경』에서 석가모니 부처님은 제자들에게 '아미타불의 수명은 한량이 없다', '아미타불의 광명이 무량하여 시방세계를 두루 비추어도 걸림이 없다'고 설한다. '한량없는 수명'과 '한량없는 광명'에서 "무량수불", "무량광불"이라는 명호가 유래한 것이다. 이는 진리이신 부처님은 정해진 수명이

경주 감산사 석조아미타불입상(통일신라시대, 국보)

없으며 지혜광명 또한 한량없다는 것을 의미하기도 한다.

아미타불을 본존불로 모실 때에는 좌우의 협시보살로 관세음보살과 대세지보살을 봉안하는 것이 기본 양식이다. 이는 『관무량수경』 「정종분(正宗分)」에 '아미타불이 허공 중에 계시고 관세음보살과 대세지보살이 좌우로 모시고 있다'라는 구절이 나오는 데서도 확인할 수 있다. 『관무량수경』은 서역의 강량야사(畺良耶舍, Kalayasas, 383~442) 스님이 424년에 번역한 경전이기 때문에 일찍부터 두 보살이 협시로 정착되었다는 것을 말해 준다.

한편 중국 유주(幽州) 출신의 담무갈(曇無竭) 스님이 인도 성지를 순례한 후 중국으로 돌아와 453년에 번역한 『관세음보살수기경(觀世音菩薩授記經)』에는 '한량없는 겁을 지나 아미타불이 열반에 들면 관세음보살이 성불하여 그 이름을 보광공덕산왕여래(普光功德山王如來)라 할 것이며 그 여래가 열반하면 대세지보살이 성불하여 선주공덕보왕여래(善住功德寶王如來)가 된다'는 내용이 있다. 결국 경전의 이러한 내용에 근거하여 아미타불의 협시보살은 관세음보살과 대세지보살로 자리 잡게 되었던 것이다.

누구나 다 알다시피 관세음보살은 자비를 상징하는 보살이고, 대세지보살은 지혜를 상징하는 보살이다. 석가삼존에서 문수보살이 지혜를 나타내고, 보현보살이 원행(願行)을 나타내듯 아미타불의 덕성을 두 보살이 나타내고 있는 것이다.

중생을 빠짐없이 살펴서 건지겠다는 대자비와 극락으로 가려는 중생을 끊임없이 독려하여 삼도(三道, 악인이 죽어서 가는 세 가지 괴로운 세계로 지옥, 축생, 아귀를 말한다)의 고통을 벗어나도록 대지혜의 힘을 베풀겠다는 것이다. 여기에서 극락은 범어로 "Sukhavati"라 하며, '즐거움만이 있는 곳'이라는 의미이다. 의역하여 "안양국(安養國)", "안락국(安樂國)"이라고 부른다. 모든 번뇌를 여읜 곳이기 때문에 "극락정토"라고 하며, 이 정토에 들어가면 생사의 세계

를 벗어났기 때문에 다시 윤회하지 않는다. 그러나 아직 성불한 것은 아니므로 한 번 더 수행 보살의 삶을 산 뒤 성불하게 된다고 한다.

관세음보살은 고통받는 중생이 간절히 부르면 반드시 나타나 그 괴로움에서 건져 주는 보살이다. 그래서 '세간 중생의 소리를 관(觀)하는 보살'이라고 하여 "관세음(觀世音)보살"이라고 이름 붙였다. 다시 말해 중생의 소리를 '듣는' 것이 아니라, '관찰'한다는 의미이다. 중생이 어떤 괴로움을 겪고 있기에 그러한 음성과 신음을 내는지 그 내면의 소리를 관찰한다.

입으로 내는 소리와 내면의 소리는 다를 수 있다. 가난한 집안의 어머니가 아이들에게만 음식을 겨우 주고, 자신은 굶으면서도 '나는 먼저 먹었다', '나는 아직 배가 부르다'라고 빈말을 하지만 실상은 그렇지 않다. 그러한 중

●
〈아미타설법도〉(조선시대). 아미타불을 중심으로 왼쪽은 대세지보살,
오른쪽은 관세음보살이다. 대세지보살은 연꽃을 들고 있고,
관세음보살은 보관에 화신불이 있음을 확인할 수 있다.

생 내면의 고통을 관찰한다는 의미이다.

그러니 중생이 위급할 때 부르면 반드시 나타난다. 어려움에 빠진 사람, 아픈 사람, 늙어서 고통받는 사람, 여행 중인 사람, 침몰하는 배에 탄 사람, 도적을 만난 사람, 뱃일을 하는 사람 할 것 없이 관세음보살은 모든 이에게 구원의 손길을 내민다. 자연재해뿐만 아니라 짐승, 귀신의 위협으로부터도 구해 준다. 그야말로 중생의 수호천사다.

그래서 관세음보살은 갖가지 모습으로 나타나 중생을 구원한다. 그때그때 상황에 따라 왕으로도 나타나고, 스님으로도 나타나며, 때론 소년의 모습으로도 나타난다. 중생 개개인에게 적합한 모습으로 널리 나타나기 때문에 "보문시현(普門示現)"이라고 한다. 그러한 갖가지 모습을 보여 주는 관세음보살의 이미지를 형상화한 것이 32응신(三十二應身)이다. 중생의 부름에 의해서 32가지 몸으로 변화해 나타난다는 뜻이다.

중생을 구원하여 번뇌와 고통이 없는 극락정토 아미타불에게 인도하려는 것이 관세음보살의 영원한 바람이다. 그래서 머리에 쓰고 있는 보관에 아미타불을 모시고 있다. 『관무량수경』에 '관세음보살의 머리 위에는 마니보주로 된 천관(天冠)이 있고, 그 천관 속에는 화신불 한 분이 계신다'는 구절이 있다. 이는 관세음보살을 표현하는 특징 중 하나가 되어 머리에 쓴 보관에 화신불이 있으면 그분이 바로 관세음보살임을 바로 알아볼 수 있다.

『관무량수경』에는 대세지보살의 모습에 대해서도 언급되어 있으니 '또한 정수리의 육계(肉髻, 살상투)는 찬란한 홍련화와 같으며 그 위에 보배 병이 있는데 온갖 광명이 가득하여 두루 부처님의 일[佛事]을 나투고 있느니라. 이밖의 여러 가지 몸의 형상은 관세음보살과 다름이 없느니라'고 되어 있다.

곧 대세지보살은 태양과 같은 지혜의 광명을 보배 병에 담고 있어 지옥, 아귀, 축생의 몸을 받아 고통에 빠져 있는 중생을 지혜의 광명으로 널리 비추어 제도하고 위없는 힘을 실어 주는 보살이다. 그래서 "대세지(大勢至)"라 한다. 중생에게 큰 힘을 얻게 하기에 "득대세(得大勢)보살"이라고도 하며, 줄여서 "세지(勢至)보살"이라고도 부른다.

관세음보살과 대세지보살이 아미타불의 협시보살로 나타날 때는 연꽃을 들고 있는 경우가 많다. 이때 연꽃은 중생이 누구나 본래 갖추고 있는 불성(佛性)을 의미한다.

두 협시보살은 그러한 중생의 마음을 깨우쳐 정토세계로 인도하는 것이 목표이므로 덜 핀 연꽃을 들고 있다. 활짝 핀 연꽃은 이미 깨달음을 이룬 경계를 상징하기 때문이다.

●
예천 용문사 대장전에 봉안되어 있는 목조아미타여래삼존좌상(조선시대, 보물)과
목각아미타여래설법상(조선시대, 보물)

사찰 속 숨은 조연들

대구 용연사 목조아미타여래삼존좌상, 예천 용문사 대장전 목조아미타여래삼존좌상, 남해 용문사 목조아미타불좌상 등이 이러한 양식이고, 두 협시보살이 서 있는 모습은 여주 신륵사 극락전에 모셔진 아미타여래삼존상에서 확인할 수 있다.

또한 가장 오래된 아미타삼존으로 알려진 불상은 석굴암보다 100여 년 앞서 조성된 것으로 추정되는 군위 아미타여래삼존 석굴에 모셔진 석조 아미타 삼존이다. 보통 "제2석굴암"이라 부르는 곳이다.

•
군위 아미타여래삼존 석굴(통일신라시대, 국보)

2. 지장보살과 관세음보살

아미타불을 본존불로 모시면서 협시보살로 지장보살과 관세음보살을 모시는 경우도 있는데, 조각상으로 모시기도 하고, 탱화로 그려지기도 한다. 이러한 양식은 한국에서만 나타나는 특이한 양식이다. 서역의 불화에서도 아미타불의 협시보살로 관세음·대세지보살이 나타나고, 중국에서도 이 양식을 기준으로 하고 있다. 지장보살과 관세음보살을 협시로 모시는 양식은 중국에서도 드문 사례에 든다. 왜 한국에서만 이러한 양식이 나타난 것일까?

학자들의 연구에 따르면 이는 고려 말 국가적 상황과 관련이 있는 것으로 보고 있다.

1351년 공민왕이 즉위한 지 8년 후 홍건적이 일어나 원나라에 대항하면서 고려 영토로도 4만 명이 침입하였다. 1361년 10월에는 다시 10만 대군을 이끌고 재차 침입, 공민왕은 안동까지 피난을 가야만 했다. 안우, 이방실, 최영, 이성계 등 여러 장수들의 활약으로 홍건적을 몰아냈지만 고려도 큰 피해를 입을 수밖에 없었다.

이에 앞서 일본에서는 1333년 가마쿠라 막부가 멸망하면서 영주들끼리 전쟁을 벌였고, 1336년 무로마치 막부가 들어섰지만 지방의 영주들을 제대로 통제하지 못하였다. 이를 틈 타 대마도를 근거지로 해 "왜구"라고 불리는 해적들이 영주들의 후원을 받으며 고려와 명나라의 해안 지방을 휩쓸며 큰 고통을 주었다. 삼면이 바다인 한반도에서 왜구가 어디로 상륙할지 알 수 없는 데다 홍건적과의 전쟁으로 국력도 약화되어 있던터라 고려 조정에서는 해안가와 섬에 사는 백성들에게 모두 내륙으로 들어오라는 명령을 내렸다. 백성들을 지킬 수 없으니 섬을 비우는 작전을 쓴 것이다.

몽고와의 30여 년 전쟁으로 많은 백성들이 고난을 겪은 뒤 다시 100여 년 뒤에 큰 환란에 휩싸이면서 가까운 이들의 죽음을 목격한 백성들은 간절

〈아미타삼존도〉(고려시대, 국보). 국내에 현존하는 대표적인 고려불화로 아미타 부처님이
협시보살인 관세음보살, 지장보살과 함께 망자를 맞이하는 장면을 묘사하고 있다.

●
강진 무위사 아미타여래삼존좌상(조선시대, 보물). 중앙의 아미타 부처님을 중심으로 관세음보살과 지장보살을
협시로 두었다. 후불벽화인 〈강진 무위사 극락전 아미타여래삼존벽화〉(조선시대, 국보)에도 아미타 부처님의
협시로 관세음·지장보살을 그렸다.

●
서산 개심사 목조아미타여래좌상(고려시대, 보물)

사찰 속 숨은 조연들

한 마음으로 망자의 극락왕생을 기원하였을 것이다. 바로 이 무렵에 대세지
보살 대신 지장보살을 모시는 양식이 등장하였을 것으로 추정하고 있다.

관세음보살은 자비를 상징하는 보살로 널리 알려졌고, 지장보살은 '지
옥 중생이 모두 제도될 때까지 성불하지 않겠다'는 서원을 한 보살이다. 이에
비해 중생 구제의 신앙적 측면이 약한 대세지보살이 시대적 요청에 의해 지
장보살로 대체된 것으로 보는 것이다.

아미타불이 관세음·대세지보살과 함께 죽은 사람을 맞이하는 장면을
묘사한 아미타내영도(阿彌陀來迎圖)는 이미 서역에서도 조성되어 전래되었
는데 고려 때 제작된 아미타삼존내영도에는 대세지보살 대신 지장보살이 등
장한 불화가 전해지고 있다.

조선 초기에 조성된 아미타삼존상으로 강진 무위사 극락전에 봉안되어
있는 아미타여래여래삼존좌상은 성종 9년(1478)에 조성된 불보살상으로 역
시 지장보살이 관세음보살과 함께 협시보살로 모셔져 있다. 또한 국보로 지
정되어 있는 후불벽화 〈강진 무위사 극락전 아미타여래삼존벽화〉도 같은 양
식으로 조성되어 있다.

이는 고려 말기부터 이러한 양식의 아미타삼존상이 조성되고 또한 조
선시대에도 이어져 내려왔음을 의미한다. 곧 조선시대 내내 아미타불을 모
시는 법당에서는 관세음·대세지보살을 모시는 기본 양식을 지키기도 했지
만 지장·관세음보살을 모시는 양식도 함께 이어졌다는 것이다. 탱화도 또한
이 두 가지 양식이 함께 이어져 왔다.

서산 개심사 목조아미타여래좌상, 합천 해인사 원당암 목조아미타여래
삼존상, 금산 신안사 아미타삼존불좌상, 서울 안양암 대웅전 삼존불상 등이
이러한 예에 속한다.

요즈음에는 지장·관세음보살을 협시로 하고 주존불을 석가모니불로 바

꾸는 양식도 등장했다. 지금 세상을 살아가는 중생을 위해서는 현세의 부처님인 석가모니 부처님의 가르침이 필요하다는 판단에서 주존불을 석가모니불로 하고 정토세계로 이끌어 줄 지장보살과 세간의 어려움을 구원해 주는 관세음보살을 같이 모시게 되었을 것이다.

관음삼존(觀音三尊)

관세음보살은 아미타불의 협시보살로도 등장하지만 우리나라는 물론 중국, 일본에 관세음보살을 따로 모시는 법당도 많다. 관세음보살을 주존으로 모시기 때문에 보통 "관음전"이라고 부르지만, "원통전(圓通殿)"이라고도 부른다. 관세음보살은 시간이나 장소에 걸림 없이 두루 원만하게 통하여 나타난다는 뜻의 "주원융통(周圓融通)"에서 "원통전"이란 이름을 얻은 것이다. 또 대자대비의 상징이기에 "대비전(大悲殿)"이라는 명칭도 쓴다. 사찰의 가장 중요한 주존으로 모실 경우에는 "원통보전(圓通寶殿)"이라고 높여 부르기도 한다. 양양 낙산사의 경우가 대표적이다.

관세음보살은 범어로 "Avalokitesvara"라고 한다. '아래를 내려다 본다[觀]'는 의미의 "avalokite"와 '자재(自在)'를 뜻하는 'isvara'가 결합한 말이다. '중생의 모든 고통을 잘 살펴서 고난으로부터 구원해 주는 것이 자재하다'는 의미이다. 그래서 "관자재보살"이라고도 부른다.

보살의 어원은 "Bodhisattva"로, 음역하여 "보리살타(菩提薩埵)"라 하고, 이를 줄여 "보살"이라 부른다. 이는 '깨달음을 향해 나아가는 사람'이라는 뜻이지만, 관세음보살은 '대자비로 모든 중생을 구원하겠다'는 원력을 세운 보살이다.

사찰 속 숨은 조연들

그렇다면 관세음보살은 언제 출현하였을까?

흔히 불교를 스스로의 힘으로 수행하여 깨달음을 얻고자 하는 자력(自力)신앙으로서 '수행의 종교', '깨달음의 종교'라고 말한다. 실제로는 구원자를 믿고 의지하는 타력(他力)신앙 체계도 갖추고 있다. 대표적인 신앙이 아미타신앙이다. 이는 '아미타불의 명호를 부르는 이는 반드시 극락정토에 왕생하게 하겠다'는 아미타불의 서원에 의지하여 구원을 받으려는 신앙이기 때문이다. 미래 세상에 출현하는 미륵불에 의지해 제도받겠다는 미륵신앙과 질병의 고통으로부터 해방되기 위해 약사여래불에 의지하는 약사신앙도 모두 타력신앙에 포함된다.

그런데 이처럼 다양한 신앙 가운데서도 가장 오랫동안 튼튼한 생명력을 유지한 신앙이 바로 관음신앙이다. 관세음보살에게 의지하는 신앙은 인도에서 발생하여 중국, 우리나라, 일본은 물론 티베트에서도 크게 환영받았다.

•
양양 낙산사 원통보전. 낙산사는 우리나라 3대 관음성지 중 하나다.

사상적으로도 교종이나 선종, 정토종이나 밀교 가릴 것 없이 관음신앙을 중시하였고, 지금도 어디에서나 관세음보살상을 만날 수 있다. 이렇게 관음신앙이 널리 유포된 것은 인도의 불탑신앙에서 그 근거를 찾을 수 있다.

석가모니 부처님이 입멸한 후 교단은 스님들이 주도하는 수행과 학문 위주로 나아가게 되었지만 일반 가정과 사회 속에서 생활하는 재가신자들은 수행을 통해 깨달음을 이루겠다는 목표보다 현세의 행복과 다음 생의 복된 삶에 관심을 두었다. 이러한 재가신자들이 부처님의 대자비에 의지해 구제되기를 기원하는 장소로는 불탑이 최적의 장소였다. 자연스럽게 석가모니 부처

관세음보살상(명나라 시기, 중국, 중국국가박물관 소장)

님의 진신사리를 모신 불탑에 모여 기도하며 구제를 기원하는 신앙이 형성되었고, 이를 "불탑신앙"이라고 한다.

불탑신앙에서 부처님은 중생을 구제하는 위신력(威神力)을 가진 부처님이다. 불탑을 예배하고 신앙하는 것은 부처님의 인격적 불멸을 믿는 것이기에 또한 부처님의 현존(現存)도 요구된다. 『법화경』「여래수량품」에 언급되듯 '부처님의 참된 몸은 없어지지 않고 영겁토록 이곳에 머물며 법을 설하노라'고 하셨기 때문이다.

시간이 흐르면서 시대의 요구에 의해 부처님은 진리의 법만을 설파하는 '깨달은 붓다'에서 중생을 구원하는 '구원불'로 그 모습이 바뀌게 되고, 다시 모든 중생을 자신의 자식처럼 여기어 세간의 음성을 모두 관찰하는 대자대비의 보살로 나타나게 된다. 관세음보살이 탄생하게 된 것이다.

사찰 속 숨은 조연들

결국 역사적 실존 인물이었던 석가모니 부처님이 영원불멸의 구원불로 바뀌게 되고, 다시 중생 구제를 위해 자비로운 관세음보살의 모습으로 나타났다고 보는 것이다. 곧 관세음보살은 임의로 만들어진 보살이 아니라 역사 속에 존재했던 석가모니 부처님에게 뿌리를 둔 신앙 체계 위에서 탄생한 보살이라는 뜻이다.

이렇듯 불탑신앙에서 유래한 관세음보살신앙은 1~3세기에 크게 번성하였고, 중국에서는 3~7세기에 유입되었다. 6세기가 되면 중국의 모든 사찰에서 관세음보살상을 모실 만큼 널리 알려지게 되었다.

인도에서 초기의 관세음보살은 남성상이었다. 간다라 보살상을 보면 콧수염이 그대로 있는 모습도 있다. 중국에서도 초기에는 젊은 남자의 모습이었다. 하지만 8세기부터는 여성의 모습으로 등장하고, 송나라(960~1279) 때를 거치며 점점 여성상의 비율이 높아지다가 12세기에는 거의 여성상으로 바뀌게 된다.

성별이 있을 수 없는 보살상이지만 남성상에서 여성상으로 변천된 것이다. 이는 관세음보살의 대자비에 어머니의 자애로운 모성이 투영되면서 여성의 모습으로 바뀌어 갔을 것으로 본다.

16세기에 이르면 관세음보살은 중국 전래의 여신인 낭낭신(娘娘神)의 역할까지 흡수하면서 다른 여신들을 밀어내고 가장 중요한 여신으로 등극하게 된다.

한반도에도 삼국시대에 불교가 유입되며 관음신앙도 크게 유행하게 된다. 그러나 고구려와 백제의 관음신앙 흔적은 한국보다 일본에서 더

보살좌상(쿠샨왕조 시기, 파키스탄). 간다라 보살상은 남성의 모습을 하고 있다.

쉽게 찾을 수 있다. 바로 교토 호류지[法隆寺]에 있는 관세음보살상 두 점과 벽화다.

호류지는 쇼토쿠[聖德] 태자가 607년에 세웠는데 이 절 금당의 벽화 속에 관음보살상이 있다. 고구려 담징(曇徵, 579~631)이 그렸다고 전하는 이 벽화는 인도·중앙아시아·당나라 미술의 영향을 함께 받았다고 보고 있다.

한편 호류지 대보장전에 있는 일본 국보 백제관음(百濟觀音)과 몽전(夢殿)에 있는 구세관음(救世觀音)도 백제에서 일본에 전래되었거나 백제의 장인이 조성한 것으로 보고 있다.

더욱이 『삼국유사』에도 신라의 관음신앙에 관한 많은 기록이 남아 있기 때문에 삼국시대에 이미 관음신앙이 각 나라에 유행하였음을 알 수 있다.

이후 고려나 조선에서도 관음신앙은 종파에 관계없이 그 생명력을 꾸준히 이어왔고, 지금의 불자들도 여전히 크게 의지하고 있는 신앙이기도 하다.

관세음보살은 앞서 이야기한대로 머리에 쓴 보관 중앙에 변화해서 나타난 아미타불을 모시고 있어 쉽게 알 수 있지만, 서 있는 입상의 경우 정병(淨瓶)을 들고 있거나 버들가지를 든 모습으로도 나타난다.

원래 정병은 인도에서 마실 물을 담던 휴대용 수행 도구였다. 동진(東晉, 317~420)시대 축난제(竺難提, Nandi) 스님이 419년에 번역한 『청관세음경(請觀世音經)』에는 이런 내용이 있다.

> 당시 비사리국에는 많은 백성들이 극심한 질병에 걸렸다. 첫째는 눈이 붉게 되는 병이고, 두 번째는 두 귀에서 고름이 나오는 병이며, 세 번째는 콧속에서 피가 나오는 병이고, 네 번째는 혀가 굳어 소리를 내지 못하는 병이며, 다섯 번째는 먹은 음식물이 거칠고 텁텁해지는 병으로 육식(六識)이 닫히고 마치 술 취한 사람들 같았다. (…)

일본 호류지 대보장전에 봉안된 백제관음상

〈수월관음도〉(고려시대, 일본 센소지 소장). 한 손에 정병을,
한 손에는 버들가지를 든 관음보살을 확인할 수 있다.

〈수월관음보살도〉(고려시대, 보물)

이때 비사리 사람들이 양지(楊枝, 치아를 닦는 버드나무 가지)와 깨끗한 정수(淨水)를 갖추어 관세음보살에게 바치니 관세음보살은 모든 사람들을 가엾게 생각하고 (이들을) 구호하고자 주문(呪文)을 설하고 말하였다.

결국 비사리성의 사람들은 관세음보살의 대자비 위신력으로 고통과 재액에서 벗어나게 되는데, 이러한 경전 내용을 근거로 정병과 버들가지가 관세음보살의 지물로 굳어지게 된다.

버들가지는 옛 시대에 이를 닦는 도구로 널리 쓰였지만 근대에 와서는 아스피린의 원료가 될 만큼 약성이 있는 식물이어서 현대에도 중생의 병을 치료하는 상징물이다. 또 맑은 물을 담는 정병도 중생의 고통과 목마름을 제거해 주는 자비의 상징물이 되었다.

관세음보살을 그린 고려불화나 조선시대 탱화를 보면 물가에 앉아 있는 형상이 많다. 『화엄경』「입법계품」에 선재동자가 53선지식을 찾아 남방을 순례하면서 28번째로 포타락가(potalaka)산 물가의 바위 위에 앉아 있는 관세음보살을 친견하게 되는데 이 장면을 그림의 배경으로 삼은 것이 '수월관음도(水月觀音圖)'이다.

포타락가는 음역하여 "보타락가산(普陀洛伽山)"이라고 하며, 이러한 경전에 의거하여 우리나라의 3대 관음 도량인 양양 낙산사, 남해 보리암, 강화 보문사는 모두 바닷가에 자리한다. 이 중 "낙산사(洛山寺)"는 "보타락가산"에서 따 온 이름이고, "보문사(普門寺)"란 이름도 관세음보살의 "보문시현"에서 비롯되었다.

티베트 라싸의 궁전 이름을 "포탈라(Potala)궁"이라고 부르는 것도 달라이라마가 바로 관세음보살의 화신이고, 그 화신이 머무는 궁전이기 때문에 포타락가에서 이름을 빌려온 것이다.

이 수월관음에 대해 '물에 비친 달을 내려다보는 형상', '관세음보살의 자비가 물에 비친 달처럼 멀리 퍼져 나가서 중생에게 깨우침을 주는 모습', '수월(水月)은 모든 존재하는 것이 영원하고 실체가 없음을 의미하는 공(空)을 비유하는 용어'라고 하는 등 여러 가지 해설을 하고 있다.

필자는 이러한 해석도 좋지만 '모든 중생이 고난에 처했을 때 그 소리를 살펴 빠짐없이 응하는 모습이 마치 허공 속의 달이 모든 강물에 나타나는 것과 같다'라고 설명하고 싶다. 천강유수천강월(千江有水千江月), 천 개의 강에 천 개의 달이 뜨듯 관세음보살은 어느 때, 어느 곳에서나 중생의 부름에 감응한다는 의미라고 이해하는 것이다. 『천수경』에 관세음보살의 다른 이름으로 '나무수월보살마하살'이 나오듯 관세음보살은 중생의 외침에 반드시 응한다는 뜻이 아닐까?

수월관음도에는 경전의 내용대로 선재동자가 배례하는 모습이 나타나지만 고려 수월관음도에는 해상용왕이 나타나고, 이 양식은 조선시대의 수월관음도에 그대로 이어진다. 당연히 관음전에 협시존을 모실 때에는 선재동자와 해상용왕이 조각상으로 나타나 삼존상을 구성하게 된다. 그런데 경전에도 없는 해상용왕이 왜 등장하게 되었을까? 연구자들에 의하면 신라시대 의상 대사와 낙산사에 얽힌 설화에서 유래되었다고 보고 있다. 『삼국유사』「낙산이대성(洛山二大聖)」 조의 내용은 이렇다.

의상 대사가 당나라에 돌아왔을 때 동해 바닷가 어느 굴 속에 관세음보살이 계시다는 이야기를 들었다. 의상 대사가 그곳으로 가서 재계(齋戒)한 지 7일 만에 팔부신중의 시종들이 나타나 대사를 굴 속으로 인도했다. 공중을 향하여 예경하니 (허공 중에서) 수정 염주한 꾸러미를 내어주므로 받아서 물러나왔더니 동해의 용이 또 여의보주 한 알을 바쳤다. 대사가 염주와 여의주를 받들어 안치하고 다시 굴 속에서 7일간 재계하니 관세음보살이 모습을 나타내며 말하였다.

"앉아 있는 곳의 산 꼭대기에 한 쌍의 대가 솟아날 것이니 그곳에 법당을 짓는 것이 마땅하겠다."

대사가 그 말을 듣고 굴에서 나오니 과연 대나무가 땅에서 솟아나왔다. 이에 법당을 짓고 관세음보살상을 만들어 모시니 그 원만한 얼굴과 고운 자태가 마치 천연적으로 나온 것 같았다. 일을 마치자 두 대나무 줄기는 사라져 버렸다. 대사는 관세음보살의 진신(眞身)이 거주함을 알고 그가 받은 수정 염주와 여의주를 성전에 모셔두고 떠나갔다.

곧 의상 대사가 관세음보살을 친견하려 할 때 나타난 용왕이 수월관음도에 등장하는 배경이 된 것이다. 실제로 고려의 수월관음도는 이 설화를 배경으로 구성되어 있다. 수월관음보살이 앉아 있는 뒤쪽의 배경이 암굴 형태로 되어 있고, 대나무 두 줄기가 솟아오르는 모습도 그림 속에 집어넣었다.

허공 중에 파랑새가 등장하는 것은 원효 대사와 관련이 있다.

원효 대사도 의상 대사의 뒤를 이어 낙산사를 참배하려고 나섰다. 처음에 남쪽 교외에 이르니 논 가운데서 흰 옷을 입은 여인이 벼를 베고 있었다. 원효 대사가 희롱 삼아 '그 벼를 달라'고 하니 여인도 '벼가 익지 않았다'고 희롱해 대답했다.

대사가 또 가다가 다리 밑에 이르니 한 여인이 월경대를 빨고 있었

다. 대사가 먹을 물을 청하자 여인은 그 더러운 물을 떠서 바쳤다. 대
사는 그 물을 엎질러 버리고 다시 깨끗한 냇물을 떠서 마셨다. 이때
들 가운데 서 있는 소나무 위에서 파랑새 한 마리가 말했다.

"제호(醍醐) 스님(원효 대사)은 가지 마십시오."

(파랑새는) 갑자기 숨고 보이지 않았는데 그 소나무 아래에 신 한 짝
이 있었다. 대사가 절에 이르러 관세음보살상의 자리 밑을 보니 먼
저 보았던 신 한 짝이 벗겨져 있으므로 그제야 전에 만났던 두 여인
이 관세음보살의 진신임을 알았다. 대사가 굴에 들어가서 관세음보
살을 친견하려 하였으나 풍랑이 크게 일어났으므로 결국 들어가지
못하고 떠났다.

곧 파랑새는 관세음보살의 화신이었다는 것이고, 이 설화에 바탕을 두고 고
려 수월관음도에 나타난 후 조선의 수월관음도에 자주 나타나게 된다.

이는 수월관음도가 경전에 의해 조성되었지만 의상 대사와 원효 대사
의 설화에 근거하여 한국적으로 재창조되었음을 말해 준다. 암굴 형태의 바
위와 대나무 두 줄기, 수정 염주, 파랑새, 해상용왕 등이 그 내용을 나타내고
있기 때문이다.

이러한 바탕 위에서 관세음보살을 모시는 법당이나 탱화에서 선재동자
와 해상용왕이 함께 나타나면서 관음삼존을 구성하게 된 것이다. 관음삼존
상은 조선시대의 탱화로 많이 나와 있지만, 관음삼존 조각상은 보은 법주사
원통전, 서울 흥천사 관음전에 봉안되어 있고, 남해 보리암 보광전에는 불감
(佛龕) 형태의 관음삼존이 모셔져 있다. 또 부산 범어사 관음전에는 해상용왕
은 없이 관세음보살과 선재동자만 모신 양식을 보이고 있다.

여담이지만 일본의 세계적인 카메라 브랜드인 "캐논(Canon)"이 관세음

사찰 속 숨은 조연들

〈의겸 등 필 수월관음도〉(조선시대, 보물).
정병과 버들가지, 선재동자는 물론 두 줄기의 대나무와 파랑새도 묘사되어 있다.

보살을 상징한다. 1934년 관음신앙에 심취해 있던 요시다 고로[吉田五郎]는 '관음보살의 덕으로 세계 최고의 카메라를 만들고 싶다'는 마음에서 개발한 카메라에 "칸논(KWANON)"이란 이름을 붙였다. 칸논은 관음의 일본식 발음으로 이후 어감이 좋은 캐논으로 바뀌었다. 세계시장을 염두에 둔 것이다. 대포를 의미하는 영단어 canon과는 아무 관련 없는 브랜드명이다.

보은 법주사 원통보전에는 주존인 관음보살을 모시고, 좌우로 선재동자와 해상용왕을 두었다.

사찰 속 숨은 조연들

약사삼존(藥師三尊)

모든 중생은 생로병사의 고통을 피할 수 없다. 자기 뜻대로 태어나고 죽지 못하는 것이야 어쩔 수 없다지만, 늙고 병드는 고통은 누구나 겪어야만 하는 아픔이다. 동물이나 식물이나 차별없이 겪어야 하는 생명의 여정이다.

불로초를 구하지 못한 진시황도 죽었고, 세계를 휩쓸었던 알렉산더 대왕이나 칭기즈칸도 속절없이 죽었다. 청춘은 번개처럼 지나가고, 늙음이 낙엽처럼 닥쳐오면 병마도 함께 달려든다.

아픈 사람일수록 건강이 얼마나 중요한지 실감하고 고통 없이 인생을 마감하길 간구한다. 더구나 지금같이 평균 수명이 늘어난 시대에서는 노후 건강이 더욱더 중요한 가치로 상승한다.

약사여래는 전생에 보살로서 수행할 때에 모든 중생의 병고를 구원하겠다는 12가지 큰 서원을 세웠다. 육신의 병은 물론 마음의 병까지도 모두 치유하겠다는 원을 세우신 것이다.

당연히 약사여래신앙도 아미타신앙처럼 오랜 역사를 갖고 있다. 그래서 약사여래와 관련된 산스크리트어 원전이 현존하고 있고, 한역된 경전도 네 종류나 있다. 우리가 흔히 『약사경(藥師經)』으로 알고 있는 경전은 『약사여래본원경』으로 수(隋, 581~619)시대 인도 출신 달마급다(達摩笈多, ?~619) 스님이 616년에 번역한 경전이다.

약사여래는 "Bhaisajyayaguru-vaidurya"를 번역한 말로 "의왕불(醫王佛)", "대의왕불(大醫王佛)"이라고도 부르며, 영어로 "Medicine Buddha"라 한다.

약사여래신앙은 인도에서 나타나 서역을 거쳐 중국으로 들어왔기 때문에 둔황 막고굴 322굴이나 417굴에 약사여래가 그려진 벽화가 남아 있다. 한반도에는 통일신라 8세기 경 조성된 약사여래입상이 전해지고 있어 당나라를 통해 약사신앙이 유입되었을 것으로 추정하고 있다. 국보로 지정된 유물로 경주 백률사 금동약사여래입상이 그것이다.

약사여래는 왼손에 보배 구슬을 들고 있는 경우도 있지만 주로 약함을 들고 있어 쉽게 구분할 수 있다. 이는 서역에서부터 중국, 우리나라, 일본, 티베트에 이르기까지 공통적으로 나타나는 모습이다. 사실 경전에는 약함을 들고 있다는 기록을 찾아볼 수 없으나 남아 있는 불화나 조각에 일찍부터 약함이 약사여래의 지물로 정해져 내려온 것으로 보고 있다.

이 동방 정유리세계(淨琉璃世界)의 교주 약사여래의 협시보살이 바로 일광보살(Surya-prabha)과 월광보살(Candra-prabha)이다.『약사여래본원경』에는 약사여래께서 자신이 주관하고 있는 동방 유리광세계도 서방 극락세계의 공덕장엄과 조금도 차이가 없다고 말씀하신 후 '그 나라에는 두 보살마하살이 있는데 일광보살과 월광보살이니라. 두 보살은 무량무수한 보살들 중에서 가장 높은 자리에 있으며 저 세존이신 약사유리광여래의 정법보장(正法寶藏)을 모두 간직하고 있느니라'고 하였다. 이 경전 내용을 근거로 약사여래의 협시보살은 두 보살로 정착된 것이다.

청양 장곡사 철조약사여래좌상(통일신라시대, 국보).
약사 부처님은 약함을 들고 있어 쉽게 구분할 수 있다.

사찰 속 숨은 조연들

경주 백률사 금동약사여래입상(통일신라시대, 국보)

●
함안 방어산 마애약사여래삼존입상(통일신라시대, 보물)

사찰 속 숨은 조연들

글자 그대로 일광은 햇빛이고, 월광은 달빛이다. 햇빛이나 달빛은 지상의 어느 곳도 가리지 않고 그 빛을 두루 비춘다. 그래서 '두루 비춘다'는 뜻의 "변조(遍照)"를 명호에 넣어 "일광변조보살", "월광변조보살"이라고도 부른다. 곧 해와 달의 상징성을 보살의 명호로 삼은 것이다.

두 보살의 형상에 대해서는 일본『대정장(大正藏)』19권에 실린「정유리정토표(淨琉璃淨土標)」에 자세히 실려 있다. 장치(長治) 2년인 1105년에 이미 유포된 것이지만 누가 번역했는지는 정확하게 알려져 있지 않다.

이「정유리정토표」에는 두 보살의 형상뿐 아니라 약사여래의 권속인 십이야차대장(十二夜叉大將)의 형상도 묘사하고 있다. 십이야차대장은 방위를 맡고 있는 십이지신장(十二支神將)으로 출발했지만 약사여래가 중생을 질병과 재난으로부터 구원하고 의식주를 해결해 주는 등 12가지 큰 원을 성취할 수 있도록 도와주는 신장의 역할도 맡게 된다. 12띠 동물이 각기 다른 무기를 든 장수의 모습으로 나타나는 십이야차대장의 모습은 지금도 절집에 많이 남아 있다.

「정유리정토표」에 의하면 '일광보살은 적색의 몸으로 왼손의 손바닥에 해를 놓고, 오른손으로는 천상에서 핀다는 만주적화(曼朱赤花)를 잡고 있다'고 하였고, '월광보살은 백홍색의 몸으로 왼손의 손바닥에 달을 놓고, 오른손으로는 홍백색의 연꽃을 잡고 있다'고 되어 있다.

그러나 한반도에서는 주로 약사불만 단독으로 조성된 모습으로 나타나고 약사삼존상으로 조각된 모습은 찾아보기 어렵다. 신라시대의 삼존상으로는 애장왕 2년(801)에 조성된 함안 방어산 마애약사여래삼존입상이 있지만 여기에도 일광보살은 두 팔을 벌리고 있고, 월광보살은 두 손을 합장하고 있을 뿐이다.

울산 어물동 마애여래좌상도 삼존상인데 두 협시보살이 해와 달을 상

〈회암사〉명 약사여래삼존도〉(조선시대, 보물). 중앙의 약사 부처님을 중심으로 내좌 앞에 시립한 일광·월광보살. 그 구분은 보관에 있는 해의 상징(세 발 달린 까마귀)과 달의 상징(토끼)을 통해 가능하다.

징하는 원통형 보관을 쓰고 있어 확실한 약사삼존임을 증명하고 있다. 또한 보관에 해와 달을 표현하는 양식이 신라시대에 시작해 지금까지 전승되고 있다는 것을 알게 해 준다.

가끔씩 손으로 잡고 있는 연꽃 위에 해와 달을 올려놓은 일광보살과 월광보살이 보이는데 부산 범어사 대웅전 안쪽의 약사삼존도 벽화가 그러한 예에 들어간다. 그러나 대개의 약사삼존탱화에는 두 보살의 보관 위에 해와 달을 표현한 그림들이 조선 초기에도 그려졌으므로 고려 때부터 이러한 양식이 전해져 내려왔을 것으로 추정한다.

입체 조각으로 된 약사삼존상은 경주 기림사 약사전에 모셔져 있는데 두 협시보살이 문수·보현보살로 알려져 있어 원래부터 삼존상으로 조성된 것은 아닐 것으로 보고 있다.

결국 약사여래삼존상은 탱화에 주로 나타나며 두 협시보살의 화려한 보관에 해와 달을 모신 형상으로 표현하고 있음을 알 수 있다. 곧 약사전에 약사여래만 모시고 후불탱화 속에서만 주로 두 협시보살을 찾아볼 수 있다는 말이다.

치성광여래삼존(熾盛光如來三尊)

그런데 이 일광·월광보살은 치성광여래의 협시보살로도 나타난다. 칠성각에 모셔진 칠성탱화의 주존불 치성광여래는 별들의 중심인 북극성이 불교에 들어와 수용되면서 나타난 것이다. 몸 전체의 털구멍에서 뿜어져 나오는 빛이 매우 치성(熾盛)하다고 하여 "치성광여래(熾盛光如來)"라는 이름을 얻었다.

사실 치성광여래신앙은 중국에서 나타난 신앙이다. 바빌로니아에서 시작된 점성술은 고대 그리스와 로마에 전래된 후 다시 인도로 전파되어 구요(九曜)신앙을 만들었다. 구요란 일(日), 월(月)과 화(火), 수(水), 목(木), 금(金),

토(土)인 오성(五星)을 합하여 "칠요(七曜)"라 하고 인도 전래의 라후(羅睺, Rahu)·계도(計都, Ketu)를 더하여 부르는 말이다. 라후는 일식과 월식의 신이며, 계도는 혜성을 일컫는다고 한다.

어쨌든 이 별자리들의 운행에 따라 나라와 인간의 운명과 재난의 생성, 소멸이 일어난다고 생각하여 옛날부터 고대인은 별자리의 관측을 중요하게 여겼다. 하늘의 움직임을 읽어 나라를 통치하고 백성을 이롭게 하고자 했던 것이다. 신라의 첨성대(瞻星臺), 고려의 천문대(天文臺), 조선의 관천대(觀天臺)가 모두 그러한 유적이다.

이 인도의 점성학은 당나라 때 본격적으로 알려졌으며 중국 전통의 북극성신앙과 어울려 치성광여래가 탄생하게 된다. 곧 우주의 중심으로 하늘의 모든 별을 다스리는 북극성을 여래화한 것이다. 이 시기가 8세기 후반에서 9세기 초라고 추정하고 있기 때문에 한반도에는 신라 말기에 들어왔을 것이다.

고려시대에는 부처님의 권속이 된 치성광여래가 나라와 인간의 재난을 구제해 주는 불교의 호법불로 그 역할이 주어짐에 따라 국가적으로 존숭되는 신앙으로 발전한다.

또 고려는 건국 초기부터 도교의 구요당(九曜堂)을 설치해 천재지변을 물리치고 국가와 왕실의 복을 기원하는 의례를 말기까지 이어나갔지만 조선조에 들어와서는 그 역할이 소격서(昭格署)로 축소되고 결국 중종 때 폐지되고 말았다. 일월성신에 기원하던 국가적 제례가 종말을 고한 것이다. 이러한 영향으로 불교의 치성광여래신앙도 차츰 약해지게 된다. 하지만 인간의 운명과 생사에 관한 문제들은 유교의 덕목으로 해결해 줄 수 있는 사항이 아니었기 때문에 세간에서는 이러한 별자리신앙이 계속 이어져 나갔다.

특히 치성광여래신앙이 국가와 백성의 안녕을 위하는 데 집중되었다면

〈가평 현등사 칠성정화도〉(조선시대, 경기 문화재자료)

민간에서는 구병과 수명장수에 초점을 맞추게 되면서 약사여래신앙과 유사
한 방향으로 흘러갔다. 북극성은 뭇별의 중심이자 치성광여래였기 때문에
해와 달이 협시보살로 등장할 수밖에 없었고, 치성광여래가 약사여래의 임
무를 띄게 되면서 이러한 연유로 또한 일광·월광보살이 협시보살로 나타나
게 되었을 것으로 추정해 보는 것이다.

　　칠성탱화에는 우리 한민족이 오랫동안 믿어 왔던 북두칠성신앙이 반영
되기도 한다. 북두칠성을 여래화하여 칠여래(七如來)로 나타나는데 이 칠여
래가 다시 중생을 위해 도인의 모습으로 그려진 것이 바로 "칠원성군(七元星
君)"이다. 그래서 칠성탱화에는 치성광여래 곁에 칠여래도 나타나고, 그 아래
쪽에는 칠원성군도 나타난다. 한민족의 전통신앙이 불화에도 나타나는 특징
을 갖추게 된 것이다. 이러한 변화는 임진왜란·병자호란 이후에 본격적으로
나타나기 시작해 조선 후기 칠성탱화에는 하나의 양식으로 굳어졌다.

　　우리 민족은 불교 유입 이전부터 북두칠성이 인간에게 생명을 주고 수

명을 관장한다고 믿어왔다. 실제로 북두칠성은 북극성을 중심으로 시계 반대 방향으로 하루에 한 번씩 돌기 때문에 이를 시간을 관장하는 신의 활동으로 본 것이다. 그러한 흔적이 고인돌이나 암각화에 나타난 북두칠성 성혈(性穴)이다. 일곱 개 둥근 구멍을 만들기도 하지만 윷판을 본 뜬 29개 윷판 구멍을 파 놓기도 한다. 가운데 북극성을 중심으로 북두칠성이 돌아가는 것을 상징하는 것으로 북두칠성에게 소원을 빌기 위해 새겨 놓은 것이다. 전국 도처에 있어 북두칠성신앙이 선사시대부터 이어져 왔음을 나타내는 증거물이다.

그렇다면 왜 정월에 온 가족이 모여 윷놀이를 하는 것인지도 이해가 된다. 곧 온 가족이 건강하게 오래 살 수 있기를 북두칠성에게 기원한 것이 하나의 놀이로 정착된 것이다. 단순히 가족이 모여 즐기자고 만든 놀이가 아닌 것이다.

그래서 칠성각에서 기도할 때는 주존불인 치성광여래의 명호를 부르는 것이 아니라 '칠원성군'의 명호를 부른다. 우리 민족에게는 북두칠성이 신앙적으로 더 뿌리가 깊기 때문이다.

칠성탱화에서 치성광여래는 소가 끄는 수레에 올라앉아 있는 모습으로 흔히 묘사되는데 인간의 삶이 수레바퀴처럼 돌고 돈다는 불교의 윤회사상을 반영한 것으로 보고 있다. 또 왼손에 금빛이 나는 수레바퀴인 금륜(金輪)을 가지고도 있는데 '세상을 평정한다'는 의미로 해석한다. 결국 사찰의 칠성각은 불교와 도교, 우리의 전통적 칠성신앙이 혼재하며 나타난 것임을 알 수 있다.

●
윷판바위

치성광여래삼존이 입체 조각으로 나타난 경우는 매우 드물다. 가장 유명한 곳은 장성 백양사 칠성전(七星殿)이다. 대개 "칠성각"이라고 부르지만 여기는 "칠성전"이다. 그만큼 격이 한 등급 높다는 뜻이다. 백양사 칠성전에는 그 귀하디귀한 일광·월광보살상을 협시로 한 치성광여래삼존상뿐만 아니라 칠원성군상도 모두 갖춰져 있다.

원래 이 존상들은 백양사 운문암에 모셔져 있었던 성보들이다. 운문암 칠성전은 북두칠성의 기운이 떨어지는 영험한 기도처였는데 한국전쟁 때 불에 타면서 큰절로 내려다 모신 것이다. 운문암은 선방(禪房)이어서 드나드는 신도들이 많지 않았지만 칠성전이 영험해서 스님들이 참선하고 먹고 사는 데 지장이 없었다고 한다.

또 한 곳은 서울 안양암 금륜전(金輪殿)이다. 당호에서 알 수 있듯이 금

장성 백양사 칠성전

사찰 속 숨은 조연들

륜을 갖고 있는 치성광여래상을 모시고 있어 "금륜전"이라고 부른다. 돌로 만든 치성광여래와 월광보살, 칠원성군, 동자 등이 모셔져 있고 일광보살은 분실되었다. 서울 문화재자료로 지정된 이 존상 중 본존인 치성광여래좌상은 1899년 조성되었다.

한편 이보다 먼저 조성된 삼존상이 안양 삼막사 칠성각에 모셔져 있다. 마애삼존불상으로 영조 39년(1763)에 조성된 삼존불이다. 가운데 모셔진 불상을 약사여래라고 보기도 하지만 1764년 전각을 지을 때에는 "칠성전"이라 하였고, 1881년 중건할 때 "칠성각"이라 하였기 때문에 치성광여래삼존일 것이다.

이처럼 칠성신앙은 불교문화에 흡수되어서도 없어지지 않고 긴 생명력을 이어가고 있다.

삼막사 마애삼존불(조선시대, 경기 유형문화재)

나
한

붓다와 나한

나한(羅漢)은 "아라한(阿羅漢)"을 줄여서 부르는 말이다. 아라한은 범어 "Arhan"을 음역한 용어로, 뜻으로 번역해 "응공(應供)"이라고 한다. '공양을 받을 만한 자격이 있는 사람'이란 의미이다. 그런데 이 호칭은 불교에서 유래한 것이 아니고 석가모니가 이 세상에 계실 때에 인도에서 유행하던 브라만교에서 유래한 것이다. 브라만교의 사제 계급인 브라만들은 보통 공부하는 학생기(學生期)와 결혼해서 아이를 키우고 가정을 꾸리는 가주기(家住期)를 거친 후 아들이 장성해 가주기에 들어서면 모든 것을 물려준다. 그런 후 옷 몇 벌과 최소한의 생필품만 챙겨서 숲속으로 들어가 본격적으로 수행하는 임서기(林棲期)를 갖게 된다. 마지막 단계는 이곳저곳 유행하며 수행하는 유행기(遊行期)이다.

　이러한 수행자에게 필요한 것은 이미 다 버리고 온 존경심도 아니고 부귀영화도 아니다. 수행을 위해 목숨을 이어갈 한 끼의 먹거리였고, 사람들은 이러한 숲속의 수행자를 자연스럽게 '아라한', 곧 '공양을 올릴만한 가치가 있는 이'로 부르게 되었다.

　훗날 불교에서 '아라한'이라는 명칭을 받아들여 수행계위의 가장 높은 윗자리에 놓았고 여러 가지 의미로 번역했다. "살적(殺賊, 모든 번뇌의 도적을 물리친 이)", "불생(不生, 다시 태어나지 않는 경지에 오른 이)", "응진(應眞, 진리에 상응하는 이)" 등의 호칭이 그것이다. 그래도 아라한의 원래 의미는 '응공'이고, 나머지는 시대가 내려가며 부가된 명칭이다.

　따라서 싯다르타 태자가 처음 깨달았을 때 부르는 호칭은 '아라한'이었다. 부처님을 부르는 열 가지 명호 중에 '응공'이 있는 것만 보아도 알 수 있다. 석가모니가 처음 전법을 한 교진여(憍陳如, Kondanna) 등 다섯 비구도 아라한이 되었고, 야사(耶舍, Yasa)와 그의 친구 54인도 출가하여 모두 아라한이 되었다. 60명의 아라한이 탄생한 것이다. 곧 불교에서 석가모니는 최초의 아라한이었고, 가르침을 받은 제자들도 아라한이 되었으며, 이를 발판으로 불교 교단이 자리 잡게 된다.

석가모니 부처님이 입멸한 후 100여 년 뒤에는 불교 교단이 크게 두 개의 부파(部派)로 갈라지게 된다. 하나는 상좌부(上座部), 또 하나는 대중부(大衆部)이다.

상좌부불교는 보수파로서 '석가모니 부처님 가르침대로 수행해 깨달음을 얻어 아라한이 되면 붓다와 동등한 자격을 얻는다' 하였고, 대중부불교는 진보파로서 붓다를 초월적 존재로 인식하고 '사람이 수행해서 아라한이 되었다고 하더라도 현세에서는 붓다와 동일하게 될 수는 없다'고 하였다. 또한 모든 보살은 욕심도, 성냄도 없이 '중생을 이롭게 하기 위해 나쁜 곳에 태어

● 기원정사. 석가모니 부처님 당시 자주 머물며 설법했던 곳으로 초기불교 정사 가운데 가장 유명하다. 이곳에서 부처님의 제자들은 깨달음을 얻어 아라한이 되었을 것이다.

나기를 원하며 중생의 마음은 본래청정하다[自性清淨心]'는 주장을 펼쳤다.

훗날 상좌부는 동남아시아 지역으로 퍼져 소위 소승불교가 되었고, 대중부는 북쪽으로 퍼지며 대승불교로 발전하게 된다. 지금도 태국, 미얀마, 라오스, 캄보디아, 스리랑카는 상좌부(Theravada)불교가 전승되고 있어 사찰에 모셔진 불상은 석가모니 부처님으로 통일되어 있다. 대승불교는 서역을 거쳐 중국으로 유입되며 그 주변국인 우리나라나 일본의 정신문화에 큰 영향을 미치게 된다. 다만 베트남은 소승불교와 대승불교가 공존하고 있는데 북부 지역이 중국과 국경을 맞대고 있어 대승불교가 유입되었기 때문이다.

그럼 깨달은 아라한들은 어떻게 되었을까?

석가모니 부처님으로부터 아라한이 되었다고 인정받은 비구들이 한두 명이 아니다. 중국에 불교가 들어올 때는 불교의 모든 경전과 사상이 차별 없이 밀려들었기 때문에 이러한 아라한들도 함께 들어와 신앙의 대상으로 전환하게 된다. 석가모니 부처님 재세 시에도 신통을 부려 부처님에게 꾸중을 들었던 아라한들이 있었던 만큼 부처님급은 아니지만 중생이 믿고 의지하는 신앙의 대상으로 큰 무리가 없었기 때문이다.

그러한 나한신앙에 큰 역할을 한 경전이 인도에 유학한 당나라의 고승 현장 스님이 654년에 번역한 『대아라한난제밀다라소설법주기(大阿羅漢難提

나한상

영주 성혈사 나한전(조선시대, 보물)

울진 불영사 응진전(조선시대, 보물)

사찰 속 숨은 조연들

密多羅所説法住記)』라는 경전이다. 경전 제목에서 알 수 있듯이 큰 아라한이신 난제밀다라 스님이 이야기한 내용이다. 난제밀다라는 스리랑카 스님으로 석가모니 부처님 열반 후 800년이 되던 시기에 이 책을 썼다고 하는데 보통 『법주기』라고 부른다.

이 경전에서는 석가모니 부처님이 16명의 아라한들에게 '자신이 입멸한 이후에는 영원히 이 세상에 머물러 각지에서 불법(佛法)을 수호하고 중생을 제도하라'는 부촉을 내린다. 이들은 경(經)·율(律)·론(論) 삼장(三藏)뿐 아니라 다른 학문에도 능통하고 신통력까지 지니고 있다. 중생이 믿고 의지할 능력을 가지고 계신 분들인 것이다.

자연스럽게 나한들을 모신 법당이 등장하게 되고 신라에도 나한신앙이 들어오게 된다. 고려 왕실에서는 국가의 안녕과 기우제 등을 지내기 위해 나한을 모시고 기도하는 나한재(羅漢齋)와 오백나한재(五百羅漢齋)를 지낸 기록이 많이 남아 있다. 배불시대인 조선시대에서도 민간의 나한신앙은 그대로 이어졌다.

다만 나한재를 지낼 때에는 특별히 몸가짐에 신경을 써야 한다고 한다. 나한들은 계율을 잘 지키지만 성격이 괴팍하다는 이야기가 전해지고 있기 때문이다. 그 대신 정성 들여 기도하면 반드시 소원이 성취된다고 하여 지금도 나한신앙을 믿고 의지하는 사람들이 있으며 전국적으로 유명한 나한 도량도 여러 곳이 있어 신도들의 참배가 끊이지 않는다.

나한을 모신 법당을 "나한전"이라 하고 "응진전", "영산전"이라고도 한다. 영산전은 석가모니 부처님이 인도 영취산에서 법회를 할 때 많은 아라한들이 모였으므로 "영산법회"에서 이름을 빌려온 것이다. 오백나한을 모시는 경우 "오백나한전", "오백전"이라고도 부른다.

그러면 나한들에는 어떤 분들이 있을까?

십대제자

아라한의 지위에 오른 석가모니 부처님의 여러 제자 가운데 가장 뛰어난 10명의 제자를 보통 "십대제자(十大弟子)"라고 한다. 당연히 나한전에 모실 자격이 있다. 그래서 나한전의 주존불로는 항상 석가모니 부처님을 모시고, 협시보살로 제화갈라보살과 미륵보살을 모시지만 협시존으로 가섭 존자와 아난 존자를 대신 모시기도 한다. 어느 나한전은 두 보살과 두 존자를 같이 모시기도 한다.

경주 석굴암 석굴의 경우와 같이 십대제자 전체를 조각상으로 모시는 경우도 있지만 대개 탱화에 나타나는 경우가 많다. 김천 직지사 대웅전 후불탱인 〈직지사 대웅전 삼존불탱화〉는 영조 20년(1744)에 그려진 것으로, 세

남양주 흥국사 소조석가여래삼존좌상(조선시대, 보물). 남양주 흥국사 영산전에 봉안된 이 삼존좌상은 본존인 석가모니불을 중심으로 좌우에 제화갈라보살과 미륵보살을 모셨다.

폭의 불화 가운데 주존인 석가모니 부처님 뒤에 걸린 후불탱은 부처님이 인도 영취산에서 법회를 열 때의 모습을 모델로 한 것이기 때문에 "영산회상도(靈山會上圖)"라고 부른다. 당연히 십대제자가 아라한으로서 등장한다. 이처럼 영산회상을 그린 탱화에는 십대제자가 종종 출현한다.

그럼 십대제자는 어느 때 확정된 것일까?

이에 대해 석가모니 부처님이 직접 언급한 적은 물론 없다. 결국 경전에 의거해서 추정해 볼 수밖에 없는데 그 경전이 바로『유마경』이다.

물론『유마경』에도 "십대제자"라는 명칭은 나오지 않는다. 다만『유마경』「제자품」에 보면 석가모니 부처님이 '지혜와 교화력이 뛰어난 유마거사에게 누구를 문병하러 보낼 것인가?' 하고 묻는 장면에서 열 명 제자의 이름이 차례대로 등장한다. 이를 근거로 십대제자가 굳어지게 되는데 인도 불교

〈김천 직지사 대웅전 삼존불탱화〉(조선시대, 보물)

〈김천 직지사 대웅전 삼존불탱화〉 중 중앙의 〈영산회상도〉 부분. 석가모니 부처님 상단 양옆으로 승려 모습의 십대 제자가 좌우 각 5명씩 자리하고 있다.

미술에서는 십대제자가 나타나는 모습이 전혀 없다.

십대제자가 정해져서 받들어지게 된 이유는 중국에 불교가 들어온 후 점차 십대제자의 존재감이 부각되었기 때문으로 보고 있다. 중국은 이미 공자의 제자들 중 10명의 뛰어난 제자를 "공문십철(孔門十哲)"이라고 하여 존숭하고 있었기 때문이다.

큰 스승 밑에 뛰어난 제자가 출현하는 것은 지극히 당연한 일이니 불교에서도 석가모니 부처님의 뛰어난 제자 그룹이 있어야 한다는 당위성이 제기되었을 것이다. 이러한 발상이 십대제자 출현의 밑거름이 되었을 것으로 본다. 예수에게도 십이사도가 있듯이 말이다.

석가모니 부처님의 십대제자는 각자 뛰어난 수행 능력이 있기 때문에 그것을 상징하는 단어를 앞에 붙여 표현한다. 그 십대제자의 이름을 한번 되새겨 보자.

1. 지혜제일(智慧第一) 사리불(舍利弗)

사리불(Sariputra)은 브라만 출신으로 석가모니 부처님의 제자인 아사지(Assaji)의 설법을 듣고 250명의 제자와 함께 부처님께 귀의하였다. 지혜가 가장 뛰어난 제자로 "지혜제일"이라 불렸고 석가모니 부처님을 대신하여 설법하기도 하였다. 석가모니 부처님의 아들인 라훌라가 출가하였을 때 그를 가르치는 스승이 되기도 하였다. "사리자(舍利子)"라고도 부르는데,『반야심경』에 나오는 "사리자"가 바로 이 사리불이다.

제 1 상

제 2 상

제 3 상

제 4 상

제 5 상

제 7 상

제 6 상

제 8 상

제 9 상

제 10 상

경주 석굴암 석굴 내 십대제자상. 각 상이 누구를 가리키는지는 알 수 없다.

〈송광사 영산전 후불탱〉(조선시대, 보물). 하단 중앙에 부처님을 향하여 법을 청하는 비구가 사리불이다.
이렇듯 사리불은 몇몇 불화에서 청법 비구로 등장한다.

2. 신통제일(神通第一) 목건련(目犍連)

목건련(Maudgalyayana)도 브라만 출신으로 사리불과 함께 수행하였으나 사리불이 부처님에게 귀의하는 것을 보고 자신도 제자들과 함께 부처님의 제자가 되었다. 신통력이 가장 뛰어나 "신통제일"로 칭송된 그를 흔히 "목련존자(目連尊者)"라고도 부른다.

생전에 악업을 많이 지은 어머니가 지옥에 태어나 극심한 고통을 받는 것을 보고 부처님의 가르침에 따라 어머니를 구출해 도리천궁에 태어나게 하였다. 이 일로 인해 음력 7월 15일은 우란분절(盂蘭盆節)이 되어 조상을 천도하는 불교의 명절이 되었다. 일반적으로 잘 아는 "백중(百中)"이 그날이다.

목건련은 불교 교단을 질투하는 이교도에게 피살되었고, 곧이어 사리불도 죽음으로서 석가모니 부처님도 큰 아픔을 겪었다.

●
〈하동 쌍계사 감로왕도〉(조선시대, 보물) 상단 부분.
오른쪽 윗부분에 관세음·지장보살과 제화갈라보살, 그리고 목건련·아난 존자를 배치했다.

3. 두타제일(頭陀第一) 마하가섭(摩訶迦葉)

마하가섭(Mahakasyapa)은 마가다국 왕사성의 부유한 브라만의 아들이었지만 일찍부터 수행에 관심이 많았다. 부모의 반대로 출가하지 못하고 결혼하였으나 부모가 운명하자 석가모니 부처님에게 출가하였다. 그의 부인 밧다 까삘라니(Bhadda Kapilani)도 출가해 다른 곳에서 수행하다가 불교에 비구니 교단이 성립되자 불교 승단의 비구니가 되었고 곧 아라한이 되었다. 두 부부는 결혼 후에도 잠자리를 같이 하지 않은 것으로 알려져 있다.

마하가섭은 수행자로서 항상 걸식하며 마음을 닦고 계율을 잘 지켜 "두타제일"이라 불리웠고, 그의 부인이었던 밧다 까삘라니 존자는 '전생을 기억하는 비구니 가운데 제일'이라는 칭찬을 부처님에게 들었다.

또한 마하가섭은 부처님이 돌아가신 후 부처님이 가르치신 교법(敎法)과 계율을 결집하는 제1차 결집을 주도해 승단의 지도자 역할을 하였다. 선종에서는 석가모니 부처님 다음의 제1조사로 존숭하고 있다.

4. 천안제일(天眼第一) 아나율(阿那律)

아나율(Anuruddha)은 석가모니 부처님의 사촌동생으로 아난다와 함께 출가하였다. 부처님이 설법하는 자리에서 졸다가 꾸지람을 받은 후 눈을 감지 않고 수행하다가 실명하였다. 대신 마음의 눈을 떠 눈으로 볼 수 없는 모든 것을 볼 수 있는 천안(天眼)을 얻었기 때문에 "천안제일"이라고 불리웠다.

스스로 바느질해 옷을 꿰매야 하는 계율에 따라 옷을 깁다가 바늘에서 실이 빠지자 석가모니 부처님이 말없이 다가와 그 실을 바늘귀에 꿰어 주었다는 유명한 일화의 주인공이다. 부처님께서 스스로 보이신 이 자비로운 실천은 스님들이 함께 살면서 어려운 일을 서로 도와야 한다는 깨우침을 주었다.

5. 다문제일(多聞第一) 아난다(阿難陀)

아난다 역시 석가모니 부처님의 사촌동생이다. 25년간 부처님의 이른바 '비서실장'으로 부처님의 가르침을 가장 많이 듣고 외웠기 때문에 "다문제일"이라고 불렸다. 그는 석가모니 부처님이 여성의 출가를 허락하는 데 중요한 역할을 하였다.

아난다는 석가모니 부처님 입멸 후 첫 번째 결집에서 경을 암송하였는데, 우리가 접하는 경전의 첫머리에 '이와 같이 나는 들었다[如是我聞]'에서 말하는 '나'가 바로 아난다이다. 이름을 줄여서 보통 "아난(阿難)"이라고 부른다.

6. 지계제일(持戒第一) 우바리(優波離)

우바리(Upali)는 천민 계급 출신으로 석가모니가 태어난 카필라성 석가족 왕실의 이발사였다. 아나율, 아난다 등 석가모니의 사촌들이 출가하는 것을 보고 출가하였는데, 신분의 차별보다 평등을 더욱 중시한 석가모니 부처님에 의해 승단의 일원이 될 수 있었다. 이와 관련해 전하는 유명한 일화가 있다. 석가족의 왕자들이 우바리 존자보다 일주일 늦게 출가한 후 이발사였던 우바리 존자에게 이마를 땅에 대고 정례(頂禮)하는 것을 꺼리자 석가모니 부처님이 '위 없는 진리 앞에서는 차별이 없다'고 설파하여 이들에게 절을 하게 하였던 것이다. 이 일화는 불교가 신분의 차별을 부정하고 인간 본래의 인격을 존중한다는 중요한 의미를 갖게 된 계기가 되었다.

우바리 존자는 계율을 누구보다도 철저히 지키는 수행력으로 "지계제일"로 불리는 영예를 얻었다. 결국 그는 첫 번째 결집에서 계율을 암송하는 임무를 맡게 되었다.

●
〈영산회상도〉(조선시대). 석가모니 부처님이
본존으로 등장하는 영산회상도에는 첫 번째
결집에 참여한 마하가섭과 아난다가 등장한다.
마하가섭은 노인의 모습으로, 아난다는
청년의 모습으로 묘사된다.

사찰 속 숨은 조연들

7. 설법제일(說法第一) 부루나(富樓那)

부루나(Pruna)는 카필라성 근교의 부유한 브라만 가문에서 싯다르타 태자가 탄생한 날 같이 태어났다. 설법으로 남을 교화하는 데 뛰어나 "설법제일"이라고 불렸다.

　　어느 날 존자는 사람들의 성품이 거칠고 외부 사람의 말도 잘 듣지 않으며 폭력도 서슴지 않는 수로나 지역으로 전도를 떠나려고 했다. 그때 석가모니 부처님이 만류하려 하자 부루나는 '부처님의 가르침을 전하기 위해서라면 칼에 찔려 죽는다 해도 어차피 버려야 할 몸, 그들이 나를 해탈케 한다고 생각하겠다'고 하여 허락을 받았다고 전해진다. 결국 부루나는 수로나국으로 가서 교화를 펴고 500명의 남자 신도와 500명의 여자 신도를 불교에 귀의하게 하였다.

8. 해공제일(解空第一) 수보리(須菩提)

수보리(Subhuti)는 사위국 브라만 가문에서 태어났는데, 그의 아버지는 부처님 당시에 지어진 최초 가람 중 하나인 기원정사(祇園精舍)를 보시한 수달다 장자의 동생 수미나 장자였다. 곧 수보리의 큰삼촌이 수달다 장자이다.

　　어머니가 일찍 죽어 홀아버지 밑에서 자란 존자는 큰삼촌인 수달다 장자가 자신의 아버지인 수미나를 돌보지도 않고 경시하는 것에 마음이 삐뚤어져 거리의 불량배들과 어울렸다. 머리는 영리하였지만 분노를 조절하지 못해 사람과 동물에게도 화를 내기 일쑤였다.

　　그러던 어느 날 수달다 장자가 큰 재산을 들여 기원정사를 짓는다는 소식을 듣고 훼방을 놓기 위해 친구들과 공사 현장을 찾아갔다. 거기에서 탁발을 다니는 부루나와의 문답을 통해 불교에 눈뜨게 되고, 결국 부처님에게 출가한 뒤 영취산 토굴에서 수행하여 공(空)의 이치를 깨닫게 되었다. "해공제일"이 된 것이다.

수행에만 힘쓰고 다투는 일이 없어 "무쟁제일(無諍第一)"이라고도 불리 웠으며, 『금강경』 등 '공'의 가르침을 설하는 경전에 그의 이름이 자주 등장 한다.

9. 논의제일(論議第一) 가전연(迦旃延)

가전연(Katyayana)은 서인도 아반티(Avanti)의 브라만 출신으로 부친은 국왕의 스승이었다. 그의 부모는 가전연을 외삼촌이자 학자로 유명한 아시타(Asita)에게 보내 여러 학문과 종교를 배우도록 했다. 아시타는 운명하면서 석가모 니 부처님의 제자가 되라는 유언을 남겼는데, 이때는 싯다르타 태자가 깨달 음을 얻어 석가모니 부처님이 되기 전이었다.

바라문으로서의 논리와 유창한 언변으로 이름을 날리며 많은 사람들의 칭송과 공양을 받던 가전연은 교만한 마음이 늘어갔다. 석가모니가 깨달았 다는 소식이 들려왔지만 가전연은 자신의 위치를 즐겼다.

그때 바라나시에서 옛 비석이 발견되고 가전연이 가서 결국 그 비석의 글을 읽어 왕으로부터 상을 받았다. 그렇지만 그 비문의 뜻이 무엇인지 알 수 없었던 가전연은 부처님을 찾아뵙고 그 해설을 들으며 불교의 진리를 깨닫 게 된다. 그렇게 부처님에게 출가한 가전연은 이후 수많은 학자와 다른 종교 인과의 논쟁을 통해 더욱 명성을 떨치게 되었다. 이렇게 석가모니 부처님의 말씀을 논리적으로 해석하고 설명하는 데 뛰어나서 상대할 사람이 없던 그 는 "논의제일"이라 불렸다.

부루나가 일반 대중을 위한 설법을 잘했다면, 가전연은 브라만교의 논 사나 국왕, 귀족 들을 감화시키는 데 큰 능력을 발휘했다. 국가 전체에 큰 영 향을 미친 것이다.

10. 밀행제일(密行第一) 라훌라(羅睺羅)

싯다르타 태자와 야소다라 비(妃) 사이에서 태어난 외아들이다. 그는 석가모니 부처님이 성도 이후 고향인 카필라성을 방문했을 때 출가했는데, 당시 어린 나이였으므로 예비 승려라 할 수 있는 최초의 사미(沙彌)가 되었다.

라훌라는 남의 눈에 띄지 않는 곳에서도 인욕과 계율을 철저히 준수해 "밀행제일"이라는 칭호를 얻었다.

십육나한

사찰의 나한전에는 대개 이 십육나한(十六羅漢)이 모셔진 경우가 많다. 이들은 깨달음을 이룬 성자들이기 때문에 석가모니 부처님 열반 후 다음 세상의 부처님인 미륵불이 올 때까지 이 세상에 머물며 중생을 교화하라는 석가모니 부처님의 부촉을 받았다. 곧 보살들과 다름없는 중생 구제의 임무를 부여받았으므로 신앙의 대상으로 모시게 된 것이다. 다만 석가모니 부처님 당시의 실존 인물로 알려져 있기 때문에 보살과는 다른 이미지를 갖게 된다. 스님들의 모습으로 조각되거나 그려진 것이다.

나한전에 모셔진 십육나한을 보면 그 모습이 일정치 않다. 치열한 수행의 과정을 거치고 마음의 평정을 이룬 탓인지 근엄한 모습보다는 자유로운 자세를 취하고 있는 경우가 많다. 점잖게 앉아 있는 모습의 나한이 있는가 하면 용이나 동물과 천진하게 장난치는 모습도 있고 등을 긁고 있는 해학적인 모습도 보인다. 그래도 이 나한들은 경전과 계율, 논리에 통달하고, 불교 외의 종교나 학문에도 능통하며, 신통력까지 있어 중생의 복밭이 된다.

나한전에는 석가모니 부처님 좌우로 8명씩 나누어 앉는데 가끔씩 동자

1~2명을 거느리고 있기도 하다. 안동 광흥사 응진전처럼 십육나한에 각각 1명씩의 동자가 옆에서 시봉하고 있는 법당도 있다.

　이러한 나한신앙은 우리나라는 물론 중국과 티베트, 일본 등 동아시아에 고루 전승되어 내려왔다. 한국의 큰절에는 대개 나한전을 갖추고 있으나 그 역할이 보살과 비슷하여 신앙적으로는 점차 약해진 편이다. 시대에 따라 신앙의 대상도 달라지는 것은 피할 수 없는 역사의 운명인가보다.

　그럼 십육나한은 누구이며 어떤 특징이 있을까?

〈십육나한도〉(조선시대). 십육나한 중 2·4·6·8·10번째 나한이 그려진 이 나한도는 여러 점으로 이루어진 십육나한도 중 한 폭이다.

　　　　　　　　　　　　　　　　　　　　　　　　　　　　　사찰 속 숨은 조연들

칠곡 도덕암 나한전(조선시대).

평창 상원사 영산전 십육나한상(조선시대, 강원 유형문화재)

1. 빈도라발라타사(賓度羅跋羅惰闍)

빈도라발라타사(Pindola-bharadyaja)는 보통 "빈두로파라타", "빈두로 존자"라고 부른다. 석가모니 부처님에게 출가해서 아라한이 된 존자는 사자와 같은 목소리와 자신을 새처럼 공중으로 띄우는 신통력이 있다고 한다.

빈두로 존자는 '신통을 보이지 말라'는 부처님의 말씀을 어기고 꾸지람을 받아 다른 곳에 가 있었지만 대중의 간청으로 다시 돌아오자 '너는 열반에 들지 말고 이 경계에서 중생을 교화하라'는 부처님의 말씀을 듣게 되었다고 한다.

나한전에 가면 흰 머리에 희고 긴 눈썹을 하고 있는 나한이 바로 빈두로 존자로, 길고 하얀 눈썹은 존자의 가장 큰 특징이다. 그는 무릎 위에 경전을 펼쳐 놓은 채 지팡이를 잡고 있는 모습으로도 표현되며, 큰 나무에 기대고 있는 모습으로도 나타난다.

2. 가락가벌차(迦諾迦伐蹉)

가락가벌차(Kanaka-vatsa) 역시 석가모니 부처님의 제자로 선과 악의 모든 체계를 이해했다고 한다. "가락가 존자"라고도 하며 귀이개를 들고 있거나 귀를 후비고 있는 모습을 하고 있다.

3. 가락가발리타사(迦諾迦跋厘惰闍)

가락가발리타사(Kanaka-bharadvaja)는 정법(正法)을 수호하고 중생을 이롭게 하는 아라한으로 몸에 털이 많고 오른손에 불자(拂子, 먼지털이개)나 발우를 든 모습으로 묘사된다.

사찰 속 숨은 조연들

4. 소빈타(蘇頻陀)

소빈타(Subinda)는 왼손에 경전을 들고, 오른손으로는 손가락을 튕기는 모습으로 묘사된다. 존자는 조용하고 내성적인 성격이어서 부지런히 수행하면서도 남 앞에 잘 나서지도 않고 누구와 이야기하는 것도 좋아하지 않았다. 다른 스님들이 '말솜씨가 없어서 어떻게 중생을 가르칠 수 있느냐'고 비웃었지만 부처님은 '말재주가 있고 없고 와 깨닫는 것은 아무런 관계가 없다. 누구라도 내가 가르치는 대로 간다면 한 마디 말을 하지 않아도 쉽게 목적지에 다다를 수 있다'고 설파했다.

소빈타는 부처님의 말씀대로 일찍 아라한이 되었으며 신통력으로 왕을 교화하기도 했다. 말을 하지 않고 수행하는 묵언(黙言) 수행의 원조 아라한으로, 탑을 든 모습으로도 나타난다.

5. 낙거라(諾距羅)

낙거라(Nakula)는 돌을 의자 삼아 그 위에 걸터앉은 채 양손으로는 여의(如意)를 쥐고 있는 모습으로 나타난다. '여의'란 뼈나 뿔, 나무, 대나무 등의 재료로 사람 손 모양을 만든 것으로 가려운 곳을 긁는 도구였으나 후대에는 법을 설하는 스님이 사용하는 법구(法具)로 그 용도가 달라졌다. 십육나한은 여러 세계에 흩어져서 중생 교화를 담당하고 있는데, 낙거라 존자는 바로 우리가 살고 있는 남섬부주를 담당하고 있다.

6. 발타라(跋陀羅)

발타라(Bhadra)는 바위 위에 가부좌하고 앉은 채 왼손에 염주를 들고 있는 모습으로 나타난다. 석가모니 부처님이 죽림정사에 계실 때 항상 따라다니던 제자다. 탐몰라주(耽沒羅洲)에 머물며 중생을 교화한다고 하는데 혹자는 탐몰라주는 제주도이며, 발타라 존자가 머물던 곳이 한라산 영실 존자암이라고 주장하기도 한다.

7. 가리가(迦理迦)

가리가(Kalika)도 긴 눈썹을 가지고 있으며 오른손으로 여의주를 들고 있다. 용의 모습이 함께 나타나는데 나한전에서 용을 자유자재로 갖고 노는 해학적인 모습의 나한이 바로 이 가리가 존자이다. 코끼리를 타고 있는 모습으로도 나타난다.

8. 벌사라불다라(伐闍羅弗多羅)

벌사라불다라(Vajraputra)는 몸이 야위고 털이 많은 편인데 윗도리를 벗고 바위 위에 앉아 있는 형상으로 그려진다. 왼쪽 편에는 경전이 놓여 있기도 하고, 사자를 데리고 있는 모습으로도 나타난다. 석가모니 부처님이 열반한 후 아난다를 지도해서 아라한이 되도록 가르쳤다고도 한다.

9. 수박가(戌博迦)

수박가(Jivaka)는 왼손에 염주나 부채를 들고 명상에 잠겨 있는 모습으로 표상된다. 수박가는 원래 훌륭한 바라문교도였다. 그의 친구가 '석가모니는 키가 16척이나 된다'는 소리를 듣고 손수 16척의 긴 장대를 마련해서 직접 석가모니를 찾아뵙고 키를 재게 되었다. 그러나 부처님의 신통력으로 키를 잴 수 없었고, 이로 인해 부처님의 제자가 되었다. 7년의 고행 끝에 깨달아 아라한이 되었다.

10. 반탁가(半託迦)

반탁가(Panthaka)는 바위 위에 좌복을 깔고 앉아 양손에 경전을 들고 독송하는 모습으로 표현된다. 십육나한 중 하나인 주다반탁가의 형으로, 두 형제가 모두 십육나한에 들어간 내력이 재미있다.

반탁가의 어머니는 마가다국 왕사성 안의 부유한 집안 딸이었지만 자기 집 남자 종을 사랑해 야반도주하였다. 다른 지방에 가서 살던 부부는 아이가 생기자 걱정이 생겼다. 그 당시 풍습으로는 산모가 친정에 가서 아이를 낳아야 했기 때문이다.

결국 어머니는 출산일이 다 되어 친정으로 가다가 그만 큰길가에서 아이를 낳았고, 몇 년 후에는 또 작은아들을 작은 길가에서 출산하였다. 반탁가는 '큰길에서 낳은 아이'라는 뜻이고, 주다반탁가는 '작은 길에서 낳은 아이'라는 뜻인데 그냥 그대로 이름을 삼았다.

그러나 살림이 점점 어려워지자 결국 어머니는 친정 부모에게 아이를 맡기게 되었고 두 아이는 외갓집에서 성장한다. 하지만 두 형제는 너무나 달랐다. 형은 머리가 천재급인데, 동생은 비할 수 없는 둔재였기 때문이다.

세월이 흘러 형 반탁가는 학식이 풍부한 청년이 되었고, 석가모니 부처님의 설법을 들으며 출가의 뜻을 세워 외할아버지의 허락을 받아 부처님의 제자가 되었다. 워낙 총명해 반탁가는 얼마 안 있어 깨달음을 이루고 아라한이 되었다.

자신은 아라한이 되었지만 동생인 주다반탁가도 나처럼 출가하면 얼마나 좋을까 하고 생각하여 외할아버지와 부처님의 허락을 얻어 결국 동생도 출가하게 되었다. 하지만 머리가 둔한 주다반탁가는 공부에 아무 진전이 없었다. 그래도 반탁가는 끊임없이 동생을 보살폈다. 그러다 주다반탁가는 절 안에서 마당을 쓰는 소임을 받았는데 부처님의 가르침대로 마음을 닦아 결국 아라한이 되었고 십육나한에도 이름을 올리게 되었다.

11. 나호라(羅怙羅)

나호라(Rahula)는 석가모니 부처님의 외아들 라훌라를 지칭하는 것으로 알려져 있다. 라훌라는 어려서 출가한 최초의 사미였기 때문에 장난도 심했고 찾아오는 신도들을 거짓말로 골탕 먹이기도 했다. 그러나 왕자였던 이력이 있어 누가 나서서 말리기도 어려웠다.

석가모니 부처님은 발 씻은 물그릇을 비유로 삼아 라훌라의 마음을 바꾸게 하였고, 이후 열심히 수행해 20세에 깨달음을 얻어 아라한이 된 것으로 알려졌다. 그래서인지 명상에 든 모습으로 나타난다.

12. 나가서나(那伽犀那)

나가서나(Nagasena)는 호랑이 가죽 위에 앉아 오른손으로 턱을 괴고 있는 모습으로 표현되기도 하고, 흰 수염과 흰 눈썹을 가진 노승(老僧)으로 나타나기도 한다. 나가서나는 "나가세나", "나선(那先)비구"라고도 부른다. 인도 북부 출신으로 그 지역을 다스리던 그리스 계통의 메난드로스(Menandros)왕과의 문답으로 널리 알려졌다. 이 왕을 보통 "미란다왕"이라 부르는데 이 왕은 불교에 관심을 가지면서 종종 불교 수행자와 문답을 나누었다. 두 사람 사이의 대담을 엮은 경전이 바로 『미란타왕문경(彌蘭陀王問經)』으로, 『나선비구경』, 『미란다팡하』라고도 한다.

나가서나는 기원전 2세기경의 스님으로 석가모니 부처님 당시의 제자는 아니지만 일찍이 아라한이 되었고, 뛰어난 비유와 언변으로 많은 사람을 교화하였으며, 그로 인해 메난드로스왕도 귀의하게 하였다.

13. 인게타(因揭陀)

인게타(Angaja)는 전생이 박쥐였다. 찬바람이 세차게 불고 눈까지 쏟아져 몹시 추운 어느 날, 그 박쥐는 동굴 속에 거꾸로 매달려 자고 있었다. 마침 산밑을 지나던 행상들이 추위와 눈을 피해 동굴로 들어왔다. 그들 가운데는 신앙심이 깊은 불교 신자가 있어 불경을 읽기 시작했다. 경 읽는 소리가 너무 아름다워 박쥐는 자기도 모르게 열심히 귀를 기울였다.

그러나 밤이 되자 점점 동굴 안도 추워졌고, 행상들은 차례로 밖에 나가 생 솔가지를 꺾어다 불을 피우기 시작했다. 연기가 심해 천장에 매달려 있던 박쥐는 더욱 죽을 지경이었다. 그러나 박쥐는 다른 곳으로 옮겨가면 아름다운 염불 소리를 들을 수 없을까봐 그대로 매달려 있었다. 하지만 참는 것도 한계가 있는 법, 매운 연기에 질식해 숨이 막혀 죽고 말았다.

그러자 경 읽는 소리를 들으며 죽은 박쥐는 사람으로 다시 태어났다. 그는 성장하면서 전생의 인연이 있어 열심히 수행하다가 결국 출가하여 스님이 되었고, 드디어 모든 번뇌를 털고 아라한이 되었다.

인게타 존자는 경전을 두 손으로 들고 앉았고 지팡이가 몸에 기대어져 있는 모습으로 그려진다. 포대화상을 닮은 모습으로도 표현된다.

14. 벌나파사(伐那婆斯)

벌나파사(Vanavasin)는 동굴 속에서 명상에 잠긴 모습으로 나타난다. 석가모니 부처님께서 이 세상을 떠날 때 벌나파사에게 400년 뒤 이 땅에 태어나는 카니슈카(Kanishka)왕을 교화하도록 부촉했다.

서기 2세기 초 쿠샨제국의 제3대 왕인 카니슈카가 태어나 지금의 우즈베키스탄부터 동쪽으로는 인도 파트나, 남쪽으로는 인도 중부, 북쪽으로는 우전국, 카슈가르까지 광대한 영토를 점령했다. 그 왕은 127년부터 151년까지 24년간을 통치했는데 처음에는 불교 신자가 아니었지만 벌나파사 존자를 만나 불교에 귀의하게 되었다고 한다.

어느 날 사냥을 갔던 카니슈카왕은 토끼를 보고 쫓아갔으나 끝내 잡을 수가 없었다. 그러다 깊은 숲속 큰 소나무 아래에서 진흙으로 탑을 쌓던 한 아이를 만나 '토끼가 지나가는 것을 못 보았느냐'고 물으니 '못 보았다'고 대답하며 '카니슈카왕을 위해 탑을 쌓고 있다'고 말했다.

카니슈카왕은 이 아이와의 문답을 통해 부처님의 예언을 듣게 되고, 그 아이가 벌나파사 존자의 화신임도 알게 되었다. 이후 카니슈카왕은 불교를 옹호하는 왕으로 돌아서며 많은 불사(佛事)를 이룩하게 된다. 카니슈카왕 때 불전의 4차 결집도 그가 통치한 캐슈미르 지방에서 이루어졌다.

15. 아씨다(阿氏多)

부처님 곁에서 시중을 들던 시자였던 아씨다(Ajita) 존자도 긴 눈썹을 가진 아라한으로 호랑이를 쓰다듬거나 안고 있는 모습으로 표현된다. 양손으로 무릎을 포개 안고 눈은 하늘을 우러러보며 치아가 드러난 모습으로 표현되기도 한다.

불교를 믿지 않는 작은 나라의 왕이 왕자가 병에 걸려 죽을 운명에 처하자 다른 종교의 수행자에게 기도를 부탁했지만 왕자는 그만 죽고 말았다. 그곳에 있던 아씨다 존자는 지혜의 눈으로 모든 사실을 알고 있었고 왕이 나타나자 '슬픔도 번뇌이며 부처님의 가르침은 번뇌를 벗어나는 영원한 진리'라고 설파하여 불교를 숭배하는 나라로 바꾸어 놓았다.

16. 주다반탁가(注茶半託迦)

앞서 잠시 소개한 주다반탁가(Cudapanthaka)는 반탁가의 동생으로 머리가 둔한 사람이었지만 결국 깨달아 아라한이 되었다.

증일아함경에는 석가모니 부처님이 주다반탁가를 위해 빗자루의 비유를 통하여 설법하는 장면이 실려 있다. 여기에서 부처님은 존자에게 매일 마당을 쓸며 '욕심이나 미움, 분노, 시기, 질투, 의심 같은 더러운 마음을 쓸어내라'고 가르친다. 주다반탁가는 매일매일 마당을 쓸며 화두를 들 듯 수행하였고, 어느 순간 큰 깨달음을 얻어 아라한이 되었다.

아무리 둔한 사람이라 하더라도 깨달을 수 있다는 평범한 진리를 몸소 보여준 아라한으로 고목나무에 기대어 한 손에 부채를 들고 한 손으로 다른 곳을 가리키는 모습으로 그려진다. 경전에 따라서는 "주리반특가", "주리반독" 등으로도 표기되어 있다.

완주 송광사 소조나한상(조선시대, 보물)

〈석가삼존십육나한도〉(고려시대). 석가삼존과 십육나한이 함께 그려진 작품이다.

이처럼 십육나한은 석가모니 부처님이 이 세상에 계실 때의 아라한과 입멸 후 아라한이 그 모델이 되었다. 물론 시대적 차이는 있으나 부처님의 제자인 것은 마찬가지이다.

이 십육나한의 도상은 경전상 기록된 내용이 없다. 그래서 우리나라의 경우 중국에서 들어와 정립된 것으로 보고 있다. 물론 한반도의 산천이나 동물이 많이 등장해 이 땅의 풍토에 맞게 변화된 것으로 보인다.

그래서 나한전을 참배하다 보면 절 마다 도상이 다르고 들고 있는 지물이나 데리고 있는 동물도 서로 다른 경우가 많다. 어느 한 기준에 맞도록 조성되어 있지는 않다는 말이다. 그래서인지 더 재미있게 느껴지기도 한다.

십육나한과 관련해 유명한 불화가 석가삼존과 십육나한이 함께 그려진 고려시대 불화 '석가삼존십육나한도'인데, 우리나라의 경우 삼성미술관 리움에 한 점이 소장되어 있고, 일본 네즈[根津]미술관에도 소장되어 있다. 이는 당시의 나한신앙을 엿볼 수 있는 좋은 자료가 되고 있다. 또한 임진왜란 이후에 조성된 십육나한상이나 십육나한도가 전국 고찰에 소장되어 있어 십육나한을 만나기 그리 어렵지 않다.

이 중 가장 큰 조각상을 모신 전각은 안동 광흥사 응진전이다. 석가삼존상과 가섭·아난 존자, 십육나한, 나한을 시봉하는 16명의 동자와 함께, 인왕상(仁王像) 2구, 사자상(使者像) 2구, 제석천상 1구 등 총 42구의 존상이 모셔져 있다. 흙으로 빚은 소조상이지만 체구가 크고 조성 시기도 빨라 필자의 기억에 가장 크게 남아 있다.

하동 쌍계사 나한전, 울진 불영사 응진전, 영주 성혈사 나한전은 건물과 함께 고풍어린 나한상들이 모셔져 있고, 문경 김룡사 응진전은 십육나한상과 함께 십육나한도도 같이 봉안되어 있어 조각상과 그림을 함께 볼 수 있는 귀한 문화재이다.

안동 광흥사 응진전 내부. 이곳에 봉안된 십육나한상 곁에 시봉하는 동자가 한 명씩 서 있다.

안동 광흥사 응진전(경남 유형문화재)

사찰 속 숨은 조연들

●
하동 쌍계사 나한전 내부

●
하동 쌍계사 나한전(조선시대, 경북 유형문화제)

십팔나한

십팔나한(十八羅漢)은 인도에서 건너온 십육나한에 중국에서 발생한 항룡나한(降龍羅漢)과 복호나한(伏虎羅漢)이 추가되어 만들어졌다.

항룡나한은 가뭄이 들 때 신통력으로 비를 다스리고 있는 용을 항복시켜 비를 내리게 한다는 중국의 토속신앙이 나한신앙과 결부되어 나타난 나한이다. 복호나한 역시 호랑이를 굴복시켜 재앙을 피하려는 믿음 위에서 나타난 나한이다. 곧 가뭄을 물리치고 재앙을 쫓아내려는 민간의 바람이 두 나한을 통해서 표출된 것이다.

용과 호랑이가 등장한 것도 물론 이유가 있다. 용은 상상의 동물이지만 비를 관장하는 용신(龍神)이자 용왕이고, 호랑이는 산중의 왕인 산왕(山王)이다. 사람의 힘으로 제어할 수 있는 존재가 아니다.

이렇게 강력한 힘과 권위를 가진 존재를 가볍게 제압할 수 있는 나한의 출현을 통해 당시 중생의 생업에 가장 필요했던 비를 적절한 때에 맞춰 맞이하고, 생명을 위협하는 재난으로부터 구제받고자 하는 소망을 나한기도를 통해 이루고자 한 당시 신앙 양상을 엿볼 수 있다.

실제로 송나라 때에는 가뭄이나 홍수가 날 때 나한에게 기도를 드리는 일이 성행하였으며, 고려 조정에서도 가뭄이 들어 기우제를 지낼 때 오백나한에게 공양을 올려 이를 "오백나한재"라고 불렀다. 『고려사』에는 오백나한재를 올린 기록이 많이 남아 있는데 대개 기우제와 관련이 있는 것도 이 때문이다.

그렇다면 용과 호랑이를 굴복시킨 항룡나한과 복호나한의 진짜 정체는 무엇일까? 재미있게도 용을 항복시킨 나한은 난제밀다라 존자, 호랑이를 굴복시킨 나한은 마하가섭 존자이다. 앞에서도 말했듯 마하가섭은 부처님의

降龍羅漢

長虎羅漢

대만 신베이시의 한 마을에 조성된 항룡나한상과 복호나한상

십대제자를 대표하는 아라한이고, 난제밀다라 존자는 바로 나한신앙의 근거
가 되는 『법주기』를 설한 아라한이다. 석가모니 부처님의 직계제자와 석가
모니 부처님 입멸 뒤 800년이 지난 시기의 아라한이 시공을 뛰어넘어 십팔
나한에 합류한 것이다. 그러나 기록에 따라 두 나한의 이름이 다른 경우도 있
다. 중국에서 출현했기 때문에 서로 다른 주장이 있었던 것이다.

　　그렇다면 굳이 왜 십팔나한을 만들었을까?

　　중국인들이 가장 좋아하는 숫자는 '8(八)'이다. '돈을 벌다'는 의미인 "발
재(發財)"의 "발(發)"과 발음이 비슷하기 때문이다. 그래서 8이 들어간 전화
번호나 자동차 번호판은 경매에서 비싼 값에 낙찰되기도 한다. 휴대전화번호
'138-8888-8888'은 888만 위안에 판매된 경우도 있다. 한편 2008년 베이징

〈전 이원장 필 십팔나한도〉(조선시대)

올림픽은 그런 이유로 8월 8일 8시 정각에 개막되었다.

　18(十八)은 '확실히 돈을 벌다'라는 의미의 "실발(實發)"과 발음이 비슷해서 이 숫자 또한 행운의 숫자로 자주 쓰인다. 전통문화에서도 8대 고도(古都), 8대 요리, 8대 명주(名酒), 8대 명차(名茶)가 있듯 '18'이 들어간 경우도 많은데, 무협소설에 자주 등장하는 소림 18나한권(羅漢拳), 18나한진(羅漢陳)이나 산도둑의 근거지인 녹림18채(綠林十八寨), 동정호수를 무대로 삼는 해적들의 동정18채(洞庭十八寨), 개방파의 총 두목인 방주가 구사하는 타구18초(打狗十八招)라는 무예의 이름 등이 그렇다. 이렇게 전통적으로 18이라는 숫자를 애호하다보니 자연스럽게 십육나한이 십팔나한으로 재편되어 나타난 것이다.

중국은 이처럼 외부에서 들어온 문화를 자신의 문화와 접목시켜 중국
화하는 경우가 많다. 동아시아의 문화적 종주국이라는 자부심이 있는 데다
대다수 백성의 바람을 나한신앙에 반영하여 십팔나한을 완성한 것이다. 그
러나 우리나라에는 십팔나한을 모신 나한전이 드물다. 고려불화에서도 확인
했듯 십육나한을 주로 모셨고, 그러한 전통은 조선시대에도 그대로 계승되
어 사찰에서는 주로 십육나한상이나 십육나한도를 모시고 있다.

오백나한

경전에 의거한 십육나한이 중국에 들어와 나한신앙으로 정착되고, 십팔나한
으로까지 확대되면서 더 강력한 나한 그룹이 등장했다. 바로 오백나한(五百

•
영천 거조사 영산전(여말선초, 국보). 이곳에는 모두 526구의 나한상이 모셔져 있다.

사찰 속 숨은 조연들

羅漢)이다. 오백나한이 갖는 집단적 위신력은 십육나한보다 훨씬 더 강력한 힘을 상징하는 것으로 믿어져 중국의 불교문화에 쉽게 정착되었다. 오백나한은 당나라 말기에 나타난 것으로 알려져 있으며, 이 시기에는 나한상도 출현하였다고 보고 있다.

중국에서 발생한 오백나한신앙이지만 전거가 없는 것은 아니다. 증일아함경, 『십송율(十誦律)』, 『흥기행경(興起行經)』 등에 500명의 아라한들에게 설법을 하거나 계(戒)를 설하는 내용이 나오고, 『법화경』「오백제자수기품(五百弟子授記品)」에는 500명의 아라한에게 특별히 수기를 베푸는 장면이 나오기도 한다.

결정적인 전거는 석가모니 부처님이 입멸한 직후 마하가섭 존자 주도로 열린 제1차 결집에 모인 500명의 아라한들이다. 마하가섭 존자는 결집에 앞서 '모든 스님이 결집에 참여할 수는 없다'며 '사람 수에 의지하면 이 결집

●
영천 거조사 영산전 내부. 같은 표정을 지은 나한상이 하나도 없는 것으로도 유명하다.

은 성공하지 못한다. 삼명(三明)과 육신통(六神通)을 갖추고 부처님의 가르침을 제대로 알며 변재(辯才)에 막힘이 없는 상덕(上德)의 사람들만 이 결집에 참가할 수 있다'고 천명하고 결국 500명의 아라한을 선발하였다. 그래서 이 1차 결집을 "500결집"이라고도 부른다.

이 500명의 아라한이 오백나한신앙의 모델이 되었고, 또 제4차 결집에도 500명의 비구스님이 모였기 때문에 500이라는 숫자는 더욱 중요한 의미를 가지게 되었다.

중국의 오백나한과 우리나라의 오백나한

중국에서 나한신앙은 송나라 때 확고하게 뿌리를 내리고 원·명·청대에까지 꾸준히 이어졌다. 오백나한에 대한 도상이나 오백나한 조각상도 송나라 때의 작품이 지금까지 전해지고 있다.

그러나 중국의 오백나한에는 인도의 아라한들만 있는 것이 아니다. 중국에서 활약한 고승들도 오백나한에 포함시켰으니, 455번째 나한은 바로 신라에서 건너간 무상(無相, 684~762) 선사다. 중국의 고승으로 인정받았으며, 무상공(無相空) 존자로 당당하게 오백나한에 올라간 스님이다. 근래에는 479번째 나한인 오진상(悟眞常) 존자가 신라 구법승 오진(悟眞) 스님으로 밝혀지기도 했다.

이에 반해 한국의 오백나한은 교진여 존자를 시작으로 무량의(無量義) 존자까지 모두 인도 사람으로 구성되어 있다. 이로써 고려시대에는 오백나한의 명칭을 그대로 고수해 왔음을 알 수 있고, 그런 탓에 중국의 오백나한과 다른 이름이 존재한다. 말하자면 중국은 오백나한의 이름에도 중국의 고승을 포함시켜 중국화하였다는 것이다.

나한신앙이 신라 말에 들어와 고려시대에 맹위를 떨치게 된 것은 선종

사찰 속 숨은 조연들

〈오백나한도 중 제십오 아시다존자〉(조선시대, 보물)

과 깊은 관련이 있는 것으로 보고 있다. 어차피 나한은 석가모니 부처님에게 깨달음을 인정받은 스님이었기 때문에 그림이나 조각에서 수행자의 모습으로 나타난다. 다만 선종의 선사들은 대중에게 장엄한 부처님의 모습이나 화려한 치장의 보살들보다 훨씬 더 가까운 존재로 인식되었을 것이다.

더구나 번뇌를 타파한 아라한으로서 걸림 없는 자유로운 모습은 선사들의 지향점과 닮은 점이 있다. 또한 중생을 제도하기 위해 다시 이 땅에 출현한 존재라는 점도 선사들에게 호감을 느끼게 하였다.

또한 선종의 종지(宗旨)인 '중생도 깨달으면 부처다'라는 사상은 신라 말기 혼란한 상태에서 지방에 웅거하고 있던 호족들에게 '누구나 세상을 평정하면 왕이 될 수 있다'는 사상적 바탕이 되었다. 자연스럽게 선종을 따라 나한사상이 정착되고, 지방 호족이나 고려 왕실에까지 영향을 미쳐 나한신앙

하동 쌍계사
나한전에 모셔진 나한상.
무릎 위에 앉은 동물을
애완동물 다루듯 하는
나한의 모습이 인상깊다.

은 고려시대에 굳건히 뿌리를 내리게 된다. 한 예로 앞서 언급한 바 있는 고려시대의 오백나한재를 들 수 있다. 이는 기우제의 목적 이외에 국가의 보위나 왕실의 안녕을 위해 지내기도 하였다.

이러한 고려의 나한신앙은 조선조 초기까지 이어졌지만 불교에 대한 배척이 심화되면서 차츰 개인적 기복과 극락왕생, 깨달음의 성취라는 목적으로 흘러갔다. 그러나 이러한 신앙은 관음신앙이나 지장신앙 등과 유사한 점이 많았기 때문에 그 신앙 속으로 융화되면서 나한신앙은 점차 약해지게 되었다. 지금 전국에 나한전이 많이 남아 있지만 나한기도를 하는 신도가 적어진 것도 이러한 시대의 흐름에 따른 변화인 셈이다.

또한 중국이나 우리나라는 문화적 배경이 다르기 때문에 십육나한이나 오백나한을 조각상으로 만들 때에도 다른 모습으로 나타난다. 스님 모습으로 조각해 모시는 것은 같지만 중국의 나한은 체구가 크고 화려하면서도 선이 굵은 조각 솜씨로 조성해 모시는 반면, 우리나라 나한은 무심하고 차분하다.

여기에서 두 나라의 문화적 차이가 확연하게 드러나는데, 중국은 스케일이 크고 화려하지만, 우리나라는 작고 소박하다. 쉽게 자금성과 경복궁을 비교해 보면 된다. 한쪽은 거대하지만 인위적이고, 다른 한쪽은 작지만 자연적인 멋을 풍긴다.

중국의 나한상이 조각의 멋을 한껏 부렸다면 우리나라의 나한상은 조각보다 교감에 비중을 둔다. 십육나한 중에서 일곱 번째 나한인 가리가 존자는 코끼리를 타고 등장하기도 하는데 중국의 경우 코끼리 위에 당당히 걸터

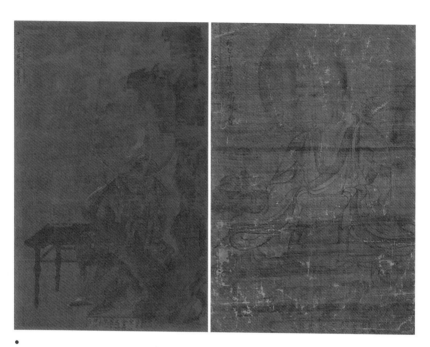

고려시대에 조성된 오백나한도. 왼쪽부터 제92 수대장 존자, 제117 혜군고 존자, 제145 희견 존자,
제357 의통 존자의 모습을 담고 있다(보물).

사찰 속 숨은 조연들

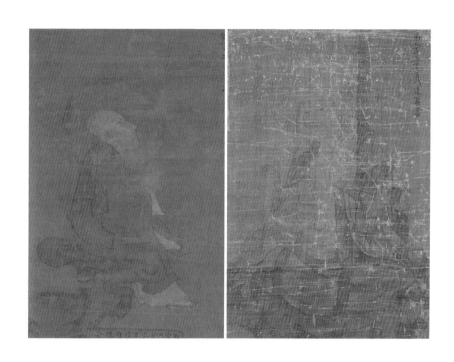

앉은 모습이 많지만, 우리나라의 경우 나한의 무릎 위에 앉은 작은 코끼리를 다정히 쓰다듬고 있는 모습을 발견할 수 있다.

또 중국의 나한이 용이나 호랑이를 제압하는 장면으로 묘사된다면, 우리나라의 나한은 호랑이나 사자를 애완동물 다루듯 묘사된다. 나한의 무릎 위를 왔다 갔다 하며 놀기도 하고, 심지어 여러 마리가 나타나 장난도 친다. 하물며 용까지도 나한과 어울려 노는 듯한 모습으로 묘사된다. 보는 사람으로 하여금 웃음 짓게 하며 함께 어울려 사는 이웃들처럼 소박하고 정다운 심성을 느끼게 해 준다.

지금까지 살펴본 바 중국의 나한이 크고 장쾌한 모습으로 종교적 위신력을 드러낸다면, 우리나라의 나한은 함께 어울려 살며 조용히 이웃을 보살피는 서민적 냄새가 물씬 난다.

오백나한을 만나다

고려시대에 크게 유행하던 나한신앙이지만 우리가 눈으로 확인할 수 있는 오백나한도나 조각상은 드문 편이다. 다만 국립중앙박물관에 소장되어 있는 고려 나한도가 있는데, 오백나한을 각각의 폭에 그린 나한도 중 현존하는 작품들이다. 이 작품들은 모두 보물로 지정되어 있다. 한편 고려 말에 그려진 오백나한도로 일본 지온인[知恩院]에 소장되어 있는 불화는 석가삼존과 십대제자, 십육나한과 함께 오백나한을 모두 표현했다.

고려시대 건축물인 영천 거조사 영산전에는 오백나한의 조각상이 모셔져 있다. 고려시대의 조각상으로 정확하게는 526위의 나한상이니 십대제자, 십육나한과 함께 오백나한을 함께 모신 것이다. 이러한 양식은 조선시대에도 그대로 계승되어 십육나한이나 십대제자를 같이 모시는 경우가 많다. 이는 오백나한전이 석가모니 부처님을 모시고 영취산에서 법회를 했던 장면을

묘사한 형식으로 조성된 것이다.

한편 영월 창령사 터에서 400여 년간 땅속에 묻혀 있다가 발굴된 317위의 오백나한상은 파손된 부분이 많음에도 불구하고 다양한 표정과 다채로운 자세, 이웃집 할아버지 같은 편안하고 친근한 인상의 나한들로 참배객들에게 큰 울림을 주었다. '인간의 삶은 저러한 미소로 살아가야 하지 않나' 하는 자각심을 일깨워 주었고, 각박한 세상살이의 큰 위안이 되었다. 영월 창령사 터 발굴 조사에서는 나한전 터와 함께 기우제 터도 발굴되어 나한신앙과 기우제가 큰 연관이 있음을 다시 한 번 확인하게 된 계기가 되었다.

● 광주 증심사 오백전(조선시대, 광주 유형문화재), 영천 거조사 영산전과 마찬가지로 석가삼존, 십대제자, 십육나한, 오백나한이 모두 모셔져 있다. 이곳 외에 오백나한을 모신 법당은 완주 송광사 나한전, 청도 운문사 오백전, 문경 대승사 응진전, 경주 기림사 응진전 등이 있다.

사찰 속 숨은 조연들

●
영월 창령사 터 오백나한상(여말선초). 2001년 발굴된 이 석조나한상은 다양한 표정과 미소가 인상적이다.

나반존자

나반존자(那畔尊者)는 독성각(獨聖閣)이나 천태각(天台閣)에 홀로 모셔진 나한이다. 이 전각은 단독으로 세워지기도 하지만 산신·칠성과 함께 삼성각(三聖閣) 안에 모셔지기도 한다. 특히 독성각은 다른 불교권 국가에서 나타나지 않는 우리나라 유일의 전각으로 중국이나 일본에서도 찾아볼 수 없다. 당연히 그 안에 모셔진 나반존자라는 존재도 다른 나라에서는 찾아볼 수 없다. 그렇다면 나반존자는 누구인가?

최남선(崔南善)은 단군이 그 기원이라고 하고, 한편에서는 인류의 조상을 나반(那般)이라고도 하지만 불교계에서는 십육나한을 대표하는 빈두로존자로 파악하고 있다.

빈두로존자는 석가모니 부처님 당시에 이미 '부처님이 입멸한 후 이 세상에 머물며 다음 세상의 미륵불이 나실 때까지 중생을 구제하라'는 부촉을 받았다. 그래서 존자는 남인도 천태산(天台山)에 홀로 수행하며 중생을 제도하고 있다는 것이다. '홀로 수행하고 있는 성자'라는 의미에서 '독성각'이라는 당호가 생기고, '천태산에 머물고 있다'고 하여 '천태각'이라는 이름도 얻게 된 것이다.

『제반문(諸般文)』 「독성재의문(獨聖齋儀文)」에 '독성존자는 석가모니 부처님이 입멸한 후 미륵 부처님이 세상에 나오시기 전까지 사이에 출현하니

숨기고 드러냄이 자재하여 낙낙장송 소나무 사이로 소요하며 은은한 산속에 한 칸의 난야(蘭若, 조용한 수행처)를 지어 놓고 자유롭게 노닐며 도를 즐기니 눈빛같이 희고 긴 눈썹이 눈을 덮었다'

경북 청도 운문사 사리암 천태각.
이곳에는 철종 2년(1851) 봉안된 나반존자상과 독성탱화가 안치되어 있다.

사찰 속 숨은 조연들

고 하였다. 이러한 내용이 빈두로 존자의 이미지와 맞아떨어졌던 것이다.

　이 『제반문』은 조선 숙종 45년(1719)에 합천 해인사에서 중간(重刊)한 의식문이니 이미 이때에도 독성에 대한 신앙이 존재했음을 알 수 있다. 하지만 독성신앙은 1800년대 이후 활성화되면서 독성각이 두드러지기 때문에 고려 때부터 내려오던 나한신앙이 약화되면서 강화된 신앙으로 등장한 것이라 보기도 한다.

　독성각에는 독성탱화만 모시기도 하지만 나반존자의 조각상을 함께 모시기도 한다. 그림이나 조각상이나 희고 기다란 눈썹이 특징이기 때문에 어느 때는 아주 해학적으로 묘사되기도 하여 참배자로 하여금 미소를 머금게도 한다.

독성, 중생의 모든 원을 이루어 주다

나반존자는 이 세상에 머물러 계시는 나한이다. 그래서 "주세나한(住世羅漢)"이라고도 한다. 칭호인 "나반(那畔)"의 의미는 '저쪽 물가', '저쪽 언덕'이다. 불교에서는 이쪽 세상을 '이쪽 물가', '이쪽 언덕'이라고 해서 '차안(此岸)', '자반(玆畔)'이라 하고, 생사의 번뇌와 탐욕을 벗어 버린 저쪽 세상을 '저쪽 물가', '저쪽 언덕'라고 해서 '피안(彼岸)', '나반'이라고 한다. 곧 나반존자는 생사를 벗어나 깨달음의 세계로 건너간 아라한이라는 뜻이다. 그래서 나반존자는 십육나한의 대표격인 빈두로 존자를 지칭하는 것으로 이해하는 것이다. 혹자는 나반존자가 한 명을 의미하는 것이 아니라 번뇌를 벗어난 모든 아라한을 묶어서 통칭한 것으로 보기도 한다.

　앞서 이야기한바 독성각은 우리나라에만 존재한다. 하지만 빈두로 존자를 단독으로 모시는 풍습은 그렇지 않다. 다른 나라에서는 독립된 전각을 갖추지 않고 모시는 것이다.

일본에서는 이 빈두로 존자상을 법당 입구에 안치하고 있다. 일본의 대표 사찰이라고 할 수 있는 교토 도다이지[東大寺] 대법당 입구 오른쪽에 빈두로 존자의 목각상이 의자 위에 결가부좌로 앉아 있다. 붉은 천으로 머리와 몸을 감싸고 있는 존자는 사람들의 아픈 곳을 고쳐 준다고 한다. 자기 몸의 아픈 부분과 같은 곳을 빈두로 존자의 몸에서 찾아 만지면 병이 낫는다는 것이다. 곧 중생의 병을 고치는 신통력을 갖고 계신 것인데, 사찰 법당 옆에서 안에도 들어가지 못하고 고생하는 나한이시다.

〈독성도〉(조선시대)

　　　　　　　　　　　　　　　사찰 속 숨은 조연들

중국의 선종 사찰 공양간에서도 빈두로 존자 형상을 모신다. 빈두로 존자는 바라문 계급 출신인데 집안 대대로 화를 잘 내고 먹는 것을 탐하는 습성이 있었다. 실제 '빈두로 파라타(Pindola Bharadvaja)'는 '바라드와자 가문의 식탐이 많은 자'란 의미이다.

일본 교토 도다이지에 자리한 빈두로존자상

빈두로 존자는 출가하기 전 500명의 바라문 학생들을 가르치던 유능한 스승이었다. 어느 날 빈두로 파라타가 친구들을 초청해 음식을 대접하는 자리에서 먼저 불교 신자가 된 그의 아내 다난자니(Dhananjani)가 습관적으로 '부처님께 귀의합니다'라는 말을 하자 몹시 화를 냈다. 당시에는 바라문들이 부처님의 가르침을 신봉하는 사람들이 늘어나는 것을 싫어했기 때문이다.

빈두로 파라타가 화가 난 모습으로 석가모니 부처님에게 가 '나에게 단 한 가지 마땅히 파괴해 버려야 할 것이 있다면 무엇을 파괴해야 하느냐'고 따져 물었다.

부처님은 '화내는 마음을 파괴하도록 하여라. 인간을 해치는 독의 근원은 화내는 마음이니라. 화내는 마음이 완전히 파괴되고 나면 더 이상의 슬픔도 없느니라'라고 설하였다. 빈두로 파라타는 이러한 가르침과 의연하고 성스러운 부처님의 모습에 감동하여 결국 출가하게 된다.

그는 이후 얼마 지나지 않아 출가 전 악습이었던 식탐과 분노의 마음을 벗어 버리고 아라한이 되었다. 빈두로 존자는 스님들이 수행하는 승원(僧院)을 돌아다니며 '무엇이든 물어 보라'고 사자후를 토했고, 이로 인해 '사자후

를 토하는 자 가운데 으뜸'이라고 부처님에게서 칭찬을
받았다.

이러한 연유로 빈두로 존자는 사찰의 공양간
에 '식탐과 분노를 경계하라'는 의미로 모시게
되었고, 세속의 식당에서도 이 풍속을 본받아 빈
두로 존자상을 모시게 되었다고 한다.

경북 청도 운문사 사리암 천태각의 나반존자상

이처럼 나라마다 빈두로 존자상을 개별적으로
모시기는 하지만 그 의미는 서로 다르다. 그래도 빈두로 존자가 아라한 중
가장 뛰어난 신통력을 가지고 있고, 식탐과 분노를 끊은 상징이라는 것을 보
여준다.

곧 나반존자는 삼명과 자리이타(自利利他)의 능력을 모두 가지고 있다.
삼명은 전생을 아는 숙명명(宿命明)과 미래를 꿰뚫어 보는 천안명(天眼明), 고
통의 원인이 되는 번뇌를 다 끊어내는 누진명(漏盡明)으로 자신과 타인에게
유익한 삶을 살 수 있게 한다.

이러한 능력 때문에 나반존자는 조선시대 후기 국정이 문란해지고 국
력이 약화되는 데다 전염병까지 기승을 부리자 의지할 곳 없는 백성들의 구
원자로서 크게 부각되어 나타났다. 독성각은 19세기 이후, 곧 1800년대 이
후에 본격적으로 나타났다는 점이 이를 증명한다.

요즈음에도 독성기도로 널리 알려진 도량들이 있어서 이를 보통 "3대
독성 도량"이라고 부른다. 청도 운문사 사리암, 서울 북한산 삼성암, 합천 해
인사 희랑대가 그곳이다.

어느 기도나 마찬가지겠지만 신도들이 개별적인 원(願)을 세운다면 나
반존자도 그 신통력으로 반드시 그 소원을 이루게 해 주실 것이다.

사찰 속 숨은 조연들

나한전의 호법 신중들

나한전에 가 보면, 나한들만 있는 것이 아니다. 석가삼존과 나한들 외에도 많은 조각상이 있다. 우선 문간에는 금강역사가 양쪽에 서 지키고 있다. 화려한 옷과 보관을 쓰고 의자에 단정히 앉아 있는 존상도 있다. 심부름을 하는 사자(使者)의 모습도 있다. 이들은 도대체 누구이며, 왜 나한전에 들어와 계신 것일까?

불교의 호법신이 된 브라만교의 신, 제석천·범천

먼저 의자에 앉아 있는 두 존상은 범천과 제석천이다. 두 천신(天神)은 싯다르타 태자가 태어났을 당시 인도에서 가장 큰 힘을 가지고 있던 브라만교의 신들이다. 당시에는 브라만교의 사제들이 큰 종교적 세력을 가지고 있었을 때로 가장 존경받는 신이 창조신 브라흐마(Brahma)와 번개의 신 인드라(Indra)였다. 두 신을 번역하여 브라흐마는 "범천"

진주 청곡사 목조제석천·대범천의상(조선시대, 보물)

이라 부르고, 인드라는 "제석천"이라 불렀다. 제석천의 무기는 금강저로서 이는 번개를 상징하는데, 곧 제석천은 비와 천둥을 관장하는 강력한 신이라는 의미이다. 당시의 농경사회에서는 비를 관장하는 신이 중요한 위치를 차지할 수밖에 없었을 것이다.

브라만교는 석가모니 부처님이 세상에 출현하여 그 가르침이 급속도

〈신중도〉(조선시대) 부분. 불화 상단에 제석천(좌)과 범천(우)이 짝을 이루고 있다.

로 퍼져 나가 세력이 커지면서 자연히 교세가 위축되었다. 하지만 다시 재정 비하여 등장하니 바로 지금의 힌두교이다. 창조의 신 브라흐마, 유지(維持)의 신 비슈누(Vishnu), 파괴의 신 시바(Siva)의 삼신(三神) 체제를 갖추고 지금까 지 인도인의 생활 속에 깊이 자리한 신앙으로 존재하고 있다.

신관(神觀)도 변해 창조신인 브라흐마보다 파괴의 신 시바가 훨씬 더 강력 한 신으로 부상하여 인도 어디를 가도 시바를 모신 신전을 만날 수 있다. 하지 만 세 신은 그 뿌리가 같기에 삼신일체설(三神一體說)을 기본으로 하고 있다.

어쨌든 불교가 흥성했던 시기, 불교에서는 바라문교의 범천과 제석천을 받아들여 불교를 지키는 호법선신(護法善神)으로 삼았고, 불법을 외호하는 호 법신중의 무리에 합세시켰다. 자연히 호법신중을 그린 신중탱화에는 항상 범 천과 제석천이 등장하게 되고 또 신중들 속에서도 우두머리 자격을 갖춘 모습 으로 그려진다. "제석천룡탱화"라고 부르는 신중탱화가 바로 그런 종류다.

범천과 제석천을 불교로 영입하면서 불교와의 친연성을 강조하기 위해 석가모니 부처님과 관련된 이야기들이 많은 경전에 실리게 된다. 예를 들어 싯다르타 태자가 처음 태어났을 때 이 아기를 받아 목욕시킨 이가 범천과 제석천이라는 기록이 『불설보요경(佛說普曜經)』에 실려 있다. 또한 싯다르타 태자가 성도한 후 '이렇게 깊고 심오한 깨달음의 내용을 중생을 위해 설해야 하느냐'고 망설이고 있을 때 제석천이 나타나 중생을 위해 설법할 것을 청하지만 침묵으로 일관했다는 일화도 있다. 그때 범천이 나서서 세 번 간청하자 석가모니 부처님은 비로소 법을 펴기로 결심을 하게 된다. 이것이 널리 알려진 '범천권청(梵天勸請)'의 내용이다.

　　곧 바라문교의 대표적인 두 신을 등장시켜 석가모니 부처님을 받드는 내용으로 묘사함으로써 부처님의 가르침이 어느 종교의 가르침보다 위대하다고 강조하는 것이다.

　　제석천과 석가모니 부처님의 여러 인연담 가운데 대표적인 것이 바로 설산동자(雪山童子)의 수행 이야기이다.

　　석가모니 부처님이 아득한 과거세에 눈 쌓인 설산에서 수행하고 있어 "설산동자"라고 불릴 때였다.

　　마침 열심히 수행하고 있는 설산동자를 본 제석천은 그가 도를 구하는 마음이 어느 정도인지 시험하고 싶어졌다. 곧 무서운 나찰의 모습으로 변신한 후 설산동자 모르게 곁에 다가가 진실한 의미가 있는 게송(偈頌)의 반만 읊었다.

　　　제행무상 시생멸법(諸行無常 是生滅法)
　　　이 세상의 모든 존재는 변하지 않는 것이 없나니
　　　이것이 생하고 멸하는 진리의 법칙이네.

●
김제 금산사 대장전(조선시대, 보물) 외벽에 그려진 설산동자 벽화

나찰의 입에서 나온 게송을 들은 설산동자는 깜짝 놀랐다. 마치 새로운 깨달음의 말씀을 들은 듯 마음속이 상쾌하였다. 하지만 진리를 설파한 이 게송이 완전하지 않아 그 뒤의 구절을 듣고 싶었다. 설산동자가 나머지 게송을 간절히 청했지만 나찰은 '나는 그런 진리 모른다. 얻어들었을 뿐이다. 나는 배가 고파 죽겠다. 나머지 게송을 듣고 싶거든 너의 살과 피를 내 놓으라'고 요구한다.

설산동자는 '깨달음을 얻을 수 있다면 이 몸 따위는 기꺼이 버릴 수 있다'며 흔쾌히 허락했다. 나찰이 나머지 게송을 읊었다.

생멸멸이 적멸위락(生滅滅已 寂滅爲樂)
생하고 멸하는 것이 함께 멸하여 없어지면
모든 것이 끊어진 고요한 열반의 즐거움뿐이네.

설산동자는 이 게송을 마저 듣고 비할 수 없는 환희를 얻었다. 몇 번을 되뇌며 후세 사람들을 위해 바위와 나무에 게송을 새겨 놓은 후 나무 위로 올라가 주저 없이 나찰을 위해 몸을 던졌다.

경주 석굴암 석굴 내 범천상(좌), 제석천상(우)

나찰은 즉시 제석천의 몸으로 돌아와 허공에서 설산동자의 몸을 받아 조용히 땅에 내려놓았다. 그러고는 여러 천신들과 함께 수행자의 발아래 엎드려 공손히 예배드렸다.

범천과 제석천은 이처럼 석가모니 부처님의 전생, 금생을 이어가며 불법을 보호하는 호법선신으로서의 역할을 착실히 수행하고 있다. 그러므로 석가모니 부처님이 주관하는 법회에 빠질 수 없다. 석굴암에 십대제자와 함께 범천과 제석천이 모셔지는 것도 이런 이유다.

이 두 신은 『법화경』 등 경전에서 부처님이 설법하시는 법회에 자주 동참하는 것으로 묘사되는데, 나한전의 구도는 석가모니 부처님이 주관하는 법회를 묘사하는 것이므로 제석천과 범천이 그 모습을 드러낸다. 천신의 화려한 모습으로 조용히 의자에 앉아 법문을 들으며 법회를 보호하고 있는 것이다.

나한전의 심부름꾼과 경호원

나한전에는 두 명의 사자도 있다. 모습은 명부전의 사자와 닮았지만 명부전 시왕 소속의 사자들은 아니다. 이 사자들은 바로 범천과 제석천이 내린 임무를 수행하는 존재들이다.

나한들은 대개 중생의 소원을 들어 주기 위해 직접 신통을 부리기도 하고 다른 모습으로 변신해 나타나기도 하지만 누구에게 간접적으로 심부름을 잘 시키지는 않는다.

그러나 범천과 제석천은 천신의 위치에 있어 사자를 보내 일을 해결하는 경우가 많다. 시왕이 직접 나서지 않고 사자를 파견해 죽은 자를 데려오듯 이 두 신들도 사자를 보내 중생의 일을 돌보는 것이다. 나한탱화에 보면 범천이나 제석천이 사자에게 명령을 하달하는 장면이 그려져 있는 것도 이런

완주 송광사 나한전 내 사자상(조선시대)

이유다.

　나한전 문간에 있는 금강역사는 명부전 문간에 있는 장군들과는 완전히 다른 존재들이다. 명부전의 문지기인 장군은 본래 명부를 지키는 상원주장군(上元周將軍)과 하원당장군(下元唐將軍)이 불교화되면서 금강역사의 모습으로 변화된 것이다.

　그러나 나한전의 금강역사는 본래부터 금강역사다. 석가모니 부처님의 비밀 경호원으로서 한 명으로 시작되었지만 중국으로 건너와 두 명으로 늘어나며 문지기가 되었다. 금강역사의 숫자는 점차 늘어나 4대금강, 8대금강까지 늘어나지만 부처님을 지키는 역할은 그대로 유지된다.

　석굴암 입구의 두 금강역사상이나 초기 석탑 문 옆의 금강역사상이 이를 말해 주고, 이러한 구조는 나한전에도 그대로 적용되어 두 금강역사가 모셔진 것이다.

　간혹 명부전의 장군상과 비슷한 모습의 장군상을 나한전 문간에서도 볼 수도 있는데, 이는 후대 사람들의 착오로 그러한 조각상이 생겨난 것이다. 하지만 그들의 역할은 부처님과 법회를 지키는 금강역사의 역할과 같다고 이해하면 된다.

완주 송광사 나한전 금강역사상(조선시대)

- ICOMOS 한국위원회   228(上)
- 강대철   339
- 국립경주문화재연구소   188
- 국립공주박물관   107
- 국립민속박물관   35, 244(上)
- 국립중앙도서관   313
- 국립중앙박물관   16, 17, 23, 32, 76(上), 83(上), 85, 92, 96, 99, 127, 145, 156-157, 159, 160, 164-165, 189, 199, 212, 221, 243, 244(下), 258, 264, 267(上), 270, 276, 289, 302-303, 305, 306, 307, 308, 343, 344, 349, 352, 371, 378, 382, 406, 426-427, 431, 434-435, 442, 446
- 국립춘천박물관   438-439
- 노승대   39, 42, 70(中), 122, 123, 134, 138, 195, 196(下), 197, 206, 211, 279, 284, 332, 341, 351, 358(下), 383
- 도갑사 도선국사성보관   110
- 동국대 박물관   402
- 동아대 석당박물관   129(右)
- 문화재청   20-21, 46, 69, 100, 119, 129(左), 131, 132, 143, 146, 190-191, 230, 231, 235, 265(上), 266, 267(下), 268, 269, 271, 272, 346, 375, 376, 381, 390, 396-397, 399, 422, 449
- 삼성미술관 리움   357, 366, 420
- 서울 봉은사   249
- 셔터스톡   44, 45, 51, 56, 59, 60-61, 186, 187, 220, 240, 241, 292, 296, 310, 330-331, 363, 432, 443
- 송광사성보박물관   49, 76(下), 398
- 안장헌   105
- 영주 부석사   194
- 월정사성보박물관   113, 114, 265(下), 408-409
- 위키미디어   50, 58, 183, 192, 224(下), 234, 298, 365(左), 385, 425
- 임영애   226(左)
- 주수완   182
- 진주 청곡사   445
- 통도사성보박물관   66-68, 73, 78, 80, 83(下), 87, 89
- 한국관광공사   384
- 해인사성보박물관   256
- 호림박물관   300

잊혔거나 알려지지 않은
사찰 속 숨은 조연들

2022년 4월 29일 초판 1쇄 발행
2024년 6월 21일 초판 3쇄 발행

지은이 노승대
발행인 박상근(至弘) · 편집인 류지호 · 편집이사 양동민
책임편집 김재호 · 편집 양민호, 김소영, 최호승, 하다해, 정유리 · 디자인 쿠담디자인
제작 김명환 · 마케팅 김대현, 김선주, 이선호 · 관리 윤정안
콘텐츠국 유권준, 정승채, 김희준
펴낸 곳 불광출판사 (03169) 서울시 종로구 사직로10길 17 인왕빌딩 301호
　　　　대표전화 02) 420-3200 편집부 02) 420-3300 팩시밀리 02) 420-3400
　　　　출판등록 제300-2009-130호(1979. 10. 10.)

ISBN 978-89-7479-119-3 (03910)
값 30,000원